丝路百城传

特立，不独行

"丝路百城传"丛书

刘传铭　主编

THE
BIOGRAPHY
Of
WEIHAI

蓝色文明里的美人鱼

徐承伦　王成强 ———— 著

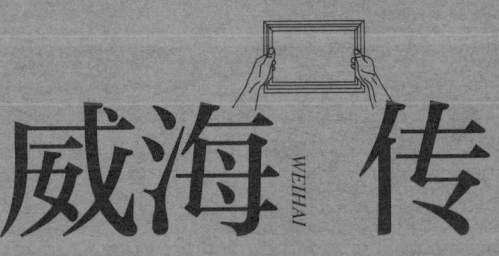

威海传
WEIHAI

CIPG 中国国际出版集团　　新星出版社　NEW STAR PRESS

总 序

刘传铭

如果说丝绸之路研究让我们洞见了一部全新的世界史,一定会有人表示惊讶与质疑;

如果说城市的创造是迄今为止人类文明进程中最伟大的事情,则一定会得到人们普遍的支持与认同。

"丝路百城传"丛书的策划正是发轫于这样一个历史观的文化叙述:

丝绸之路是一条无路之路;

丝绸之路是一条既古老又年轻,"不知其始为始,不知其终为终"的漫漫长路;

丝绸之路是一条历史时空里时隐时现,变动不居,连点成线,连线成网的超级公路;

丝绸之路是点实线虚、点变线变、点之兴衰即线之存亡的交通形态,那些关山阻隔、望洋兴叹的城市,便如一颗颗璀璨的明珠镶嵌在路上;

丝绸之路是一个文化概念,叠加其上的影像曾被不同国家不同民族的人们呼作:铜铁之路、纸张之路、皮毛之路、奴隶之路、铁蹄之路、黄金之路、朝贡之路、宗教之路;

丝绸之路是中西文明交流与传播、邦国拓展、民族融合之路，也是西方探秘中国、解码东方之路，更是我们反躬自问"我是谁？我从哪里来？我向何处去？"的寻根之路、回家之路；

丝绸之路是今日中国走向世界的新起点、新思路，是"一带一路"中国倡议走向人类命运共同体的未来之路……

无可否认，一个世纪以来，丝路研究之话语为李希霍芬、斯文·赫定、斯坦因、伯希和、大谷光瑞、于格、橘瑞超、芮乐伟·韩森、彼得·弗兰科潘等东西方人所主导。然而半个世纪以来的大国崛起，正在使"夫唯不争"之中国快速走向文化振兴。我们要将《大唐西域记》《真腊风土记》的传统正经补史、继绝往圣、启迪民智、传播正信，同时也将丝绸之路城市传文学以实为说、以城为据、芳菲想象、拒绝平庸的创作视为新使命、新挑战。让"城市传"这样一个文学体裁开出新时代的鲜花。

凭谁问：昆仑巍峨、河源滔滔、玉山储秀、戍堡寂寞；

凭谁问：旌节刻恨、驼铃悠远、琵琶起舞、古调胡旋；

凭谁问：秦汉何在、唐宋可甄、东西接引、前路正新；

凭谁问：八剌沙衮今何在？罗马的钟声谁敲响；

凭谁问：撒马尔罕的金桃今何在？帕米尔上的通天塔何时建成、何时倾倒？

凭谁问：伊斯兰世界的科学造诣何时传到了巴黎和伦敦；

凭谁问：鉴真大师眼中奈良和京都的樱花几谢几开；

凭谁问：乌拉尔河上何时传来了伏尔加河的纤夫号子；

凭谁问：杭州湾的帆樯何时穿越马六甲风云……

诗人说：这条路是唐诗和宋词的吟唱，是太阳和月亮的战争；

军人说：这条路是旌旗卷翻的沙漠，是铁骑踏破的血原；

商人说：这条路是关涉洞开的集市，是金盏银樽的盛宴；

僧侣说：这条路是信仰鲜花盛开的祭坛，是生命涅槃的乡路……

一个个城市的前世今生，一个个城市的天际线风景，一个个城市的盛衰之变，一个个城市的躁动与激情，一个个城市的风物淳美与人文精彩，一个个城市的悲欢离合，一个个城市的内动力发掘与外开拓展望，一个个城市的往事与沉思，一个个城市的魅惑和绝世风华……

从长安到罗马和从杭州湾到地中海是卷帙浩繁的"丝路百城传"丛书的框架结构。也是所有参与写作的中外作家和编辑们共同绘制的新丝路蓝图。《尚书·舜典》有"浚咨文明"之句，孔疏曰："经纬天地曰文，照临四方曰明。"《论语·雍也》曰："质胜文则野，文胜质则史，文质彬彬，然后君子。"又《易经·贲卦·彖辞》曰："刚柔交错，天文也；文明以止，人文也。观乎天文，以察时变；观乎人文，以化成天下。"故文化乃"人文化成"而以文教化"圣人之教也"。"周虽旧邦，其命维新"，丛书编纂与出版岂非正当其事，正当其时也！

读者朋友们，没有踏上丝路，你的家就是世界；踏上丝路，世界才是你的世界、你的家园……唯祈阅读丛书能助君踏上这样一个个奇妙无比的旅程。

丝绸之路从远古走向未来，我们的努力也将永无休止。

戊戌谷雨前五日于松江放思楼

美人鱼（代序）/ 1

第一章　宾日与礼日 / 5

　　羲仲宾日 / 7
　　好个天尽头 / 10
　　始皇帝来了 / 14
　　汉武大帝又重来 / 23

第二章　海生万象 / 27

　　方士乐土 / 29
　　全真教发祥地 / 31
　　本土诞生的李龙王 / 34

第三章　绵绵文脉 / 37

　　文登学 / 39
　　不夜城 / 40
　　儒学东渐 / 43
　　梵音西来与东渡 / 46
　　县学与书院 / 51

威海传　WEIHAI

徐承伦　王成强

社学、义学与私塾 / 52
明清藏书阁 / 53
皇皇著作 / 55
望族 / 65

第四章　海道茫茫 / 73

引子 / 75
出海口 / 76
与朝鲜半岛的海通 / 78
新罗人来此聚居 / 80
水军 / 82
南北海运之要津 / 83
重启与韩国的海通 / 84

第五章　海神 / 91

海神娘娘 / 93
刘公刘母 / 96

第六章　　威海卫 / 99

　　设卫置所 / 101
　　屯田与京操 / 105
　　抗倭大事记 / 106
　　裁卫 / 108
　　小城威海卫 / 109

第七章　　甲午！甲午！ / 115

　　北洋海军大本营 / 117
　　北洋水师覆没 / 125

第八章　　米字旗下的威海卫 / 131

　　刘公岛升起米字旗 / 133
　　浴血抗英 / 138
　　两个洋儒生 / 142
　　免费法庭 / 153
　　公共卫生与免费医院 / 158
　　总董制与乡村自治 / 162
　　新式学校及平民教育 / 165

西式体育与足球 / 170

第九章　从威海卫出洋的"一战"华工 / 175
　　"一战"期间法、英来华招工 / 177
　　四万余华工自威海卫"出洋" / 180
　　华工血泪洒西洋 / 183
　　契机 / 188
　　东西方文明的传播者 / 193
　　华工的贡献 / 197

第十章　香港从警 / 201
　　聚焦威海卫 / 203
　　胡乐甫亲临威海卫招募警察 / 205
　　首批威海卫籍警察赴港 / 206
　　香港威警的管理与待遇 / 213
　　港警威龙 / 216

第十一章　与世界共舞 / 221
　　自由港与外贸 / 223

外资始入 / 225

与外城联谊 / 227

人居范例 / 231

第十二章　耕渔牧海 / 235

海洋滋养的城市 / 237

猎海历史 / 243

煮海为盐 / 246

海捕文化 / 249

第十三章　温泉 / 255

遍地温泉 / 257

温泉神话 / 259

温泉的开发 / 261

浴俗 / 263

第十四章　传统技艺 / 267

锡镶 / 269

绣花 / 271

剪纸 / 273

望岛刀剪 / 274

豆面酱 / 276

第十五章　民间游艺 / 279

石岛渔家大鼓 / 281

乳山大秧歌 / 282

文登"串黄河" / 283

荣成渔民号子 / 285

威海卫篮子灯 / 287

第十六章　千里海岸万卷画 / 291

第十七章　海佑威海 / 303

参考书目 / 309

美人鱼（代序）

凝视中国地图，久久地凝视，不知是否有人发现或生发过如此联想：山东胶东半岛，尤其是威海市这片区域的整体形态，宛如一条美人鱼——她的尾鳍永恒地灵动在大海之中；她的上半身和头部，则连接着越来越宽敞、宽厚的大陆……

这联想或许不那么贴切，甚至有点牵强，但其美妙无可否认，毋庸置疑：得雄浑蔚蓝之汪洋滋养，威海这片区域葆有美人鱼般永不枯竭、永不式微的活力朝气和永恒的青春妩媚，即使她处在屈辱、困厄的时期……

威海这条美人鱼，位于北纬36°41′分至37°35′，东经121°11′至122°42′之间，置于山东省胶东半岛（也称山东半岛）的最东端。她北临渤海，与辽东半岛相对峙；东及东南傍黄海，与朝鲜半岛、日本列岛隔海相望；往西陆疆与烟台市接壤，海域则与青岛、烟台以及日照、潍坊、东营的大部分或部分洋面相通，其总面积为5797.74平方公里。

凡游走过威海市域的海岸线者，或者只是看过威海市地图，只要是稍加留意的人，几乎无不惊美她那绵长的海岸线——美人鱼蜿蜒的裙裾——竟长达985.9公里——嗟乎！这条美人鱼蜿蜒婀娜的裙裾，几乎镶嵌了她的周身。

地级威海市总面积只有5797.74平方公里，东西最大横距135公里，南北最大纵距81公里，区域内的常住人口总数也不过280万。在全国的地级市中，其面积和人口都算是小市，但却有着漫长的海岸线。粗略计算了一下，威海市的人均海岸线竟是全国人均海岸线的约27倍。嗟乎，威海得天独厚幸甚至哉。

在海洋蓝色文明持续的、越来越强劲的冲击下，在海洋蓝色资源越来越显赫、其利用价值越来越大之态势下，可以说哪片区域拥有了海岸线——拥有了较之其他地区更漫长的海岸线——便是拥有了得天独厚无与伦比的海洋资源。当下，特别是未来，还有哪一种自然资源能与海岸线以及海岸线天然连接的海洋资源相比拟？——威海市的人均海岸线是全国人均海岸线的约27倍——这应是天赐威海市最丰厚的福祉吧。

自地级市成立以来，威海这座城市连续获得了全国第一个"国家卫生城市"（1990年）、"国家园林城市"（1996年）、"国家环境保护模范城市"（1997年）、"中国优秀旅游城市"（1999年）、"联合国人居奖"（2003年）、"国家生态园林城市"（2007年）等荣誉称号。这些荣誉的获得，与天赐其漫长的海岸线，与魂魄相依的大海有着直接的关系。

这条美人鱼自大海脱胎，隆起为威海市这片区域后，与浩瀚的大海依然血脉相连，依然耳鬓厮磨。

据地质资料记载：胶东半岛属中朝准地台胶辽台隆。上新世末，特别是第四纪以来渤海海峡断裂下陷，胶东半岛形成——据此，应该可以理直气壮地说——威海区域这条变成了陆地的美人鱼，的确是从浩浩汪洋中托生的，周身永葆海之蓬勃活力激昂朝气。

威海市境内最高的山为昆嵛山，属长白山系。此山的主峰为海拔922.8米的"泰礴顶"，为小胶东最高山峰。古时称其为"大白顶"。进入汉代，山脉中如雨后萌发的大蘑菇般，相继冒出了几处佛寺。在此起彼伏的晨钟暮鼓、大慈大悲的法号熏陶、洇染之中，"大白顶"自然而然便佛化为"大悲顶"了。

即便是现在，当攀爬上葳蔚泗润的昆嵛山，哪怕攀至主峰泰礴顶，在嶙峋的巉岩峭壁上，仍可寻得到附着的斑白的、呈化石样态的牡蛎、海螺及其他海洋甲壳类生物的残骸。当用手去触摸它们时，仍可感觉到其并未完全丧失的海洋葳蕤精神，并未完全钝化的锋芒锐气。

此时身心也许会不由得一阵战栗！也许还会生出时空穿越感——站在威海市境内最高点、海拔922.8米的泰礴顶，也就是站在了远古的大海之底！这似乎无关骄傲，唯有如海浪般的时空穿越感在胸中卷腾……

山峰之下本来是茫茫之水，却早已变成了莽莽田野——沧海桑田，这是何等洪荒，造化何以如此深情眷顾这片土地……

无论春夏秋冬，无论站在昆嵛山哪座足够高的山峰极目东眺，目之所及，总是绵绵壅壅的雾海苍茫——这是真正的山之雾霭与海之洇润的交融、交汇——随着眼前雾海越来越仙化的缥缈浮动，会感觉自身也禁不住随之飘飘然、恍恍然腾云驾雾，大有要羽化成仙之感。怪不得，有帝王来此求长生不老之药；怪不得无数方士在此修成仙之道。

不仅如此，更为神奇的是：当恰好赶上某个神秘的时刻，将耳朵又恰好贴到某个挺立的神秘的峭壁上，只要静心凝神片刻，耳膜便会响起类似将大海螺壳贴到耳边听到的那种虽微弱但浑沉的海涛嗡嗡隆隆之声。不知是脚下这片连绵的山体之下仍有海沟激荡潜涌，还是远处沧海波涛叩击海岸礁石的轰鸣输送传导于山体——有一点毋庸置疑，这嗡嗡轰轰的声响在提醒：这隆起的庞雄巨大的山体，与不远处的大海是浑然相依的……

威海这条美人鱼绵长、蜿蜒的裙裾，在潮汐间沉浮于海，永远地、日夜时时不息地与大海拥吻着，或缠绵悱恻喃喃呓语，或汹涌澎湃激昂交锋。浩瀚沧海滋补、灌输给她——她以开放的、容纳的姿态，从浩瀚沧海中汲取了无穷活力朝气，才葆有永恒的、鲜活的、妩媚的青春……

海与岸的交汇吟咏，成为威海这片区域永恒的主题。

The
Biography
of
Weihai

威海传

宾日与礼日

第一章

——威海这座城市可谓因海洋而生，她的前世缘起海洋，她的当下依托于海洋，她的将来必自海洋汲取更广大、更雄浑、更宏阔的能量！

威海市域最东探入海洋的那个岬角，号称华夏陆岸极东之地（古人认为此处为中国陆上疆域的最东端），古来谓之"东方无东"，距海上神仙所居的仙境最近之处，引得秦皇汉武接踵而至。

——这里更是古人认为太阳诞生的"朝舞"之地，所以羲仲先于秦皇汉武，在这"朝舞"之地嵌下了"宾日"的烙印。

羲仲宾日

现威海市文登区界石镇西北部昆嵛山的东麓,有个村庄名为"旸里"。这村名是不是有点特别?——是——她深蕴着远古奥秘。据相关史料佐证,这里即《尚书》中第一篇《尧典》中记载的,4000年前的"羲仲宾日"之地,也就是羲仲曾在此"宾日"。

所谓"宾日",可解释为虔敬地膜拜、恭迎太阳的诞生。

2017年深秋的傍晚,笔者驱车来到了坐落于昆嵛山东麓的"旸里"村——村口竖立的村志碑正面,镂刻着两个大字:"旸里。"其背面赫然刻记:

《书·尧典》载"分命羲仲宅嵎夷,曰旸谷,寅宾出日"。古人以此为日出之地,遂称旸里。元代在此设急递铺。明代初年徐姓来居。

旸里村民委员会立
文登市地名委员会监制

在此有必要将村志碑铭中的几个关键字词解释一下:

"宅"即居住。

"嵎夷":古代指山东东部滨海地区。

"旸谷":传说中日出的地方。

"寅":恭敬。

"宾者,主行导引,故宾为导也。"

村碑赫然刻记,这就是4000年前的"羲仲宾日"之处无疑!

旸谷山墓地

不想进村后问及几个老农"羲仲宾日"之事——大大出乎意料——他们对此非但漠然不知,且有些错愕:呔,谁留意那些个呀……真也罢假也罢,现如今,没哪个对这些老古调上心了……

就这样怅惘、纠结、不了了之地结束了对"羲仲宾日"之地的考察?笔者遂决定晚上在旸里村西昆嵛山中过一夜,待明天日出之时再来探个究竟。

第二天晨曦初绽之时,笔者便驱车驶出了旸里村西的昆嵛山坳间。拐过山口,旸里村似乎陡然地呈现在东方——万簇曙光自雾气绵绵的村东磅礴喷涌,天地间弥漫的氤氲雾气,神奇地变成了滚滚激荡的赤潮……

——笔者受惊地停车跳到了地上,凝望,向东方凝望。片刻间,一轮赤子般的太阳,挟带着轰隆隆的雷霆万钧之势,正从目及处冉冉诞生……

——蓦然回首,赤霞氤氲的光晕中,恍惚看到峨冠博带的羲仲,正率领一队人马自西方而来……

4000多年前,羲仲自遥远的尧都平阳一路向东,追着日出之地而来。

当他拂晓时穿出昆嵛山的豁口,在晨曦初绽时到达此处,天际间映入他眼帘的不正是一轮赤子般的新太阳临盆而升吗?

根据史料推断,现今这个"旸里"村所在,当是羲仲到达的最接近太阳诞生的地方——太阳就是自不远处东方的大海上诞生的吗?——不难想象,4000多年前的羲仲一行,行至此地,遥望着面前冉冉诞生的太阳,陷入了何等的激动、庆幸。于是乎,羲仲一行匍匐于此地,举行"宾日"的顶礼膜拜仪式便合情合理顺理成章了。

《尚书》中的《尧典》篇记有:尧帝命羲仲,住在东方的旸谷,恭敬地迎接日出,辨别测定出日出的时刻。以昼夜平分的那天作为春分,以朱雀七宿见于南方正中之时作为确定仲春时节的依据……

旸谷在嵎夷区域内,而现今的威海市文登区,古为嵎夷之地。

现文登区所处的地理位置,与经传关于旸谷为"东表之地""日出之所"的释义相符。清初以前,文登县境域几乎囊括了整个小胶东半岛地区,是中原大地伸向海洋的极点,是最早迎来日出之地,称为"东表之地""日出之所",名副其实。

旸里村北面有一山即为"旸谷山",这一带有三个名字中带有"旸"字的村庄——旸里店、旸里、旸里后,呈三角形排列在旸谷山前。

清雍正本《文登县志·卷一》有这样一段记载:"旸谷在县西六十里,尧命羲仲宾日处。"

古人认为且羲仲亲眼看到,太阳就是从旸谷山之东而出的,在此"宾日"便理所当然了。春秋时期的"不夜城"故址,就在东面的现荣成市境内。2011年8月,在文物普查中,文登的相关考古人员,在旸谷山上发现了一座很像小型墓葬的石棺穴,发掘出一些零星破碎的陶片和炭粒。考古人员推断,这很可能来自4000年前羲仲在此宾日的遗留。

羲仲在旸谷一带住下后,每天清晨站在山坡上恭迎太阳,实实在在成了太阳的忠实仆人。连续几年里时刻观察太阳的升降、日夜的天象变化等。记下不同时节、不同天象对大地上庄稼树木花草的影响。经大量的调研分析，确定了春分的时间，为四季的确定和二十四节气的最终形成奠定了基础。

羲仲宾日，将太阳的印记深深地嵌入了威海这片土地。

好个天尽头

所谓"天尽头"，即位于今威海市所辖荣成市境东北的成山头，为胶东半岛的最东端。在航海图上，被标作山东高角。它附近的海域，是我国重要的渔场。也是自古北方航路必经之海域，为第二大海上航行密集区。这里海况恶劣，风大浪高，水下遍布暗礁，自古以来，不知有多少船只在此遇险。

作为威海地域最早载入典籍的地方，成山头自古便以"东方无东"的"天尽头"著称于世。在《选美中国排行榜》上，山东荣成成山头，位列第三。2005年被《中国国家地理》评选为"中国最美八大海岸"之一。

正因成山头位置特殊，景观独特，才成为威海市地标，也是胶东半岛的地标。当然，现代的地理常识告诉我们，中国陆上疆域的最东端并不在成山头。但由传统文化和历史风云所凝结的心理定式，威海人还是将成山头视为"东方无东"的"天尽头"。的确，从秦东门到天尽头，从极东无东到天末荒徼，地老天荒地弥漫着极地的气息。

在威海市的传记里，理所当然要留下成山头的履历。

说到成山头，就避不开成山。成山是成山头的母山。

成山自成山卫（荣成旧县治）向东连绵30余里，如一条巨龙，探入海中，在地域文化中属于比较早载入典籍的。据《山海经·大荒东经》和《大荒南经》记载：东海外有大壑……甘水出甘山，穷于成山而生甘渊……

这些记载赋予了成山的神话气质，令人浮想联翩。《史记》中记载，秦始皇第一次东巡，"穷成山"；第二次东巡，从琅邪乘大船，一路寻找大鱼，"北至荣成山"。这里的"荣成山"即成山。

成山如母，成山头如子，母子紧密相连不可分。成山一路东行，到了海滨，似乎是为了抵抗海浪的冲击，突然耸起，势若摩天，形成山东陆岸尽头的岬角，名"成山头"，又叫"成山角""成山岬""山东高角"。因陆地到此而尽，故古来称为"天尽头"。

还有一种说法，从荣成县治向东连绵30余里的山总名为卫东山，成山指卫东山最东端并连峭立的三座海岸山峰，当地人习称"三山子"。成山头则是三山子向东伸入海中的岬角。今天一般意义上的成山头，包括了三山子和伸入海中的岬角在内。

岬角像龙头，三山子像鼓荡的船帆，为它身后的大地挺起了抵御狂风恶浪的脊梁。

当年日本圆仁法师随遣唐使到中国求法，辗转在荣成赤山浦登岸，除记录了荣成法华院一带的风土人情，还有这样的记载："赤山东北隔海去百里。遥见山。唤为青山。三峰并连。遥交炳然。此乃秦始皇于海上修桥之处。始皇又于此山向东见蓬莱山、瀛山、胡山。便于此死。其时麻鞋今见在矣。"圆仁法师笔下的三山子，在史册间如仙山永存。

在华夏先民的认知中，成山头是最早迎接太阳的地方。在图腾崇拜的悠久传统中，它自然成了太阳神的家乡、老窝。

先民开辟草莱，追随太阳的足迹，来到成山头，当万顷碧波托涌而出光芒四射的太阳时——太阳是湿淋淋的，凝望太阳的眼睛是热辣辣的——无数声激动的呐喊，无数人虔诚的膜拜，定格了成山头与太阳亲密无间的关系，这里便被称为"朝舞"之地。

到春秋战国时，齐国祠八神，其中日主祠，就在成山。成山头，因其特殊的地理位置，成为古人公认的日出圣地。

到了秦汉时期，"成山礼日"则被列为国家祀典。

据记载，秦始皇、汉武帝和汉宣帝，都亲临成山礼日。他们把内地的中原文明带到了海滨，也把海洋文明带回了内地。内陆和海洋两种文明相互碰撞、融会，产生了更富色彩、更瑰丽的文明，起码是给两种文明都润了色、增了彩。

一旦礼日被列入国家祀典，成山头成为国家意志关注的中心，便迎来一个个荣耀时刻。

秦始皇来了，这个统一六国，建立中央集权的帝王，在统一天下不久，即东巡郡县，祭日成山。帝国威严从黄土高原播种到黄海之滨，牢牢扎根在了嶙峋的山石之上。

汉武帝来了，这个开辟了空前疆域的帝王，吟唱着朱雁之歌，东巡海上，礼日成山，把大汉雄风，播撒到成山头的天末海岬。

显赫的帝王一路走来，威海的昆嵛山更加巍峨，威海的旸里古道更加风光，不夜城灯火更明，成山头精神更旺。

潮涨潮落，风起云涌，沧海桑田，多少英雄豪杰闪亮登场，或隆重谢幕或黯然退场，多少壮阔的人生化作松间徐徐清风。唯成山头涛声依旧，石色如血。这里能容纳辉煌，也能承受落寞。

汉成帝建始三年（前30），成山日祠始废，成为历史的陈迹。太阳神黯淡了，这片土地陷入沉寂的时刻。但百姓依旧日出而作，日落而息，循环着平静的生活。烟火往事，弥漫着不一般的过往。

"虽然，祭日活动在成山头消失了，但秦皇、汉武以及汉宣帝的这些在成山的礼日活动，给当地打下了千古不泯的历史烙印，在周边地域留下了与太阳有关的地名、村名，如旸里、旸谷、阳庭、不夜、昌阳，等等。还诞生出与太阳有关的大量神话。"

日主祠位于成山之东，海岸尽处，过祠不复有岸，可谓天尽头之尽头。其建筑直到清末还在，20世纪末，在成山东侧发现瓦砾堆积层，经考证，为秦汉时期的建筑遗物，其地点与清代日主祠接近。

始皇庙又称始皇宫、秦皇祠，位于成山前坡，历经汉魏唐宋，至明代，已有相当规模。后屡经毁建，保留至今，历经风雨洗礼，香火延续，不失为一大奇迹。

秦始皇建立的帝国，其兴也勃焉，其亡也忽焉。祖龙成灰，却在成山头一隅的小庙里有了自己的道场。

成山头背靠大陆，三面环海，与韩国、日本一衣带水，扼南北海道要冲。风平浪静之时，樯帆络绎相望。风大浪高之际，更平添雄阔、苍凉。登高远眺，临风怆然，自然引发了古往今来无数文人的咏叹。

一座小小的山头，美人鱼裙裾的一角，竟然成为唐宋以来历代文人吟咏和反思的永恒主题。

唐显庆五年（660），百济对新罗发动进攻。新罗王上书唐朝求援，唐高宗以左武卫大将军苏定方为神丘道行军大总管，率十万大军，以山东半岛最东端的成山为进军始发地点，要渡海直击百济。

苏定方率大军抵达成山后，遂下令征集、建造船只，作渡海操练和登陆演习。可以想见，成山头及附近地区成为大军的大本营，周边各地的民夫、船工皆应征而动，这片疆域是何等的雄风大盛，威势直指海对面的半岛。同年八月，苏定方率军实施了自成山渡海的作战，平定百济，扬威异域，开创了国家水师跨海远征的壮举。

三年后，唐罗联军在白江口，与日本水军展开激烈海战，倭军几乎全军覆没。

成山头，扬帆东指，黄海海道变通衢。

明帝国迁都北京后，人口急增，需要调南方大批粮饷供给，而京杭大运河却严重淤塞，阻碍了河运。此间朝中大臣多次上疏重开海运，均遭朝议否定。其因皆为海运航道艰险，特别是成山海域，暗礁遍布，舟行略不及避，触之立沉。

如果把威海市域版图比作一根由陆地向海洋生长的玉笋，而成山头正如玉笋尖芽，它每伸长一分，威海的海岸线就向前延伸一分，古老民族的黄土色泽，就向蔚蓝多浸染一分。

如此书开篇之序言，若把威海的版图比作一条美人鱼，那么成山头的海岸线就是这条美人鱼的裙裾。这裙裾又是古老的海上丝绸之路与陆上丝绸之路的交汇点，是贸易的交汇点，也是和平与文明融通永无尽头的交汇点。

始皇帝来了

始皇二十八年，即公元前219年。

威海这片土地之上，车辚辚，马萧萧，旌旗猎猎，烟尘漫漫——秦始皇的帝辇驾临了。

秦始皇吞并八荒，成就始皇帝业，可谓登峰造极。但他的内心，却不免时时泛起丝丝寒意，每每抬头东望东方齐鲁，禁不住有惊雷隐隐而至，山雨呼啸欲来之感。

那东方日出之地，渔盐之利饶天下，曾与强秦并称东西二帝。"齐所以为齐，以天齐也。"有能力与大秦抗衡的，除了楚国，就是那个东方日出之国了。

不是吗？吞并六国的最后一战，秦军避实击虚，绕开西线齐军主力，直抵临淄，才逼迫齐王不战而降。

——始皇帝的辚辚车马，要"轧平"这片总让他的心头陡起丝丝寒意,甚至泛起皑皑霜雪的土地。

也难怪所向披靡的始皇帝,对东方滨海的这片"嵎夷"之地心有不安:

后世,这里的一个读书人,在来自四面八方的士子面前上天入地夸耀自己家乡时,似乎还略带点谦谦之气挤身上前,委婉说道:俺们小小山东,一山一水一圣人。

此话一出,令天下士子们噤口无言。

的确,这片土地上胜于渔盐之利,强于百万甲兵的,还是她孕育的圣人文化。孔孟的教化,已经浸润了这片土地,更深入这片土地之上芸芸众生内心。纵是兵戈熊罴,也有难以征服的另一种柔软、柔韧;铁血嚯嚯胜利的高扬,并不一定能让被征服的众生内心真正地降服归顺。这片土地上的儒生方士,站在山海之间,手持竹简木笔,一摇唇,一鼓舌,也许就能引发不可收拾的隆隆天摇地动。的确,这片神奇的齐地,血能化碧,骨能成梁,再怎么强悍的武力,也难以完成对她的彻底征服。

这片齐地的最东端,便到达了"天尽头"——成山头——"朝日乐舞之地。"

所谓"朝日乐舞之地",其大意是说这里风光优美,人烟阜盛,以至于连"朝日"对此地都恋恋不舍,并在此且蹈且舞。

这里的生民,外人称之为嵎夷莱夷。激荡的海涛、雄拔的山峰,赋予他们海礁般伟岸刚劲的躯体。在日出之地、海天之间,后世号称威海的这片山隅海岬,他们长弓大矢,牢牢扎根渔猎耕耘顽强地生存繁衍,也铸就了阳光般磊落的性格、大海般激昂的气魄。

与这片土地的东面、北面、南面唇齿相依的,便是更宽广、更神秘的浩茫沧海了。

那个曾在稷下学宫待过的邹衍,提出了大九州学说。

始皇帝不由得猛然一怔:原来他号令的广大天下,西至流沙,东到海边，竟然只不过是大九州其中的一小块。那极东之地，那疆域外更宽广、更神秘的沧浪大海，自然引发了始皇帝无穷的想象，也激发了他的征服欲望。

其实驱使始皇帝不辞鞍马劳顿东巡的最大动力，也许是东海之上有神仙的召唤，更有长生不老草的诱惑。

朕的帝业当然要传至千秋万代，传至无穷世代——这是始皇帝自成为始皇帝以来，耿耿于怀的终极。

方士提醒——皇帝何不自己长生不老，千秋万代地掌控天下？

始皇帝似乎恍然大悟：是呀，传至千秋万代何如朕自己长生不老，永无休止地掌控这帝国？！

当然，这唯有神仙做得到，我始皇帝虽拥有天下，但还不是长生不老的神仙。

所谓方士，大都通神仙学说，且有口吐莲花之功：东海之上有蓬莱、方丈、瀛洲三座仙山，山在虚无缥缈间，仙人居焉。琼田之上生不死草，得服此草，则可长生不老……

拥有天下的始皇帝，不就剩下了长生不老这唯一的追求吗？

于是乎，扈跸起行，卤簿仪仗，始皇帝安坐銮舆，骅骝开道，貔虎扬镳，在丞相李斯及文武百官和万千虎贲之士的陪护下，沿着秦直道向东海进发了——

威武的仪仗终于转过号称胶东屋脊的昆嵛山的北麓，滚滚向前——威海这片土地迎来了始皇帝的巡幸。

据《史记·秦始皇本纪》记载，公元前219年，秦始皇第一次东巡，"过黄、腄，穷成山，登之罘"。短短数行书，煌煌千秋史。

"黄"即今龙口市，"腄"即今福山，"成山"即今威海市所辖的荣成市的成山镇。明洪武三十一年（1398）在此设卫，遂取名"成山卫"。

此"成山"可不得了，号称"中国的好望角"，著名的"天尽头"即

成山头的始皇庙（庄士敦摄于1910年前）

在此。据说这里是中国海岸线上最早见到日出的地方，所谓"朝日乐舞之地"也就不难理解了。据说这里也是中国大陆距韩国最近之处。

始皇帝东巡的卤簿仪仗，经过现在的龙口、福山等地，沿胶东半岛上的辇道，由现今的文登区昆嵛山北麓——此为必经之路——经不夜之地，直达荣成县的成山头，不少地方其遗迹至今犹存。

威海地区沿用至今的辇道山、辇道山、辇了村、歇驾夼等地名村名，将始皇东巡深深地刻进了这片土地的肌理之中。

当然，始皇帝所过之处也为后世留下了一路传说。

那些传说经乡间一代代耆老修修补补添砖加瓦，在乡间的地理名词里隆起，形成了传说中的亭台楼阁，有些甚至演绎成了首尾呼应情节瑰奇的神话故事。

威海市文登区昆嵛山的南坡，有一个较原始的、童话般玄妙的小山村叫"晒字"，就是因始皇帝东巡被抹上了浓墨重彩的一笔，而得此村名。

相传，秦统一天下前，有黄姓兄弟二人，因躲避连年战乱，从都城逃出，几经周折，来到"仙山之祖"的昆嵛山，在这几乎与世隔绝之地落脚，筑茅屋而居。

黄氏兄弟与当地土著一样，过起了日出而作日落而息，自给自足与世无争的田园生活。但他们原是读书之人，劳作之余不仅读那些自外地带来的竹简木牍，兴之所起时，也用树枝蘸着调和的彩色岩石粉，将诗文字画写绘在树皮之上。

这样的字画易霉烂，为长久保存，每逢艳阳天，兄弟俩便将树皮诗文字画自茅舍搬出，摆在门前名为"龙石"的一块大石棚上晾晒。

那几日，黄家兄弟连着几晚皆梦见有猛虎进山，直扑他们的茅舍，将其保存的树皮字画撕咬毁尽。

黄家兄弟心惊肉跳，觉得此乃凶兆，便商定要逃离此地。

第二天恰好风清日丽，全家老小一齐动手，把树皮诗文字画搬到龙石上去晾晒，准备带走。

正午时分，山西面的官道突然一阵尘土飞扬，只见旌旗伞扇刀枪剑戟遮天蔽日而来……

黄氏兄弟哪知，始皇帝东巡的仪仗队正路过此地。

没想到这东夷之地竟是这般山峰峥嵘，云雾缭绕，古木参天，如同仙境。始皇帝便喝停车驾，下辇步行，要好好赏玩一番。

威武的兵队曤曤逼近，比猛虎扑来更令人惧骇，山上的黄氏兄弟仓皇地收拾字画要逃跑。

慌乱间，踢踏的石块自山上隆隆滚落——圣驾受惊了。

众兵将即刻飞奔山上，将黄氏兄弟擒拿。

丞相李斯上前一番审问，原来黄氏兄弟并无暗伤始皇帝之意，只是见浩荡虎贲之师开来惶恐逃命而已。释然却又心生疑窦：既是惶恐逃命，为何连茅舍中的粮食衣物等都不顾，却要收拾这些树皮而逃？

黄氏兄弟答道：衣服没了可再织出来，粮食没了可再种出来，诗文一旦毁弃罪莫大焉，保全了性命又如何？

山野村夫能识字？何谈什么诗文？诗文又从何而来？

黄氏兄弟答道：我兄弟虽居山野幽谷贫寒度日，却不敢一日不读圣贤之书。又打开了一捆捆写绘着诗文字画的树皮，说今日正将其放在门前的龙石上翻晒……

李斯既惊且喜，忙将这些树皮诗文字画呈给始皇帝御览，同时将黄氏兄弟请到了皇帝面前。

秦始皇看后更是龙心大悦，禁不住连声称赞道：好字迹，好诗文！好个龙石晒字！

皇上金口玉言——也算是皇帝赐名吧，黄氏兄弟居住的这个寨落，便以"龙石晒字"为名了。

时至今日，"晒字村""晒字镇"，仍是威海一带赫赫有名的村镇。

之后，秦始皇登上了现威海市文登区城东侧的一座小山——文山，并特地在山上设下了召文台，广召四方贤士歌功颂其德。据传黄氏兄弟也在被召见之列，秦始皇想让他们进京城做官。黄氏兄弟过惯了世外桃源的清静日子，婉拒圣命，又回到了龙石晒字耕读了。

现今晒字村确有不少黄姓人，不知其先祖是否与这段传说有关。

随后，始皇帝的仪仗继续在威海的土地上循风东行，经过的一条河，则变成了之后的"送驾河"；于一座山驻跸，此山则变成了之后的"驾山"——取道因他此次巡幸之后而得名的"报信口""伟德山"北麓，终于抵近了成山头的"天尽头"。

风起尘扬，哪怕你现在站在成山头，回首而望，目光也许就会穿越两千多年，恍惚看到始皇帝之仪仗车辇辚辚而来，其威势令周围草木随之俯仰。

而銮舆之上的始皇帝那时又看到了什么呢？一片无限宽广的波光赫然在望——比脚下的大地又不知要宽广多少倍。

——嗟乎，说什么"溥天之下，莫非王土"，朕号称拥有了天下，哪承想还有这比天下之土更广大的浩瀚之水，朕还不曾驾驭其上；空气中也浓浓地弥漫着漫漫黄土之上不曾闻过的、逼人的鲜爽之气，胜过草木之葳蕤气象——这是海的气息，比大地要宽广不知多少倍的勃勃气息。

帝国的威风随着始皇帝的车马一路渲染，王朝的意志随着始皇帝的足迹一路生根。

那些脑后总是反骨难降的儒生方士，不得不重新审视这个来自黄土高原、有着后世出土的秦兵俑一样质朴坚毅的始皇帝的面孔了。他们那狷傲的身段，也自觉不自觉地弯曲于那猎猎旌旗之下，甚而匍匐于始皇帝的仪仗之后了。

自然，存积于始皇帝心头的丝丝冷意，也在巡视途中一点点融解。当他到达了天尽头的日出之地，沐浴在"朝日"赤裸裸的神圣温暖之下；沉浸在万民不绝于耳的"万岁！万岁！"山呼氛围之中，别说是冷意，哪怕心中存积了厚厚的霜雪，顷刻也被融化为了春潮。

成山头，在齐东北隅，位于中国大陆沿海的最东端，无数史书记载是传说太阳的出生之地。威海先民在此崇拜太阳神，留下了礼日祭日的悠久历史痕迹。

齐有八主，成山为日主所在。在远古先民虔诚的敬畏里，这里是大陆的终点，是太阳的诞生之地，也是神话的起点。到成山礼日，是始皇帝此行的重要内容。他一路浩荡烟尘而来，正是要扑进这片"朝日乐舞之地"的大光明之中，不仅沐浴"朝日"之光辉，更要让自身也能发出"朝日"之光辉！而且是千秋万代的光辉！

站立在成山头的天尽头，浩瀚的大海，澎湃翻腾地叩击着大陆的边缘。极东无东，海天空阔，哪怕是凡夫俗子也会油然而生天之尽头的慨叹。

现今，成山南峰仍存有一石碣。道光本《荣成县志》记："始皇东游，立石成山。"虽历经千年风雨剥蚀，依然意旨遥深地矗立海滨，为威海海

成山秦代立石

滨嵌上了牢牢的印章。从此,这片海疆尽归秦德。

成山立石,其上刻字因剥蚀漫漶而难考究。方志则众说纷纭,有刻有"天尽头"三字说,亦有刻有"狱讼所公"四字说,还有刻有"秦东门"三字之说。

秦帝国代表的黄土文明,到了蓝色的大海边,如果不是空有遥想和嗟叹,而真正吸纳海洋文明的元素,帝国铸剑为犁,耕海牧渔,历史该会有另一番模样吧。

始皇和他的帝国已被历史的尘埃埋没,但是他东巡的一系列传说却永远留在了威海这片土地之上。这里的山陬海隅,传说俯拾皆是:秦桥遗址,成山矮松,夫人山,始皇庙……口耳相传的故事里,永远鲜活着古老而年轻的身影。

本书作者之一王成强的家乡离成山有200多里远,小时候其父时常讲一些始皇东巡的传说故事。其中有两个至今记忆犹新:其一,传说秦皇爷东巡时带有定日神针,白日往天上一戳,太阳便停止不动了,就没了黑天。庄稼人就要没日没夜地劳作,不得安歇了;其二,传说秦皇爷东巡还

苘山出土的秦代铁权

带有赶山铎，又叫赶山鞭。为去东海求长生不老草，便挥起赶山鞭，驱赶西边的连绵大山纷纷入东海填海造桥……

那时，王成强每每仰望挂在空中的太阳，就会心有禁忌，生怕不小心伸出手指戳那天上的太阳。万一太阳被定住不动了，那岂不是没得黑夜睡觉了？有时也会看看村南的山和村北的山，天真地想象是不是秦皇爷从西边赶来的呢？它们也真像仰天躺倒的巨人哪。

有关始皇东巡的传说，也成为文人吟咏的题材。鸥鸟翩飞，水石相激，后世的文人墨客临海而立，遥襟甫畅，逸兴遄飞。恍兮惚兮，不知始皇帝临幸此处的情景在他们的面前是如何一次次再现的。

始皇东巡的更多历史片段仍在地下沉睡，或被湮没在中断了的记忆里。

20世纪70年代，几乎与兵马俑的发现同期，在威海市文登区境内的新权村，出土了一枚秦代铁权，引发了考古界的轰动。该铁权为秦始皇统一全国度量衡时铸造的衡具，由生铁铸成，重31公斤，略呈扁圆形，平底，顶部有半环形鼻。身侧嵌秦始皇铜制诏版，阴文篆刻小篆40字。秦始皇一统天下，书同文，车同轨，行同伦，其雄才大略，也由秦代铁权沉稳的形制和峻简的文字体现了出来。权俗称为秤砣，这枚铁权，也确实如秤砣一样，称出威海这个东陲极地的历史重量。它"同时证明了在秦朝时，威海境内经济社会在战国时期齐国的基础上，仍在持续发展，处于领先地位"。

秦始皇曾三次巡狩齐鲁，两次到达成山。第二次临幸成山，有史料记载，始皇帝于沧海之上寻仙射鲛，何其壮哉。岂料，归途中，竟溘然长逝。

天子于"天尽头"返回途中而逝，于是乎，这"天尽头"又令坊间乃至朝堂禁不住生出了忌惮：天尽头，天尽头，这不就是一记谶语吗？！诸多忌讳便演绎出来：既是天之尽头，那么人行至此，不是也意味着其仕途、其生命也到了尽头？——特别于那九五至尊的天子——既是天子，那走到了天尽头又意味着什么？天机不可泄露，真真不敢再往下明说了……

接下来历代的达官贵人，巡视至威海荣成的地面时，地方官员总会如数家珍地讲一番赫赫的"天尽头"，要达官贵人去始皇汉武临幸之地再临幸。

据说此时往往有方士神兮兮、一脸天机不可泄露的神态小声提醒达官贵人：不可，不可，"天尽头"去不得……

又据说，哪怕是当代的达官贵人，特别是那些仕途呈蒸蒸日上之势、短期内其官阶有望再攀升一级甚或几级的新贵长官，当他们来到威海荣成的地面，会有更多、更殷勤、更知己、更自家人的当代方士贴己地提醒：首长，请不要捉夫天尽头，他们若要引路去，请婉言谢绝……

不知关不关忌讳说，反正现今的天尽头，赫然矗立着"天无尽头"的当代石刻。包括成山头在内的那一片新开发的风景名胜区，也被冠以了"好运角"这样皆大欢喜的吉祥之名。

汉武大帝又重来

大陆之上朝代更迭，陆地吹拂至天尽头的风，对迎面的海风说：你们还是海风,我们现在是汉风了!

自海面或徐徐吹拂或呜呜呼啸而来的海风做何感想,不得而知。

汉武大帝刘彻也是倡导辞赋的诗人。其《秋风辞》感叹岁月流逝,抒发了人生易老渴求贤才之望:"秋风起兮白云飞,草木摇落兮雁南归。兰有秀兮菊有芳,怀佳人兮不能忘……"

鲁迅先生称此辞"缠绵流丽,虽词人不能过也"。

公元前109年,正月,汉武帝"遂东巡海上,行礼祠八神"——天尽头再一次被涂抹上了浓墨重彩的一笔。

史书如是说:太始三年二月,汉武帝东巡,"幸琅邪,礼日成山。登之罘,浮大海。山称万岁"。

威海的地方志如是说:汉武大帝遵循"古天子五载一巡狩"的古制,多次东巡海上。这次礼日成山,虔诚祭祀八神,为其赐福延年。

在成山头之天尽头海边,立有日主祠,"过祠不复有岸"。在成山之上筑有成山观,用以观日迎神仙。

人神互动——衣袂飘飘,乐声烟火,与涛声天光相映,直上云端。大汉帝国的雄风,在天尽头再一次飞扬。继秦风强劲,这片土地又深深地浸透了汉风。

秦皇汉武,两位帝王中的佼佼者,何以相继驻跸莅临天尽头?这神奇的岬角当然自有其独特的魅力。

当今的地理专家评选的"选美中国排行榜"上,"天尽头"历历赫然有名。且不说它身前辽阔的海洋和令人神往的神仙传说,且看它身后的那片土地,历经史前草莱,历经夏商,历经春秋战国,到了秦汉之际,两种不同的部族文明反复碰撞融合,催生了华夷共荣、陆海双色的新地域文明。同时它既有地利而又得天时,以人和而兴经济,既有可号称"小天府"的物产,又兴达了号称京津咽喉的海运。在那个时代,单是这些便足以闪耀出神奇的魅力。

自战国，这里有不夜邑，至西汉，有不夜城，其经济日渐兴达。至2018年，荣成市在"全国综合实力百强县"的排名中位列第17位，足见其经济文化之繁荣，实乃东境胜地。

威海这片土地，在原有的由海上形成的自山东沿海经长山列岛、辽东半岛、朝鲜西海岸、对马海峡到日本九州的海上丝绸之路的基础上，又成为陆上丝绸之路的灿烂起点。自海上抵此的货船，自此又变成了陆路出发的商队，承拂着蔚蓝的海洋气息，进入齐鲁内地，再过中原，直入长安。

2017年，萧瑟秋风今又是，笔者驱车去天尽头访古。

从威海市区出发，沿滨海大道一路向东，海阔云淡。远望前方海陆连接处，大陆或陡或缓地潜入海中，仿佛不同姿态的巨龙探海。

在一片断崖后名叫东岗村的村庄，笔者下车驻足。村庄是极具胶东特色的民居，顺山坡向下延伸。再回望来路，大陆似一群奔腾而来的骏马，在这入海之地猛然收住了飞扬的四蹄。

村庄路边公交车站牌处，有两个小朋友在玩耍。他们生于斯长于斯，可他们的口音已经完全不是父老浓郁的、带有大海味的荣成乡音，而是课堂教化的普通话了。

但谈及前面的天尽头，他们倒是知之不少：秦始皇和汉武帝都来过我们这里的天尽头巡礼，我们东岗村就属于成山镇……

通达天尽头的路在半坡之上，路边往上则是岭脊，上有一道类似长城模样的石墙。过了这道石墙，海风骤紧，海涛在崖下澎湃作响，似乎仍在激荡着当年秦皇汉武至此时的激昂雄风。

这里算是天尽头的左后翼。墙里墙外，演绎了不同的景观。墙里，日暖村静，一片瓦房如老实的各色贝壳趴在那里；墙外，海腥味扑鼻，海风坚硬，完全是一种海的原生态。

再回首远望，大陆起伏连接着的嶙峋岸礁越来越遒劲峥嵘，如龙头入海；前面秦桥遗迹，在海中断续隐现。

有条老狗冲我们懒懒地吠几声后，竟又摇头摆尾温驯而又亲热地来到了我们身边。

一坨高耸的礁石上有盘子大小的一方土，也被人见缝插针地栽种了瓜菜。那苍老遒曲的瓜秧攀附在礁石的边缘，竟也结了两个未老先衰的小瓜。小瓜虽小，却是遍体鳞伤。可以想象，当强劲的海风吹拍着这礁石时，瓜秧及瓜秧上的这两个小瓜，承受了何等不可忍受的残酷折磨呀。这瓜秧上能坐下并长成这两个小瓜，已经算是奇迹了。

崖壁上，处处都有野菊吐黄，坚韧地随风摇晃。禁不住贴过脸去闻一闻，它们与普通的野菊虽同形，却又有着海风沐浴的独特的略带海腥味的浓郁的清芳气，这气味甚至浓郁到逼人呛鼻。正所谓橘生江南为橘，生江北则为枳也。

狗尾草则无孔不入，在所有可生长之处恣意地点缀渲染着海边之秋。人在草木间行走，踏出簌簌声响，如翻动的书页微吟。岸壁生苔，崖下风水相击，激荡鞳鞳。从松间望去，一片苍溟，远去天际。

有女油画家在松林下写生。画板上一涂一抹间，海岬风光逐渐在画布上呈现。这是另一种意义的洗礼，也是另一种意义上的复活。画家来自陕西西安，这是不是一重巧合？她是追随秦皇汉武的足迹至此，从而完成另一种意义上的巡礼？

及至站立在天尽头，承猎猎海风、观沧浪之海、思悠悠之古，我等并不矫情的人竟有些无语凝噎。罢罢，那就不再说什么了，就无语地好好感受大海的浓郁气息吧……

远处隐隐有钟声传来，天尽头隆隆涛声回响……

The
Biography
of
Weihai

威海传

第二章
海生万象

依山傍海构成了威海市域主要的地理特征，威海因海而得名，因海而盛名。靠山守海的威海先民，在这片古老的土地上，以其聪明才智、勤劳的双手、驭风斗浪的无畏气魄，创造生活，建设家园；同时，又以其勇敢的精神、坚强的臂膀抵御外来侵略。在漫长的历史过程中，特殊的地理环境与独特的生活方式，使威海人创造、培植、积累与发展起了一系列与大海关系密切、内容丰富、特色鲜明的地域文化——可谓海生万象。

方士乐土

地理环境像母亲一样，孕育并滋养着一方文明；地理环境也像父亲一样，管束并规范着这一方文明。

海与山育化出了莱夷、嵎夷生民的品性；"日出东方""海生万象"又催生了威海区域的方士文化。

神秘的海市蜃楼和奇特的山川山市幻景，给方仙道提供了无穷广阔的想象空间，自然也为方士们塑造神仙形象和神话传说提供了凭据。威海这片山水自然景观本就神奇，自然而然成为海洋神仙文化产生和培育滋养方士的沃土。

昆嵛山和半岛沿海岛屿素来被称为海上仙山，昆嵛山则为"海上诸山之祖"，甚至被称为"海上仙山之祖"。

《史记·封禅书》载，"蓬莱，方丈，瀛洲"为三神山。所谓仙山，不过是先民遥望半岛日出之地而产生的心理影像。遇上半岛经常出现的海市和山市，物象毕具而实则缥缈，可望而不可即。于是乎心理影像叠加大气光学现象，那些方士们便绘声绘色地演绎出在海天之外有仙山仙人也就不足为奇了。

史籍中关于威海地区的海市、山市记载很多，有威海"日岛海市"、荣成"苏岛海市"、文登"桑岛海市"等。

所谓的海市、山市现象，早已有了科学解释。但在千百年前的人们眼中心中，可是神乎其神，自然会产生对于神仙的联想。

遥想古时候，每当海市山市缥缈而出，会给先民们苍茫的心理增添多少神秘又敬畏的遐想呀。恍兮惚兮，百姓们怎不如堕五里云雾？这却给方术之士们提供了用武之地——那是仙境，是神仙所在的另一个世界……

海洋神仙文化在此大行其道，不是顺理成章理所当然了吗？

秦皇汉武来威海的海边求仙，得长生不老之方，不也是顺理成章理所当然了吗？同时，这也大大地彰显了威海这片地域的神秘魅力。

仙山海神的传说给威海这片区域涂抹了更神秘的色彩，外来宗教对这里趋之若鹜，本土民俗又渴望多诞生些土生土长的神灵。天时地利人和都有了，于是乎，威海这片区域就变成了诸神仙的乐土。

威海这片区域因其地理位置，如与生俱来的海腥味般弥漫着浓厚的"仙氛"。"境内文化与齐文化同属东夷文化……他们利用海上虚无缥缈的海市蜃楼，兜售由来已久的神仙之说，令帝王将相刮目相看，言听计从。继而便出现了齐威王、齐宣王、燕昭王使人下海求长生不老药。更显赫的当以秦始皇、汉武帝东巡成山三次大规模的求仙活动"。

据相关资料记载，方仙道鼎盛时期，齐地的方士多达上万名，威海先民留下了大面积恭恭敬敬方仙道的群影。

后来在现威海市域盛行的道教，其基本信仰，大体来自方仙道所提倡的神仙说。可以说，威海的方仙道为威海道教的产生奠定了基础。

秦汉之后，威海境内的昆嵛山、伟德山、铁槎山等地，历代皆有道士结庵修行，觅仙炼丹，以求羽化成仙。

威海境内的昆嵛山，为海上诸山之祖，亦为境内镇山。它的得名，则与在民间影响深远的麻姑神话有关。

元代于钦所著《齐乘》称："大昆嵛山，为嵎夷海岸名山，仙经云：麻姑于此得道上升，余迹犹存，因名姑余。"

显然，上文所称"姑余"即"昆嵛山"之本名，后经历代音变，才成为"昆嵛"。其主峰原为"大悲顶"，同样经音变，而成"泰礴顶"。

由此也可知，早在东汉末年，昆嵛山就已经有了麻姑的神话传说。此后，麻姑得道飞天的仙迹，也被当地人言之凿凿地描绘在昆嵛山中。隋唐时期，昆嵛山中甚至有了麻姑冢、麻姑梳妆阁等仙迹。北宋后期，宋徽宗崇尚道教，四处封山拜神，昆嵛山中已经闻名遐迩的"麻姑大仙"，被敕封为"虚妙真人"，并立碑于昆嵛山中。麻姑被愈加尊崇，成为显赫的道家仙尊，享了鼎盛香火，祈祷者盈门。

全真教发祥地

到了金元时期，威海的昆嵛山一带盛开出更为艳丽的宗教之花——全真教在此兴起。

全真教，亦称全真道、全真派，是金元时期王重阳及其七人弟子依托昆嵛山区创立的全新的道教门派。以昆嵛山为中心向四周蔓延，迅速传遍胶东，进而影响中原，至元代达到鼎盛。全真教的创立和传播，是我国道教达到辉煌的标志，也是威海地方文化璀璨一时的见证。

王重阳（1112—1170），原名德威，字世雄，入道后号重阳子，陕西咸阳大魏村人。家业丰厚，聪颖豁达，曾修进士业，文武兼备，由于仕途不畅，愤世自弃。

据传说王重阳48岁时，遇仙人指点而成道。金大定七年（1167），抱着"三教合一"宏图大愿的王重阳来到昆嵛山，潜心修道而得道。

王重阳首发宏愿："吾将使四海教风为一家耳。"为以后"三教合一"的教义做了充分的思想准备。在陕西行道不果，经长途跋涉，他来到胶东昆嵛山区。经过两年的努力，最终创立了全真教派。

"全真"一词，最早来源于庄子，其后历朝修身之士皆有"全真"一词含义之解，见仁见智，其大意为"保全天性，修缮我性，齐物格致，舍

全真教契遇庵遗址

弃归真"。

昆嵛山区独特的地理形胜和深厚的宗教传统,成全了王重阳和他的全真教;全真教在昆嵛山区的传播活动,又相得益彰地增添了这座当地祖山和镇山的内涵和底蕴。

王重阳在威海昆嵛山区创教,先后感化了胶东文化士人马钰、谭处端、丘处机、刘处玄、郝大道、王处一、孙不二。七大弟子皈依了全真教,初步确定了全真教的创教骨干。

著名武侠小说作家金庸先生,在他的《射雕英雄传》中,有东邪西毒南帝北丐中神通华山论剑的精彩章节,其中,中神通即为王重阳。这部小说正是借威海地方昆嵛传道的历史加以演义,使王重阳和全真七子由宗教走进了文学,让更广大的读者对全真教有所了解。

据载,王重阳所点化的全真七子,个个有博大的胸怀、浩然的气度。之后弟子分立宗派,各有影响,却有共同的精神领袖,信仰共同的教义,实践了"四海教风为一家"的师训。

除了王重阳,这里将丘处机(长春)简介如下:

《道德经》摩崖石刻

丘处机,号长春子,登州栖霞人,金末元初道士,全真派"北七子"之一。于昆嵛山拜王重阳为师,后随师远赴陕西。王重阳羽化后,他在陕西磻溪洞穴中苦修6年,后又于龙门山精修7年,创立"龙门派"。成吉思汗闻其名,派使诏请,丘处机毅然率弟子跋涉万里,历时两年,抵达大雪山(今兴都库什山),面谒成吉思汗,劝世祖"敬天爱民""清心寡欲""不嗜杀人",以"止杀"闻名于世。受世祖礼遇甚厚,被尊为神仙,并命其掌天下道教。一时教门四辟,全真教得以大发展。

文登圣经山上有月牙石,因状如新月而得名。上镌刻老子《道德经》上下卷五千言,所谓"圣经山"之名,即因此而来。圣经山石刻属隶书变体,古拙苍润,雕工精湛,为国内罕见大型道教摩崖石刻,系全真教鼎盛时期的产物。

荣成圣水观有千年银杏树,根深叶茂,见证了曾经鼎盛的道家香火,见证了信众虔诚祈祷,也见证了这片土地千年间的沧桑巨变。

在地理景观之上,在宗教传统之中,威海又添众多神仙,影影绰绰,滋养人心向化。

奈古山下李龙王庙

本土诞生的李龙王

威海也产生了带有浓郁本土色彩的自己的民俗之神。这些神灵,成为具有浓郁地域特色的文化瑰宝,为境内丰富的非物质文化遗产。其传播,其影响,大大地超出了威海的境域。本土诸神中,以"李龙王"最具代表。

秃尾巴李龙王的传说故事,于明代就开始在古县文登流传。自清初到民国时期,随着大面积的山东人闯关东,李龙王的神话已在中国北方广大地区广泛流传开来。东北三省,几乎无人不知无人不晓。

几百年来,秃尾巴李龙王,早已被文登人、威海人奉为可信赖的保护神。在李龙王的故乡文登和闯关东的山东人中,它更被视为可亲可敬、人格化了的老乡,受到了极大的尊敬和爱戴,乃至香火祭拜。

清道光年间,道光帝御赐李龙王"溥惠佑民"的封号,并将其列入国家祀典。这一殊荣在中国民间的龙文化史上,算是独一无二的,足见其影

艾山庙

响之广泛和深远。

　　文登古城南40里处，有座柘阳山。此山并不高大但名气不小。千年前的柘阳山古木参天，后周显德六年（959），即建有极具规模的柘阳寺院。有资料记载了柘阳寺院的异端：寺院殿后大石上，常见一巨蟒盘卧，能预报天将雨，天将雨则发出类似鸡鸣之声，且不为害于人，它便是民间塑造的秃尾巴李龙王的原型。

　　秃尾巴李龙王，虽是文登民间创造的亦人亦龙的神，但历代《文登县志》，对此大都有记载，其故事情节也基本相同：相传柘阳山下李姓农夫之妻郭氏汲水河边，感而有娠，三年不产。忽一夜雷雨大作，电光绕室，孕虽娩，无儿胞状。夜间却有一巨蟒尾巴绕在梁上，而探头于郭氏胸前就乳。这巨蟒每夜就乳，郭氏辄痛晕。郭氏惧不敢言，后只好告之丈夫。丈夫亦惊骇不已，便备一刀，待巨蟒夜里就乳时，飞刀断其尾，巨蟒即腾跃而去……后郭氏死，葬柘阳山下。一日，云雾四塞，忽有一秃尾龙于郭氏坟上旋绕，将郭氏之冢移至柘阳山上，墓高数尺……当地士人谓之神龙迁葬其母。后柘阳山一带每遇干旱，秃尾龙见，年即丰。

柘阳山前龙母坟（局部）

李龙王成龙之后，泽被苍生，特别对家乡一带更是偏爱有加，柘阳山一带每遇干旱，秃尾李龙王便现身播雨。感其恩泽，当地士人便构李龙王祠以祀之。每年春季李龙王自天庭回乡祭母，正是山东半岛干旱季，李龙王都会给正盼雨水的山东半岛普洒甘霖，其恩泽范围大大地扩大了。

李龙王不但旱时给家乡带来雨露，传说李龙王后来被天派往东北，曾于黑龙江大战祸害百姓的白蛟龙，驱除了为害一方的白蛟龙。不仅如此，李龙王于人间且有惩恶扬善、除暴安良之功。以其神通惩治贪官污吏、劣绅恶棍、不孝不义之徒。其扶危济困、救人危难的传说，更是不胜枚举。

据说几百年来，黑龙江上的客船行驶之前，船家必先问有没有山东人。无论是否有山东人，众人都会高声答"有"，如此这般，船家才敢放心开船。

在关东山伐木，沿江放木排过激流险滩时，放排人也都要高喊"山东人的排子下来了——"据说只要这么一喊，木排便会安安稳稳地通过激流险滩。

遥想当年，大批山东人为了谋生，背井离乡一路跋涉闯关东，"井"和"乡"是没法带上路的，而带上心念中的神灵，一个可亲的秃尾巴老李，故乡便如影随形，慰藉着流浪的心灵。日久他乡即故乡，随着时间的推移，诞生在文登的李龙王，也成了东北人心中的李龙王。

The
Biography
of
Weihai

威海传

第三章

绵绵文脉

整个威海地区秉承齐俗遗风，有"人知教子，士解通经"之说，全境内的崇文尚学之风可见一斑。

文登学

威海市的文登区历史悠久，唐虞为嵎夷地。夏、商为青州地，春秋先后为齐国莱地、牟子国地，战国为齐地。北齐天统四年（568），析牟平、观阳地置文登县。

文登是现威海市所辖县级市区中最早设县的，历史悠久源远流长，其管辖区域，曾远超今天的威海市域全境，自古就有"文登学"的美誉。

公元前219年秦始皇东巡，曾在此召集文人墨客登山吟诗作赋、歌功颂德，留下"文人登山"的传说，"文登"也因此得名。

汉代大儒郑玄，曾在文登城西15里的长学山阳开院讲课，邑人读书求学由此蔚然成风。文登，文登，一时成为天下文人荟萃之地。

自朝廷科举取士起，文登学子即榜上有名。明清两朝最为可观，文登籍进士及第61名，为全国各县平均数的两倍，并有徐士林等人名扬天下。

清顺治乙未年科场，文登有7人同时高中进士，并出现于鹏翰、于涟父子同榜，刘欣、刘辉兄弟联镳的盛况。文登学子名震朝野，"文登学"美誉一时传为佳话，流传至今。

"文登学"精神源远流长继往开来，新时期文登的高考升学率和升学人数持续走在全国前列，而且不乏全省状元和名列全国前茅的知名学子。

所谓"文登学"之誉，是指在文登这方土地上孕育、发展、繁荣起来的浓郁地方文化氛围和崇文尚学的优秀传统。

1998年11月，全国精神文明建设现场会在文登召开。"文登学"再次名扬天下大放异彩，其声名也远播四海。

整个威海地区秉承齐俗遗风，有"人知教子，士解通经"之说，全境内的崇文尚学之风可见一斑。

不夜城

至西汉时,现威海区域的文化有了较快发展,城区的建立予以了证明。并不广袤的现威海市域,竟形成了不夜、昌阳、育犁三个文化中心,都留下了较丰富的文化遗存。

《汉书·地理志》注引《齐地记》云:"古有日夜出,见于东莱,故莱子立此城,以不夜为名。"

日出为昼,而"有日夜出"就是说此地没了黑夜,便以"不夜为名"。这有悖常识的记载当然不会与自然现象相符,却也从另一面反映出这里是何等的日光煌煌。因古时认为它身边的"天尽头"是太阳诞生的"朝舞"之地,所以这里谓之"不夜"也就不难理解了。莱子,当为远古时期活跃在胶东半岛的莱夷,其所立莱国是商周时期的东夷古国。从有明确记载的《汉书》开始算起,"不夜"确史已有2000年了。经沧海桑田剥蚀风化,古时赫赫的不夜城,早已散作了旧址村野的原上尺土。

古时的不夜荣光仍令今人神往——中原腹地的华夏先民,用刀楔在竹简木简上刻下这些文字的时候,东夷这个尚未完全归附的古国先民,渔猎耕牧在日出之地,沐浴着天外来风,一定伟若天神——长人大弓,肃慎之矢,构成"夷"字基本的框架。

汉高祖刘邦设不夜县,属东莱郡,其境域为今荣成市大部及今环翠区全境。

细味之,"不夜"二字蕴含着丰富的历史信息。经史家钩沉,一个说法浮出水面:在张骞凿空西域,开辟陆上丝绸之路前,环胶东半岛,经长山列岛、辽东半岛，直至朝日诸岛屿，到东北亚，已经形成一条与海外诸民族交往、贸易的海上走廊。东夷孑遗族人，当为航线的开辟者、继航者，他们把古老中华大地孕育的文明基因，播植在了蜿蜒曲折的航线沿途。

东夷族最终虽还是消失了，但经长达千年远跨陆海的浩茫时空，还是留下了一些不可磨灭的传统和难以消失的神秘色彩。

秦始皇扬鞭东指，"过黄、腄，穷成山，登之罘"，（《史记·始皇本纪》，下同）乃抚东土，宣威海滨。"齐人徐市等上书，言海中有三神山，名曰蓬莱、方丈、瀛洲，仙人居之。请得斋戒，与童男女求之。于是遣徐市发童男女数千人，入海求仙人。"

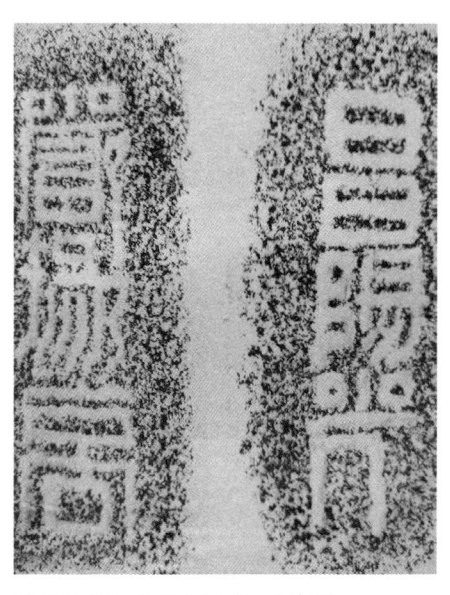

荫子三冢泊汉代昌阳严石阙拓片

这个"徐市"，即民间耳熟能详的率三千童男童女的大船队，去海上为秦始皇寻长生不老药而东渡日本不归的那个徐福。这故事虽扑朔迷离，却道出当时滨海莱夷经营的水道尚可通达日本，不夜城之荣光灿烂，又可见一斑。

西汉置不夜县，属东莱郡，是当时山东半岛最东端的一县。中原逐鹿，烽烟四合，不夜城则平稳过渡到另一个朝代，依旧日出旸谷，依旧辉煌东方。古时那些风光，只可惜早已沉睡于往日的余晖之中了。

但不夜城还是留下了难以磨灭的极为深厚的历史积淀。

有资料记载，清道光年间，不夜城遗址尚可辨识。20世纪70年代后，不夜村向南迁建，不夜古城遗址便被压在村下，昔日的残砖断瓦已完全被

西汉育黎故城遗址碑

淹埋了。

继设不夜县之后,西汉又在现威海境内设昌阳县。

昆嵛山东侧,自古便是朝阳之所。这里的"旸里""旸里口""旸里后"等村名,无不与太阳初升的"旸谷"有关。西汉又在此设立昌阳县,隶属东莱郡,其境域为今威海市文登区大部及荣成市西南部。

昌阳城则位于今文登区宋村镇石羊、宋村、城东3村之间,北依昌山(回龙山),南临昌水(昌阳河),总面积约17.5万平方米。这里曾出土过汉代砖瓦、柱础石、石臼、铜车饰、五铢钱等遗物。

威海境内昆嵛山西南侧,至西汉时,已形成人口聚居的文化中心。西汉初期,即在此设育黎县,隶属东莱郡,其境域大致为今乳山市全境及牟平南部、海阳东部。

1935年,民国《牟平县志》总纂于清泮曾亲临古城遗址勘校凭吊,并立"育黎故城碑"。

20世纪50年代,在古城址南面和北面山冈上发现若干汉墓。

20世纪60年代,此地出土了大量汉代文物,主要有画像石、石羊、陶器、木俑、铜镜、铜镞、铜剑、鎏金鹅等。

不夜古城、昌阳古城、育黎古城，3座古城虽已湮没在了千年的风沙和朝代的更迭之中，但它们的遗韵却不会完全消失。

儒学东渐

秦始皇东巡，召集文人登文山，为威海境内的一次文化盛事。后来一系列的国家祭祀，也必然带动本地的文化大发展。到了东汉，大经学家郑玄客耕东莱，来到境内，使内地风行的儒学最终与威海这片土地结下了深深的渊源。

在威海的历史文化发展史中，郑玄是个极其重要的人物。

东汉永康元年（167）后，郑玄来威海境内西长学山（今名长山）创立"康成讲堂"，教授经学，由此成为儒学植根海隅的开山鼻祖。

犹忆当年，大师马融喟然叹曰："郑生今去，吾道东矣。"

其时郑玄（后来献帝征召他为大司农，故世人称其为郑司农）已名盖天下——了不得了，文登山鸣谷应，风生水起，大经学家郑先生来了！一时间文登一带的向学之士，纷纷涌向长学山拜入郑玄门下。有资料记载，其弟子前后累至"数百千人"。

文登士绅纷纷而动合力而为，在短时间内即在长学山之阳建起了书堂学舍，为郑玄的开馆讲学提供了尽可能完善的平台。

莘莘学子虔敬求学、开明士绅鼎力建馆，如此这般尚学之风，大经学家郑玄焉能不大为感动？于是乎，郑玄从此在长学山上一边开馆授徒，一边校注经典，著书立说了。

虽难以考证这"长学山"之名，是不是因郑玄在此开馆讲学而得名，但郑玄客东莱，的确促进了胶东半岛的文化发展，实为地域文化之大幸。

去长学山听郑玄讲学，一时风靡文登。据说即使农忙时节，只要丈夫、儿子说一声要去长学山听郑玄讲学。妻子、母亲都会放行，并且会为其准备最好的干粮。而田地里繁重的农活，则由妻子、母亲心甘情愿地担承。

县、州、省三级地方志，对郑玄"长山讲学"一事，皆有浓墨重彩的记载。

《山东通志》："在县西四十里，长学山下，相传汉郑康成栖隐于此教授生徒，有书院遗址。"

郑玄于长学山开馆讲学，不但濡染了千百学子之心，连当地的一种普通的野草也有了雅致的"康成书带草"之美称。

长学山一带，生有一种叶片狭长、韧性很强的野草。郑玄在此开馆讲学之后，常用此草捆绑书简。于是乎，文人们便将此草命名为"康成书带草"了。

诗仙李白有"书带留青草，琴堂慕素尘"之歌；宋代苏轼亦有《书轩》诗："雨昏石砚寒云色，风动牙签乱叫声。庭下已生书带草，使君疑是郑康成。"

自此，此草随之身价陡增，登堂入室，一跃而为斯文之象征了。

威海一带的寺院、祠堂、学宫和士绅庭院多有栽植，供人观赏。

书带草，书带草，是你成就了郑玄的这段美谈，还是郑玄成就了你的美名？

文登设县，给本地带来的最大益处是县学的建立。有了县学，县人子弟便可就近读经书、习礼仪、学祭祀、备科考。而学宫则是县学的基础设施，是办学的必备条件。

宋庆历四年（1044）敕建文登学宫，"学宫建在城东南隅……规模宏敞，为诸邑冠。"建炎年间毁于兵火。元大德十一年（1307）重修。

金元时期，威海境内的文化、经济，在宋代的基础上继续上扬，科举亦取得长足的进步。

郭长倩便是这诸多学子中的杰出代表。

郭长倩，字蔓卿，文登人。金皇统六年（1146）经义乙科进士。他岳父郝俊彦的弟弟，则为大名鼎鼎的道教全真派七真之一郝大通。

郭长倩偕妻到真定上任路过赵州时，不期与其岳父之弟（文登俗称"叔丈人"）郝大通相遇。原来这郝大通已在赵州桥边居住了数月。

他乡遇"叔丈人"、亲叔叔，郭长倩与妻子喜出望外。有资料记，郭与妻对郝大通礼遇有加并赠以厚重物品。不想郝大通却不近人情"对其若不相识，一无所受。"

七真人之一的"叔丈人"郝大通发了神仙的神经，为官的"侄女婿"郭长倩又能怎么着呢？

郝大通的不近人情，倒说明他真的是不食人间烟火的仙人，起码是接近仙人了。

二人一为地方儒家的代表人物，学而优则仕；一为道教的代表人物，潜心修行，理想之路可谓南辕北辙。

后郭长倩官至秘书少监兼礼部郎中，正二品。著有《昆嵛集》行世，所撰《石决明传》为世所称。

因郭长倩在学坛上的"泰山北斗"声望，东西南北的文人名士经常和他交往，文登的地方文化影响也随之扩大至全国，同时也带动了当地士人潜心儒学之风行——文登又一次迎来文化的繁荣期。

清光绪本《文登县志》如是记："计邑中进士之盛有二：一为金世宗大定间，同时题名学宫者二十有一人。一为国朝顺治乙未（1655）科，一榜共得7人。斯皆山川之灵，偶然翕聚，数百年而一遇也！"

对学宫的重视，已成为地方主政者与士人心心念念的大事。

金大定九年（1169）秋，李大成任文登县令。其时文登学宫因为战乱，已化为灰烬。

李大成上任的第二年，政绩卓著政通人和，遂与当地士绅商量重建学宫，愿率先捐出一年官俸。士绅们群起而动，纷纷捐资出力，宏大的学宫建设随即拉开。

历时2年，一座学宫煌煌屹立于敝旧的县衙之东。

其时在京为官的郭长倩，为新建的学宫写下《新修文登县学记》的碑文，记述了文登士人崇文尚学薪火相传的文化脉络，为研究当地历史提供了丰富而翔实的史料，弥足珍贵。

此学宫成为文登的文化地标和士人心中的圣地，文登崇儒尚学之风愈加浓厚，科举人才培养成效显著，文化望族绵绵而旺。

文登自建县直至清初，一直是现威海市区域的政治、经济、文化中心，其文化内涵也影响到了周边地区。

儒学东渐，与文登这片古老的土地上固有崇文尚学之风同气相求。也可以说是文登浓郁的崇文尚学之风，呼唤来了儒学东渐，而儒学东渐又让文登崇文尚学蔚然成风。

梵音西来与东渡

经汉魏六朝，佛光穿越古青州，普照威海大地，与儒学、道教融通，共同绘就了威海人信仰的图谱。

唐宋两朝，佛教在威海得到广泛流传，境内知名古寺多建于此期。金元之间，重修、增修寺庙多过前代，佛教呈现出香火鼎盛之势。

据现存资料，威海境内最早的寺院，是隋开皇三年（583）建于文登昆嵛山的六度寺。该寺位于昆嵛山南麓，寺之北山有大石高丈许，上镌"历代敕修六度寺禅院记"。

唐宋两朝，威海境内佛教兴盛，新建寺院24处。金元之际，威海地区"民物丰饶，家给人足。释老之说得而中之，梵宫道刹，照耀山阿海峤间"。

古时威海的寺庙几乎与县学相同，皆有规模不等的土地作为庙产学田。其庙田大部出租给附近乡民耕种，寺庙本身也雇长工3—4人，农忙时则雇用短工。

无染寺，古称"无染院"，建于唐光化四年（901）。此寺位于谷深涧险、泉林幽绝，素有"江北小九寨"美誉的昆嵛山南麓，是盛极一时的胶东第一古刹，在威海佛教史上有着特殊地位。

这无染寺与江南的越王钱镠、新罗富商金清却"有染"——在无染寺的功德碑上，赫然刻有二人的名字。

梁太祖时封钱镠为吴越王兼淮南节度使。吴越国除治理江南大部分地区外，其江北沿海管辖至渤海州（今黑龙江省宁安县）、新罗州（今朝鲜半岛庆州）等地。

金清为新罗富商，并兼大唐牟平县衙负责接待外事的押衙职务，其时居于文登。在当时海道上，金清的商船扬帆往来南北贸易，影响远及宁波一带。其贸易区域，大体在吴越国的势力范围内。

为修建无染寺，吴越王钱镠等都捐了资，在吴越国的势力范围内做生意并成为大富商的金清能袖手旁观吗？他干脆来了个独自捐资修建无染寺佛塔。在多名当地官吏捐建无染寺时，金清成为捐建无染寺的唯一一名外国人。功德碑上，其名字与吴越王并列，想必也是外域富商难得之尊荣吧。

无染寺因历史悠久，盛名久传，20世纪却毁于兵燹，原址现只存残碑断碣。唯其旁一棵300多岁的玉兰树，至今仍健旺。

每到花期，一树白白的玉兰花绽放如雪，那随风飘散的郁郁香气，莫不是在追忆当年无染寺的雄伟壮观？

30多年前,这棵古玉兰树开花时节,笔者揣着凭吊的心情来到了树下——一阵微风拂过,有玉片般的花瓣自树上盘旋坠落,有一片恰好落在了我的鞋上。身心一颤,双脚不由得跺动了几下,碰到了旁边的残砖断瓦。

——"别再作践这古寺啦……"原来是不远处操着大扫帚正在打扫地面的一位老汉发出的感叹。

原来这老汉是附近村庄的老农,隔三岔五他会到这古寺的废墟打扫一番。无染寺虽湮没了,但老汉还是以这种方式寄托对古寺的追思。其实老汉本人与此寺并无什么瓜葛,之所以如此,只是听他的父亲说,其父亲小时候,有几年这一带闹饥荒,是无染寺的和尚救了他们一家人……

这是何等至深的感恩呀……

无染寺虽已湮没了,但其佛性已浸染了人心。佛法真个是无边呀,这老汉的心不就是近佛了吗?

威海境内最为特殊的寺院,当属位于荣成赤山浦(即今荣成市石岛湾)畔的法华院。此寺有"一寺连三国"之誉,为威海地区与海外佛教交流通道上的名刹。

早在先秦典籍中,就有对赤山浦的记载。据学者考证,在齐桓公时代,即有产自朝鲜半岛的虎豹皮由海航而来,经赤山浦而进入齐国内地市场。当然,齐国的物产也会经此漂洋过海贸易到朝鲜半岛,这里便成为与朝鲜半岛通商的知名口岸了。

到了唐代,与新罗交厚,不少新罗人来大唐考取科举,并接受任命在大唐为官。也有一些新罗普通百姓为生计而来到大唐,散居于石岛湾畔及胶东半岛各地。

张保皋即那时经赤山浦入唐的新罗人。进入大唐后,他干的不是一般的谋生营生,而是应征编入了大唐朝廷平叛的军队。他英勇善战,屡建战功。不知是在军旅中建立了什么人脉,还是在辗转的征战中得到了什么启迪，解甲后，他竟然依托赤山浦，开拓了跨国的海上贸易。

赤山浦乃天然良港，东南两面濒临黄海，海陆转环，东去韩国、日本，西去登州、莱州、青州，南去扬州、楚州（今江苏淮安）、明州（今浙江宁波），成为唐朝与朝鲜半岛及日本政治、经济、文化、宗教等往来交流的重要口岸和通道。张保皋凭此，建立起以赤山浦为中心，主要融通中、日、韩三国货物的庞大海运商业贸易网络，其影响也波及其他国家和地区。

以海为庭，以舟为楫，黄海水道沐浴着大唐的荣光。

为了给身处大唐的新罗人提供礼佛的道场，同时也给初来大唐一时衣食无着的新罗人提供生活庇护，在海上贸易聚拢了雄厚资本的张保皋，得到当地官府和僧俗各界的支持，在赤山修建了寺院。因僧人持诵《法华经》，故名法华院。

赤山浦本就是重要的港口，新罗、日本遣唐使及其他人员往来，往往也由此入境、出境。是"唐王朝与朝鲜半岛各国、日本列岛及国内南北政治、经济、文化、宗教等来往的中心"。经此入唐的新罗人，渐渐地在此形成了聚居地。

法华院依新罗风俗和唐朝风俗讲经礼忏，为新罗人在大唐的修习道场，也给来往的船家提供了种种护佑。

——梵音东渡，新罗人张保皋回国后，按赤山法华院模式，在新罗沿海又建了两座赤山寺院。三座寺院堪为兄弟连理，真可谓唐风浩荡，梵音西来东渡回响至今。

唐开成三年（838）六月，赤山浦附近海面驶来一艘日本国遣唐使的航船。

与其说驶来，倒不如说是随海流漂来——船上桅杆折损，船体触礁破损，勉强举帆借风随潮漂泊而来。陆地的轮廓在前方显现，渐渐辨得出岸边的山石呈橘红色——这种色泽的花岗岩为当地所独有，即现今著名的

"石岛红"。

海岸虽越来越近，但船上的人仍惊魂未定，唯一僧人沉静安详，合掌抵胸，闭目祈祷——他就是后来法名显赫的日本大德高僧圆仁大和尚！圆仁的内心早已得到佛祖的启示，并发下宏愿——蹈海赴大唐求法！此时，一团道场的光明正从前方大唐的疆域升起——

历尽劫波的帆船终于挣扎着驶入了赤山浦港湾——远眺玉簪螺髻缥缈的赤山终于变成了眼前仰止的峰峦——山上一座寺院于午后的光芒里越发辉煌。

圆仁沿山路拾级而上——莲花盛开，钟鼓声响，菩萨垂目微笑，圆仁的眼睛则溢出了泪水……

圆仁在寺院礼佛之后，理一理缁衣麻鞋，搦笔管，用汉字，在书册上记下：其赤山纯是岩石。高秀处，即文登县清宁乡赤山村。山里有寺，名赤山法华院。本张宝高初所建也。

圆仁位列日本求法僧人"入唐八大家之一"。

圆仁在法华院吃斋，礼佛，求法。次年春天，由赤山法华院启程，辗转经昆嵛山口，西上五台山求法。

845年5月15日，圆仁离开长安，到扬州，又北上经楚州、海州（今连云港）、密州（今诸城）、登州，于8月27日再回到赤山浦。

怎奈，唐武宗灭佛，法华院已被夷为平地。圆仁只得借住寺院田庄。

847年闰3月2日，圆仁再次南下，沿海寻找归国船只受挫。之后闻讯乳山浦有新罗商人金珍船只，复又北上。终于在乳山浦搭上了新罗商人金珍的船，于5月21日到达赤山附近泊船，接受水粮馈赠。9月2日，从赤山浦起程，扬帆东渡扶桑。

圆仁的《入唐求法巡礼行记》详细记录了在大唐历时九年多的求法过程，被誉为"东洋学界至宝"。与玄奘的《大唐西域记》、马可·波罗的《马可·波罗游记》，并称为三部伟大的东方旅行记，在佛教传播史上也起到了重要作用。

圆仁和尚在大唐境内，历会昌法难，与大唐众僧侣一起承受了灾难，又目睹了法华院的盛景衰情。因缘所至，最后终于携经书法器归国，完成了佛法的传承接力。

圆仁大和尚圆寂后，被日本天皇赐予"慈觉大师"谥号，其弟子为纪念他与法华院的缘分，在京都附近也建了一座赤山禅院。

由赤山法华院而缔结了大唐、新罗、日本，三国佛缘，这在世界文化史、宗教史上罕有其匹。

县学与书院

现威海市文登区，为千年古县，在很长的历史时期，一直是现威海区域内政治、经济、文化的中心。

文登县学先后培养出大批科举人才，至明代的卫、所兴起，卫学又在当时的威海卫、成山卫、靖海卫兴起。

清雍正十三年（1735），成山卫改设为荣成县，荣成县学亦随之兴办。

明清时期，作为古代教育的补充形式，威海境内的书院、社学、义学与私塾等，也都得到了长足发展。由于崇文尚学的古老民风使然，先后涌现出诸多著名的书香门第和耕读世家。

文登县学原址位于文登城东南隅，敕建于宋庆历年间（1041—1048），后历经11次重修或扩建。一代代文登人历次修建县学的殿堂，更将崇文尚学之风一代代相传。

明代，威海、成山、靖海三地设卫之后，为教育卫所军户子弟，这三地也设立了卫学。

威海卫学，明正统十四年（1449）修建。

靖海卫学，明正统四年（1439）建。清雍正十三年裁卫，归并县学。

成山卫学建于明宣德二年（1427），清雍正十三年，裁卫建荣成县，改卫学为县学。

明清时期，威海境内的书院得到了长足发展，主要有长学书院、昆阳书院、文山书院。

长学书院，在文登城西的长学山阳，后为圣皇庙。明崇祯六年（1633）碑载：山名长学，盖先代郑司农设教处。

昆阳书院，在文登城西的昆嵛山虎伴石右，其遗址及门额"昆阳书院"四字尚存。

文山书院，旧名崇文书院，清康熙三十三年（1694）兴建，在文登城南门里老院街西，有房屋18间。清同治五年（1866），重修书院大门，改名文山书院。清光绪二十八年（1902），文山书院改名为县学。

那时文山书院的管理已极具现代色彩，书院设院董会，其重大事项由院董会决定。主持书院日常工作的人称"山长"，由知县聘任。由山长延请当地进士、举人、贡生担当讲学。学员年龄无限制，每月开课考试1次，优等者给予奖银。此书院有学田640多亩，出租给周围村人耕种，收取的租银作为书院延师之资。

荣成县的成山书院当时也颇有影响，清嘉庆十四年（1809），由荣成知县张畚倡建，为荣成第一家书院。

社学、义学与私塾

在书院建立的同时，威海的社学、义学与私塾也并行发展。及至元、明、清时代，社学、义学与私塾已成为重要的地方学校。

文登社学始建于明万历年间。其时，在城四处，每隅一处；在乡七处，每都一处。清代沿袭明制，每都设社学一处。社学教师"免其差徭，量其禀饩"，凡近乡子弟年满12岁以上者，大多令其入学。

威海卫有广禽社学、九容社学、李公社学、韩公社学。

义学，也称义塾，属免费私塾，是专为孤寒子弟设立的免费学校。其费用来自当地士绅捐资，或购置学田，或存当生息，以聘用教师。清代，境内有义学几十处。

私塾，是古代家庭、宗族或教师个人开办的私人学校。清末，文登境内有私塾1000多处。其形式主要有3种：散馆，即由教师自办私塾，一般收附近学童十余人，多者二三十人；家塾，或称东馆、门馆，由富户乡绅一家或数家聘教师授自家子弟；族塾，大族聚居之处，以族田、学田收入，聘师教授本族子弟。其时，荣成县内一般乡镇都有5—10处私塾，大乡镇多达20处。至1912年，荣成县尚有私塾80多处。至1917年，文登尚有私塾173处。到1931年之后，国民政府明令境内兴办学堂，取缔了私塾。

明清藏书阁

明清时期，威海境内的藏书阁便闻名遐迩。

自古以来，文登士人便有爱书藏书之风，明清时期兴建的各种藏书阁比比皆是。如按人口比例计算，在全国应名列前茅，其中最著名的是明代刘必绍的万卷楼藏书阁。

刘必绍，字绍先，号文石，文城文山人。"幼明敏，读书博学强记。

入学后，读书益广，所见益闳"。明万历年间，由选贡授汝宁府通判，历保安州知州，后升任平凉府同知。

刘必绍热心教育、著书立说。大量购书藏书，为其一生最大的嗜好。卸职归乡时，他带回了大量书卷，便在家乡文城文山西麓宅旁，建5间二层楼房。一层为开放的藏书楼，一层为教书育人的讲堂。

刘必绍省吃俭用，以增加书楼藏书量。其亲友、周围学人为其义举感动，亦纷纷向书楼捐赠书卷。藏书楼的藏书量增至10000多卷册，藏书楼也被名为"万卷楼"。

刘必绍在其所著《刘冠文祠堂记》中有记："君子虽贫，不鬻祭器，而况图书乎？"并定下家规："如有水、火、盗贼，则先救祠堂，迁神主、遗书，次及祭器，然后及家财，递迁之。"将"遗书"珍视到与"神主"并列，可见图书在刘必绍心中地位之重要。

在刘必绍的训导下，子孙们个个刻苦攻读，博览群书。他的三个儿子刘濡恩、刘洪恩、刘湛恩及孙子，皆学有所成。从而也带动、推动了一方的读书求学之风。

万卷楼声名远播，登门求读士子络绎不绝，众多学子受益匪浅学有所成。后科举考试文登学子屡屡名列前茅，万卷楼等民间藏书楼功不可没。

威海境内规模较大的藏书阁还有5处。

清顺治年间进士，曾任吏部郎中的文登于涟藏书阁，藏书万余卷。

于涟出身于书香世家，祖父为岁贡生；父辈有两位进士，一位举人，一位拔贡；于涟所生四子，皆有功名。于氏一门人才济济，皆得力于爱书、藏书、读书。其中迁到翠峡口一支，代代都有几位秀才和禀生，人称其村为"秀才村"。

曾任户部侍郎的于可讬家中的藏书阁藏书数万卷。

于可讬与于涟为同榜进士，官至户部左侍郎，清初著名谏官，家中藏书颇丰。受家传影响，子孙皆喜爱读书藏书；长子于其讬，拔贡生，有

"树笔堂"藏书；次子于其珣，附贡，官至池州知府，有"雨来轩"藏书；其孙于熙学，有"东始山房"藏书。于家一家其藏书闻名于齐鲁。

知名学者毕以绣，其"听雨楼"藏书7000余卷。

毕以绣，字文亭，清乾隆、同治年间金石学家。其父毕所说知识渊博，工于书法。受其父影响，毕以绣自幼爱好书法。清道光二十三年（1843）筑"听雨楼"一座，6间二层，楼上专为收藏诗书、金石、字画所用。收藏图书达7000余卷，金石9000余件，字画200多幅。

清康熙三十三年（1694）建的文山藏书阁有房屋23间，藏书7000余册，后改为"文山书院"。

丰富的藏书滋养了文登当地的无数学子，明清两朝，文登县学的生员参加乡试、会试，考取功名者越来越多。在题名的"金榜"上，每个考中者姓名下，按惯例都要列出所属的县学或府学的名称。文登学了连连金榜题名，"文登县学"也就频频出现于金榜，于是文登便有了名扬天下的"文登学"之誉。

皇皇著作

威海之境自古民风淳朴，崇文尚学。有文献记："家尊诗书之训，士以气节相高。服官者有政绩可书，隐居者以著述自娱……盖至乾、嘉之际，流风犹未艾也。"

通过上面这段文字记载，威海境内文气之盛，可见一斑。

时至今日，威海境内著书立说的作家、诗人、书法家、画家、摄影家、戏曲社团、民俗研究者、各门类各专业研究并有专著者、非物质文化遗产研究及传承者、地方史志考究编撰者、家乘谱牒研究续编者、文物收藏家、书籍收藏家，等等，简直多到难以完全统计。

清代，威海境内便有许多文人著书立说，其著作种类涉及经史子集方方面面，留下许多珍贵的文化典籍。其中，《聊斋志异辑注》《孙子叙录》至今仍是研究《聊斋志异》与《孙子》的必读之作；《幼海风物辨证》《废铎呓》是研究威海本地历史的重要资料；《徐公谳词》是研究清代中期司法实践中难得一见的地方官审判手记；《铁槎樵语》则是优美的十卷诗集。

读了明代王悦所做的《威海赋》，对威海的前世，便有了大概的了解。

王悦（1456—1510），字恭轩，威海卫指挥舍人。弱冠之年，曾赴京游太学，之后又返居威海卫城，致力于读书写作。有《威海赋》和《南游录》三卷传世。

《威海赋》以威海山海奇貌胜景、卫所设置和物产风俗为素材而创作。全赋共八节，状物抒情，铺张扬厉，淋漓酣畅，绘声绘色。

所谓赋，当然具有夸饰铺陈的特点，但《威海赋》反映的社会各方面的内容，则几乎可作信史来读，自然成为研究明代威海卫的重要文献。

清代吕湛恩所著《聊斋志异辑注》可谓皇皇大作。

吕湛恩（？—1840），字叔清，号坦垒居士。文登吕家集人，出身耕读世家。其父吕肇龄，清乾隆四十七年（1782）岁贡，官莱州府学训导，著有《观古堂古文诗删》《启堂随笔》各1卷。

吕湛恩少年应童生试时，其文章即深受山东学政、大学问家阮元赏识。岂料，此后屡次科举考试不第，空有满腹经纶，却难以施展，其际遇与《聊斋志异》作者蒲松龄堪有一比。

可能正是因为有着与蒲松龄类似的命运遭际，吕湛恩对蒲松龄的《聊斋志异》及隐匿在文本后面的更多东西，才有着比常人更多、更深、更贴切的感觉、理解、体会。

不难想象，屡次科考不第，吕湛恩胸中淤积着何等浓郁的抑郁之气呀。可总不能在科考的路上终老一生呀，吕湛恩另辟蹊径——这于他于世，可能是最好的选择了——毕其一生致力于《聊斋志异》研究、批注。终于成就《聊斋志异辑注》，成为清中期著名的为《聊斋志异》批注的学者。

鲁迅在《中国小说史略》一书中说"《聊斋志异》……不外记神仙狐鬼精魅故事，然描写委曲，叙次井然，用传奇法，而以志怪，变幻之状，如在目前……又相传渔洋山人（王士禛）激赏其书，欲市之而不得……后但明伦吕湛恩皆有注"。

但明伦曾官两淮盐运使。他注释的《聊斋志异》于清道光二十二年（1842）刊行。

而吕湛恩所做的《聊斋志异》的注文，曾于清道光五年（1825）单独刊行，道光二十三年（1843）注文与《聊斋志异》原文合刻。

在时间上一比较，但明伦注比吕湛恩注晚了17年左右，而且但明伦的注一般都不称其为注，而称为"评"。

吕湛恩所著《聊斋志异辑注》一书的价值有几点：一是对《聊斋志异》的用典做了深入探究解析，给后人阅读《聊斋志异》提供了很大方便；二是对《聊斋志异》有的字义和读音都做了一些解释，给读者阅读提供了很大帮助；三是采用典故比较严谨，只刊注释不载原文，汪是单独成书的，在《聊斋志异》研究长河中，其开创之功不可磨灭。

清道光二十三年，广东五云楼书坊，将吕湛恩注释本与《聊斋志异》原书合在一起刻印，成为后来通行的蒲松龄著、吕湛恩注《原本加批聊斋志异》的祖本。

吕湛恩《聊斋志异》注释本，被后世不下四十余种版本刊行全国，成为研究《聊斋志异》的经典之作，被视为《聊斋志异》研究的里程碑。

毕以珣与《孙子叙录》。

毕以珣（1757—1836），文登人，又名以田、亨，字东美，号恬溪、九水等。

毕以珣出身于官宦书香之家。祖父毕宿涛登进士,曾任过知县、知府、吏部员外郎、户部郎中。其父毕所辑,曾任候补州判、代理知县。

但毕以珣的仕途却颇为坎坷,至清嘉庆十二年(1807)50岁时,才考中举人。以后虽多次参加会试,仍未中进士。清道光七年(1827)70岁时,终于分发至江西省安义县任知县。得以青史留名,是他在学术研究方面的造诣。

由于其父毕所辑任四库馆誊录时,结识了《四库全书》纂修官、大学问家戴震(字东原),毕以珣遂得以拜戴震为师。戴倾其所学悉心教授,使毕以珣在群经典籍、天文地理、音韵古训诸方面无不深究,所论精辟,为时辈所重,成为当时影响极大的渊如学派重要成员,也是清代中期研究《孙子》最具代表性的人物之一。其所著《孙子叙录》全文收录入《孙子十家注》,至今仍是研究《孙子》必读之书。其他著作有《九水山房文存》《经训杂记》《古文尚书经传释疑》《新十三经叙录》《东昌府志》等。

毕以珣最重要的著作《孙子叙录》的学术价值主要有如下几点:确认《孙子兵法》为十三篇,为孙武所作;正确解释了后世《孙子兵法》篇、卷不一的复杂现象;正确回答了《孙子兵法》篇帙骤增的原因;辑录的大量孙武佚文,为后人的校勘、研究工作开辟了捷径;第一次较完整地勾勒出孙武的身世、生平事迹,使人们了解了《孙子兵法》以外的孙武军事思想;对人们更全面了解春秋时期吴国的社会政治全貌,特别是吴国的军事思想提供了一定的史料依据。

怪才林培玠所著《废铎呓》又是一朵奇葩。

林培玠(1771—?),文登蔡官屯(今属荣成市)人,字用觐,号石堂,别号焕玖氏。著述有《览古随笔》4卷、《废铎呓》6卷、《节烈传》、《稗乘》等。

林氏家族为文登旺族，书香门第，科甲连绵。

清乾隆五十六年（1791），林培玠年方二十岁，即通过考试为县学生员，其文章风节闻名于登州。

岂料，天道不测、命运弄人，自次年秋至清嘉庆十五年（1810），林培玠连赴十次乡试，竟皆无果。

科场颠沛再颠沛，失利再失利，其打击何堪承受？身心俱疲的他年过四十便多病缠身，只好放弃科考抱病回乡了。家乡这方水土接纳身心皆病的游子，经十载调养而愈。

清道光二十年（1840），年届七旬的林培玠，终铨得阳谷县教谕之职。又岂料，到任不久，阳谷县训导张某即因病而卒。张某虽为一县之训导，没什么积蓄，竟落得个"贫不能归葬"。

呜呼哀哉，总不能让一县之训导的张某在异乡为孤魂野鬼吧？林培玠只得主持筹措张某丧葬所需之资金，并礼送其灵柩回归故里。可举卜的债又如何还呢？垂垂老矣的林培玠只好代偿债务了。

读书人的傲然骨气中往往少不了砭清激浊的狷介，林培玠与同僚多有抵牾。抵牾多了必生怨恨——林培玠终被谗言击中了——可怜的老人苦苦司铎8个月，又遭解职旋归故里了。

世事吊诡，个人的厄运对社会对他人，往往又难说是厄运，甚至反而是有益的。正因为林培玠科场不利，一生困顿，对文登境内及周边地区的三教九流、士家工商、名门望族、忠臣孝子、贞妇烈女、吏治讼狱、山魅水妖、天灾人祸等人物世态，才有着多面的接触、至深的了解。天生的怪才必得有显现之处，多年来他日夜笔耕，竟撰写成了8卷故事集，命名《街谈纪闻》。成书之后，便开始在友人中传阅。

丢盔弃甲去教职回乡后，为内避家人指责，外躲债主索债，林培玠独闭书斋，得以将《街谈纪闻》8卷删为6卷。感于一生仅获一执铎教谕，莅任8个月又遽遭免职，便自嘲为"废铎"，遂改《街谈纪闻》为《废铎呓》。

这里有必要对"废铎"加以解释:

先说一下"教谕"。明清时期,县设"县儒学",为一县最高教育机关,内设教谕一人,训导教人。铎,大铃也。古代宣布教化的人,往往摇木铎以聚众,故称"司铎",因而教谕也称司铎。林培玠在阳谷县做教谕仅8个月即被废,所以才以"废铎"自嘲。

《废铎呓》卷一至卷五每卷34篇文章,卷六27篇文章,共辑录文章197篇。其内容包罗万象,对当时社会各方面之腐败黑暗,进行了有力的抨击鞭挞,同时也展现了底层百姓的朴素善良,可谓当时胶东地区的百科全书。

看了下面摘录的《废铎呓》自述,对林培玠的遭际、对《废铎呓》何以成书,便基本了解了:"自幼爱说部(指古代小说、笔记、话本、杂著之类书籍)如命,凡稗官野史,莫不搜罗而观之,又乐听往事……积之胸中,盈千累百……(以下翻译为白话)我常常想把它们汇集起来,一一予以记载……终汇集成册,共分为八卷……我年到七十,才被铨选到阳谷县去任教谕……希望得点薪俸以养余年……不想,到任八个月,就莫明其妙地触犯了大计之典(对官吏考评的若干条例)……回到乡里,家人交相指责,债主挤满家门……满腹忧烦无以排解,只好重读、整理以前自编的书稿,删去了其中那些繁杂冗长乏味的篇目,缩为六卷……封面题写'废铎呓'三字作为书名。读者只把它当作痴人说梦来读也就可以了。"

《废铎呓》以春秋笔法记录本地的循官与恶吏,褒贬时政。除表达正义呼声和鞭挞邪恶外,兼有为采风问俗者提供素材,并拟通过有司及时匡正时弊之用。有的文章则保存了当地重要史料,是研究本地经济民俗演变的重要材料。由于作者立意劝善惩恶,寓意褒贬,便借用因果报应、事由前定的运数来解释现实生活。

《废铎呓》受到后世文人的普遍推崇,至今读来仍光彩斐然。

清光绪本《文登县志》在山川、风俗、赋役、寺观、名宦、人物、烈女、释道等子目里，多处摘录《废铎呓》文，甚至成篇录用。

但林培玠在世时，此书并未能正式出版，直到1916年，才得遇出版机缘。

其时，林培玠的侄曾孙林懋宗，在文登的原文山家设馆授徒，恰逢在上海经商的原文山归家省亲。林懋宗遂将《废铎呓》手稿送其阅读——蒙尘长达半个多世纪的《废铎呓》撞上了刊行的机会。

这原文山虽为商人，却独有文识。他读罢《废铎呓》评价："此真言近旨远，世人之布帛菽粟也。"

经原文山多方推介协调，1917年，《废铎呓》终于得以由上海出版社出版。

在林培玠身后，命运又跟他开了个令人不胜唏嘘感慨的玩笑，自林培玠写完《废铎呓》跋，到此书出版，过去了整整7年。

大名鼎鼎的徐士林所著《徐公谳词》，又是一部重要的、极有影响的著作。

徐士林（1684—1741），字式儒，号雨峰，晚号岜山老人，文登徐家村人。其祖父徐文煌，诸生；其父徐之淮，"天性孝爱，积学有素"。

清康熙五十年（1711），徐士林中举，五十二年登二甲进士，由教习授内阁中书。雍正二年（1724）迁刑部主事……仕途历任诸多官职，也曾做过乾隆帝的老师。乾隆六年（1741）九月病逝，终年57岁。死后祀京师贤良祠。

清代巡抚死后进贤良祠的，徐士林是第一人。乾隆帝称赞其"学问素裕"，死后谕祭其为"卓然一代完人"。

有道是，一方水土养一方人，威海市域的这片土地，受儒家伦理、思想浸渍极重。受这方水土滋养而踏入仕途者，其为人、为政，无不显著儒家的道德规范。徐士林的为官之道、为人品格,堪为古代威海籍在外为官者的代表。

徐士林有一首脍炙人口的诗,也是他为官的写照:

"乾坤岂是无情物?
民社还依至性人。
不有一腔真热血,
庙堂未许说经纶。
但使无颜皆可富,
若非有骨岂能贫!
双睛不染金银气,
才是英雄一辈人。"

这里虽着重说的是徐士林的著作,但对他的做人为官之道,还是很有必要介绍一番。

多有史料记载,在安庆知府任上,徐士林常常废寝忘食地处理公务。一次,又因听讼耽误了用餐,有人便拿来几个粽子和一碟红糖为其充饥。徐士林边批阅案宗边吃粽子,竟误将朱砂当红糖蘸了,染得胡须尽为红色,一时传为笑谈。他经常微服私访民间疾苦,兴利除弊,打击豪强,深得百姓拥戴,被誉为"徐青天"。

徐士林素以铁面无私依法断案判案而著称,他在知府的审案法堂亲笔题刻对联:"非真冤莫来告状,听法堂鼓三通,也要心惊胆落;是良民且去耕田,住茅屋饭一饱,何等梦稳神容。"

徐士林秉性耿直,为官清正廉洁。仕途历康、雍、乾三朝,三十余年"清勤敬慎",堪称师表。史书赞其"立身端方,历宦途不为干谒。其任京师,非公务未遂与公卿接比;为道府与督蕃枭交,未尝一馈送,其守身之严谨可知也"。

清乾隆六年（1741），积劳成疾的徐士林病逝于任上。乾隆帝闻之悲痛、感怀不已，谕祭其为"一代完人、千秋典范"，赐金井玉葬。并下诏破例将其祀于京师"贤良祠"，与开国元勋和辅佐重臣并列。由此可见，乾隆帝对其人品评价之高，亦可见对其是何等厚爱有加了。

据清史记载，整个清代，地方官入京城贤良祠者仅有二人，而徐士林则为第一人。

无论为官何方，徐士林均恪守民本宗旨，躬身力行体察民情，决策政令善政为民，办法措施解民疾苦。他自题的"不有一腔真热血，庙堂未许说经纶"，是他为官的座右铭，也是他为官的写照。

乾隆时期，有个惯例，每逢年节，各地封疆大吏都要挑选地方特产给皇帝进贡。一些封疆大吏便借此机会，名正言顺地大肆搜罗奇珍异宝等物品，或多或少地中饱私囊。徐士林对此虽颇有微词，但这毕竟是朝廷惯例，不好公开抵制。

徐士林任江苏巡抚时，按惯例自然也要给朝廷进贡。怎么办呢？徐士林陷入了两难，最后他终于想出了两全之策。

腊月二十日，乾隆帝携文武百官，来到保和殿，观赏各地送来的贡品。围着那些贡品浏览了一遍之后，乾隆帝有点怏怏不乐，冲负责收受管理贡品的总管问道："江苏徐士林送来何物？朕怎么没看见？"

前天傍晚，大总管才接到了江苏徐士林派人送来的几个贡品盒子，竟是装裱的几册书籍。年底呈献贡品是各地封疆大吏的头等大事，徐士林怎好这般搪塞敷衍？如惹皇上怪罪可怎么得了？

这总管素来敬重徐士林的人品，他不想让这样的好官因寒酸的贡品而栽跟头，只好将徐士林呈送的这几盒书，隐在了那些奇珍异宝之后。

想不到皇上竟追问起来，总管只好将隐在那些奇珍异宝后的那几盒书拿来呈到了皇帝的面前。

这是徐士林呕心沥血写下的几册治国用人的建议《典谟要义》，还有为自己这独特的贡礼写的一篇疏。

乾隆帝面无表情地翻了翻那几本书，又取出徐士林的贺年奏疏，逐字逐句地看了起来。

徐士林的贺年奏疏大意为：蒙皇上天恩，对臣破格擢升……恭逢新年，臣理当进贡方物。但臣一身之外，寸丝粒粟，都是皇上所赐，黎民供给，臣实在拿不出什么奇珍异宝贡奉皇上，唯献上炯炯臣心，愿皇上像唐尧虞舜一样治理天下。臣自幼学《尚书》，谨择典谟要义，写成数卷心得体会，具裱缮册，适逢新年拜呈……

看罢奏疏，乾隆帝龙颜大悦，叫一声："拿笔来！"

有人急急地取来文房四宝，乾隆挥笔写下"赠人以物，不如赠人以言也"，又以朱批回赠了徐士林。

之前乾隆帝给徐士林的赠言题词不少，徐士林唯独对这条特别珍爱，总随身携带。据传，这道御批后来徐士林传给了他做过知县的儿子徐朝亮。徐朝亮视其如护身符一般，也将其随身携带，以警示拒绝收受礼品。

徐士林还是位孝子。因老母常年有病，他在任期间曾多次上疏，要求解职归乡敬养老母。看看他的《乞解职养亲疏》吧："臣自前岁陛见，蒙皇上谕以臣子大义，跪聆之下，感奋交集。自念臣母年老多病，所以弟侄妻子俱留侍母，臣子身官署，虽不敢居移孝作忠之名，实自矢以身报国之志。"为使地方"政务不致废弛"，遂请求"另简贤能接任，容臣归乡事奉老母"。

乾隆帝也回了很有人情味的上谕："已遣太医前往诊视。本应照所请行，但此任甚重，一时实难得人。汝可念朕苦衷，为朕勉强办理，加意调摄。"

徐士林为官最为人称道的，还是他的清正廉洁两袖清风。

每到一地为官，徐士林从不以任何手段为个人聚敛财富，在此地离任时，只取当地几块石头作为纪念。

故乡感其功德，为他建了祠堂。把他在各地为官离任时带回的这些石头，就镶嵌在祠堂的地上，称为"廉石"。

徐士林逝世时，囊箧萧然，只留下谳词一册。其实徐士林的《徐公谳词》手稿分两部分：一是《守皖谳词》，一是《巡漳谳词》，现存于文登图书馆。

人们评价徐士林审案断案"听断如流，清操自励"。

徐士林对每个案件均明察秋毫审慎断判，经他复审改判平反了很多冤假错案，"活人无数，而又无一幸免者"。每到一方为官皆"治狱如神"，一方百姓便称其为"青天大老爷"。

徐士林十分重视案情、案例、判词的记录整理，判牍《守皖谳词》及《守皖谳词补遗》记载了他在安庆秉公断案、耿介不阿、"治狱如神"的传奇，也为后人留下了一份珍贵的司法历史资料。

徐士林传世之作有《岜山集》《守皖谳词》《巡漳谳词》等。

十几年前，文登方面整理了图书馆馆藏的《守皖谳词》和《巡漳谳词》，将其合并出版了《徐公谳词》。

望族

秦始皇东巡，召集文人登文登山，后遂为县名。文登古来文风蔼然，士好经术，俗尚礼让，斑斑其典型在。不少家族人才辈出，成为文化望族。丛、于、毕、刘四大家族，是当时境内显赫的文化望族，这里只简介丛、于家族。

匈奴王裔——丛氏家族

威海境内丛氏，源于匈奴。其柳林茔曾有丛氏族人墓，据元至元二十一年（1284）墓志碑叙，丛氏宗族"先世为日䃅后裔，家析，东迁于文邑之丛家岘……子孙繁衍"。

金日䃅，本为匈奴休屠王太子，后归降汉朝，因德才兼备而为汉武帝重用。至汉末曹兴三国时，许昌金氏世家金祎联刘反曹，被曹操所害并株连族人，金日䃅之后随东迁徙居丛家岘（今威海市文登区），以地为氏，称丛姓。

威海境内丛氏以金日䃅为祖。

金元时期，丛氏家族中为千户、百户等官者有数十人。此后，丛氏家族人才辈出。明代的丛兰，为丛氏翘楚，备受族人推崇。

丛兰（1456—1523），字廷秀，号丰山，文登县城关（现威海市文登区文山村）人。自幼聪敏好学，往往"夜诵达旦"。经、史、兵、医、数等无不涉猎。明成化七年（1471）中举，弘治三年（1490）中进士，官户部给事中。

明正德五年（1510），丛兰赴延绥规划边务，兼粮储、屯田、抽选军丁之任。为去弊固边，上谏《边塞军务十事疏》，后晋升通政史，又选为户部右侍郎，兼都察院左佥都御史，总督宁夏、陕西等三边军饷、粮储。

正德九年（1514），丛兰总督三边，蒙军不敢来犯。

正德十年（1515），改命丛兰为总督漕运，兼巡抚江北。

正德十五年（1520），丛兰晋阶资德大夫，勋正治上卿。是年冬，升南京工部尚书，时年64岁。

嘉靖元年（1522），丛兰获准告老还乡，并赐建"优老堂"安度晚年。次年病卒，谥赠柱国太子少保。当年建优老堂的天宝宫周围，后来子孙繁衍，成为村落，名北宫村，现为文登市区的一部分。

丛兰从政30余年，刚正不阿，勇斗邪恶，以直言善疏、敢斥权奸而闻名。他长期整治边务，治理漕运，先后上疏383篇。所辑《丰山奏议》录有111篇文章，被后人刊印行世。另著有《经略录》《漕运录》。

由于家学的传承，丛兰后世子孙多有成名者。

丛兰长子丛磐，选贡生。曾任巩昌府通判。赋性雅重，闾里奉为仪表。后主修文登县志。祀乡贤祠。

丛兰次子丛耆，为湖州府通判。三子为上林苑监丞。

明清两代，文登籍进士61名，其中6人属丛氏家族。清末民初，丛氏族人东渡扶桑，学经济、习军事、办实业，求救国之术。辛亥革命时，文登共有59名烈士，丛氏就有10人。其中，有两户一门三烈士，皆为同胞兄弟，系丛兰后裔。

如今，丛姓族人遍布全国乃至海外，以文登和威海市区为多，素有"天下丛氏皆宗文登"之说。

1998年，文登丛氏的一个名叫丛松坡的年轻人，以超凡的勇气和常人难以理解的自我担当的责任感，独自奔赴祁连山，徒步七天考察匈奴王城，写下了一篇追溯丛氏源头的历史散文《一个民族的背影》，拉开了艰辛、浩繁的"丛氏源谭"研究序幕……

之后，丛松坡经艰苦卓绝的不懈努力，又主持着编撰、出版了皇皇两部《丛氏源谭》。笔者更为之赞叹不已，遂写下了《识松坡》一文：

> 识得丛松坡——挺拔伟岸之躯洒脱潇散；侠骨朗月之性涣然莹然。每每与朋友酣，把酒慨歌，海阔天空，浑雄快哉；谈古论今，慷慨激昂；抨击时弊，疾恶如仇；见月伤心，对花落泪。

一篇《一个民族的背影》、两部《丛氏源谭》"寻坠绪之茫茫，独旁搜而远绍……"洋洋洒洒，汤汤渺渺。铁马冰河，撼心动魄；沉浸醲郁，润宗泽后。

1995年春，丛松坡已是镇上一家化工厂的厂长了。一次赴山西太原出差，与晋祠的邂逅，改写了他之后的人生……

晋祠，迎面招展的"天下王氏宗太原"的巨大横幅，让丛松坡感到了震撼，也给了他以昭示、启迪。晋祠前身、晋溪书院的主人，现在宗祠的主要享祀者是明代尚书王琼。丛松坡的先祖——与王琼同朝为官——一代名臣丛氏六世祖丛兰其丰功伟绩，在丛姓的发祥地文登，丛氏子孙也大多只知有先祖丛尚书，能知其生平事迹、功德者，寥寥无几——也许这就是冥冥之中的定数——丛松坡的胸中撞击出了誓言、宏愿：我要为丛氏先祖树碑立传！

自晋祠归来，丛松坡向亲友宣示：我要抛开一切杂务，潜心续修已中断30多年的丛氏家谱，寻根溯祖弘扬祖德……

——丛松坡冲着西方的天边长啸一声：我要去寻丛氏血脉之根——徒步河西走廊，寻找匈奴休屠王城……

继而，丛松坡又奔赴山西，流连于边塞三关，寻找丛氏先祖足迹。

续修丛氏家谱，寻根溯祖弘扬祖德，不但让文登丛氏族人感念不已，散居各地的丛氏族人亦群起而响应，鼎力相助……丛松坡要编修一部为氏族文化寻根、历史名人研究、补苴罅漏，张皇幽眇的丛氏氏族发展繁衍及文化传承的研究丛书——《丛氏源谭》。

1998年，《丛氏源谭》第一部问世，两年后，第二部《丛氏源谭》出版。

丛氏夙愿得偿——天下丛氏宗文登，短短几年间，从祖国各地，包括中国台湾、香港地区以及韩国、日本、美国等世界各国，前来文登寻根的丛氏族人多达1万余人次。

两部《丛氏源谭》被10多个国家级、省级图书馆所收藏。

2001年，丛松坡赴香港与香港丛氏宗亲成立了"香港世界丛氏宗亲

文登丛氏宗祠

会",并担任秘书长。

2002年,中央电视台《天涯共此时》栏目组赶到文登,拍摄了"天下丛氏宗文登"的专题片,影响广泛。

人才辈出——于氏家族

现威海市文登区大水泊村的于氏家族,为威海境内又一望族。

据传,威海境内的于氏为西汉丞相、定西侯于定国之后,大致在西汉末年王莽时代由郯城迁处境内斥山。至宋代已成斥山望族。由于人口繁盛,北宋元丰五年(1082)分两支迁出,一支迁文登,一支迁青州。

于氏家族世代以"忠厚传家,耕读继业"为家训,家家以勤学苦读、应试及第为荣。

明清时期的于应第一家，便循此立身行事。

于应第，号台联。岁贡生。一生行善修德，名扬乡里。史称"积学笃行，士林有声"，奠定了大水泊于氏家族的辉煌之基，其子嗣创造了"父子同科登榜""一门三进士"的科举佳话。

于应第长子于鹏翚，字负青。拔贡生。幼嗜读书，英名藉甚。后任福建仙游知县。

于应第次子于鹏翰，与其子于涟，于清顺治十二年（1655）父子同榜进士，一时传为佳话。

于应第三子于鹏翀，字圣庵。天性笃厚，喜读书。顺治九年（1652）进士。父母年高，不忍远仕，改授灵山学博。

于应第之孙于涟，字清漪。顺治五年（1648）中举，年仅19岁；后任浙江义乌知县。

清康熙十三年（1674）靖南王耿精忠在福建起兵响应平西王吴三桂造反。一时间，攻城略地，势不可当，相继攻陷浙江江山、平阳等地，义乌县城既无城墙可挡，又无将士可战，很快陷于敌手，百姓纷纷逃散。

当时浙闽总督李之芳驻兵仙霞岭，于涟带着几个随从赶到大营请求援兵。李之芳拨给他三千兵马，于涟亲自指挥三千兵马，对叛军一边剿杀一边劝抚，不几日便收复了义乌。邻近几县依然处于顽寇的兵刃之下，于涟又主动请缨，独自深入叛军大营游说劝降。他宣谕朝廷旨意，恩威并施，叛军纷纷倒戈归顺朝廷。他以一人之功，兵不血刃地解除了义乌周边几县的危机。

清康熙十四年（1675），康熙帝感佩于涟的忠肝义胆，擢其职位连升：钦赐蟒服，敕赠光禄大夫，取补户部云南司主事（正六品），转吏部文选清吏司主事，再升吏部员外郎（从五品），转郎中（正五品）。同时，于氏四代封赠正一品，于涟的曾祖父于东齐、祖父于应第、父亲于鹏翰一同追授为光禄大夫。康熙帝还亲自颁诏,在京城为于涟隆重举行了追功嘉奖敕封大典。一时间,朝野轰动。

于涟生性慷慨豪爽,为人质朴无华。为官二十三载,未受一丝贿赂,未枉一人性命。其在《感遇诗》中有言:"清白奉家教,不贪即为孝",实为其真实写照。

于涟妻宋氏、谢氏,俱诰封一品夫人。

于涟生有四个儿子,皆学有所成获得功名,一个举人、两个贡生、一个诸生。

于涟一生喜藏书,逝后,所藏书籍又经其子不断增加补充,至孙子于式敷时,家中藏书已达万卷之多。

世居文登大水泊村的于可讬一家,亦是人才济济。

于可讬,字阿辅。清顺治十二年(1655)三甲四十五名进士。同榜上,文登县得中进士共七名。大大彰显了"文登学"之美誉。

于可讬被授抚州府推官。有史料记载,于可讬任职只一年间,郡无积案,狱无冤民,远近称快。抚州百姓感念其功德,为其立"清风碑",时人作《于公清风碑亭记》,颂扬其为官清正,称为"江西第一廉吏"。

因政绩卓异,清顺治十四年(1657),于可讬被举任为工科给事中,后周历工科、兵科、礼科、刑科、户科、吏科六科,升户科右给事中、吏科都给事中。其奏疏总是陈说利弊,激浊扬清。每每奏事,顺治帝均目送之,叹为"真谏议也",屡批允行。

于可讬忠君爱民之绩,载入《大清钦定国史大臣列传》。

清康熙十一年(1672),于可讬晋升为奉天府府丞(正四品)。因政绩卓异,一年之内其职位连着擢升,"一岁三迁,经筵两侍"。

康熙十八年(1679),于可讬因事受到牵连,被革职还乡。

回到故乡文登后,于可讬乐善好施,热心公益,"好周里党戚友之急,储粮以赈饥,造舟以济涉,施药以疗病,刊《感应篇》(内容多劝人为善)

以劝善"。

康熙二十六年（1687）二月十一日，于可讬病逝，享年六十有七，祀于文登乡贤祠。

于可讬生有二子一女。长子于其珩，拔贡，候补中行评博（中书舍人、行人、评事、博士之合称），著有《树笔堂遗稿》；次子于其珣，副贡，历任刑部山西司主事、员外郎、郎中，迁安徽池州府知府，后任广东肇高廉罗道按察史司副使（正四品），以劳卒于官，年仅五十有九。

于可讬曾孙、于其珣之孙于令淓，字箕来，号方石，别号方石老人、方石野老等，著名书法家。由举人钦赐翰林院检讨，工书善文，名重一时。著有《古今文古近体诗》《四书讲义》《方石书话》《族谱》等，凡十八卷。其子于书佃，书法闻名遐迩。嘉庆年间任济南府泺源书院训导。清嘉庆十六年（1811），手书"大明湖"三个大字，刻碑立于湖畔。现在大明湖南门牌坊上的"大明湖"三个大字，就是以此碑刻为蓝本刻成的。

清代著名学者、书法家、书学理论家包世臣在《艺舟双楫》之"国朝书品"中，将清初至道光年间书法名家共101人各列其下，其中父子二人同列于"能品"者，便是于令淓及其儿子于书佃。于氏书法累世不绝，出了多位书法家。现代著名书法家、学者，被誉为"中日民间文化大使"的于植元，是为于书佃的六世孙。

如今，于姓是威海境内大姓氏之一，约有15万人。

The
Biography
of
Weihai

威海传

海道茫茫

第四章

威海市海域，从乳山到文登南海，再到荣成到初村双岛湾，海岸线逶迤蜿蜒，海湾如明眸善睐，汪洋温柔包裹，成就了美人鱼的神话，也成就了海道茫茫。

引子——

清道光本《荣成县志》专列海道篇,对荣成及现威海沿海的几条重要的外通海道状况、如何航行等,有着极其详细的标注和描述。

在陆权文明占主导地位浩繁的古代典籍中,惯常记载的,大都是黄土和风沙的陆地风貌风物。有这样的地方志书专列海道篇,实是难能可贵。此篇迎面扑来的完全是海洋的生勃气息,茫茫沧海风暴的呼啸,海浪翻腾中的嶙峋礁石;于凶险的波涛中开辟出了左转右扭、相对安全的一条条航线,通向了更广阔的世界……这是威海先民用血汗乃至生命换来的条条宝贵航线,它引领不甘困守土地、不甘平庸终老的灵魂以水为路,以楫为马,去探索茫茫海天之外的邈远和神秘。

正如黑格尔所言:"大海给了我们茫茫无定、浩浩无际和渺渺无限的观念;人类在大海的无限里感到他自己的无限的时候,他们就被激起了勇气,要去超越那有限的一切。大海邀请人类从事征服,从事掠夺,但同时也鼓励人类追求利润,从事商业……平凡的土地,平凡的平原流域把人类束缚在土壤上,把他卷入无穷的依赖性里面,但大海却挟着人类超越了那些思想和行动的有限圈子"。(黑格尔《历史哲学》)

荣成地处山东半岛最东端,三面环海。如此书序言所言,如果将威海市域的地形喻为一条美人鱼,那么荣成就是美人鱼最优美、最灵动的尾鳍,或其蜿蜒的裙裾的下摆。北黄海沐其秀发,南黄海濯其玉足。近岸海道,如她高贵脖颈上的项链。樯橹逶迤相望,如珍珠成串。渔歌远近相闻,如环佩叮当。

威海市海域,从乳山到文登南海,再到荣成到初村双岛湾,海岸线逶迤蜿蜒,海湾如明眸善睐,汪洋温柔包裹,成就了美人鱼的神话,也成就了海道茫茫。

出海口

早在春秋战国和秦汉时期,就有一条"循海岸水行"的黄金通道,自山东沿海经长山列岛、辽东半岛,再折向东南,沿朝鲜西海岸南下,最后渡过对马海峡进入日本九州一带。先民们在这条黄金通道舟楫漂流踏浪前行,连接了中、日、韩的水上往来,被现代研究者称为"东方海上丝绸之路"。

唐代是中国古代海上贸易和对外交流的鼎盛时期,"登州海行入高丽、渤海道",在与朝鲜半岛及周围诸国的外交与海上贸易上发挥着重要作用。其时,威海境域沿海港口与朝鲜半岛和日本等国交往频繁,大批的外国使者、僧侣、商人以及其他人员往来于此,留下了许多中外友好和文化交融的佳话。

隋末,黄县人淳于难、淳于朗兄弟聚众文登,拥兵拒乱。唐朝建立后,淳于难归附唐高祖。唐武德四年(621),升文登为登州,以淳于难为刺史。

《资治通鉴》有按语云:难据文登以降,即于县置登州,"登州"之名始此。后登州二废二置,治所由文登至牟平,最后州治蓬莱。

"登州是唐朝与朝鲜半岛、日本列岛海上交通和中国南北往来的要冲,是海上运兵和贸易往来的主要通道。"

载于古代史籍的出海口,往往由若干海口组成,历史上所称的某出海口,并不一定指称唯一的某地海口。史籍上记载的"登州海行入高丽、渤海道"，所谓的"登州"，是指登州所辖区域，不限于后来的登州治所蓬莱。在不同时期，所谓登州的出海口、航线都不尽相同。其后期则主要指登州南部的文登、牟平县出海口。

在唐代，威海境内南部沿海最重要的出海口有两处，一处是位于唐文登县境内的赤山浦（今荣成市石岛湾）。这里是新罗商船来大唐的重要中转站。另一处，是位于今乳山市乳山口的乳山浦。日本僧人圆仁的《入唐求法巡礼行记》中记有，唐朝官方入新罗船只，多是从赤山浦或乳山浦出海；新罗官方船只入唐，登岸海口也是赤山浦或乳山浦；新罗百姓入唐同样要先到这里，或留居，或再转至唐境其他地方。赤山浦和乳山浦与海州、楚州、扬州同处黄海水道航行圈，船舶往来更是频繁。

今乳山市境内的乳山浦和乳山长淮浦，借助异域求法僧的游记，有了确凿的记录，这是唐朝文化辐射四方的明证之一。

唐会昌五年（845），圆仁本来想从南方楚州渡海回国，当地官府答复说，本地"未是极海之处"，"事须递到登州地极之处，方可上船归国"。

赤山浦和乳山浦一带，便是"登州地极之处"的一部分。最终圆仁还是由乳山浦登船到赤山浦，然后渡海经由新罗回到日本。可见，乳山浦和赤山浦是当时浮海出入大唐的主要出海口。

威海市因地利之便，与日、朝、韩等国民间和政府间的海航往来源远流长，相互成就的友邦佳话举不胜举。

抗日战争的非常时期，威海人收养日本孤儿表现出的高尚的人道主义精神更令人感怀。

1945年，荣成上庄人邹殿臣在牡丹江柴河收养了一名7岁的日本孤儿渡边浩充。家境并不富裕，邹殿臣夫妇省吃俭用，甚至变卖家当，终将渡边浩充培养成人，并为其成家。中日邦交正常化后，渡边浩充虽携家迁居日本，但与养父母的关系却从未中断。邹殿臣去世后，渡边浩充专门携妻女回荣成为养父扫墓竖碑，碑上镌刻"中日友谊万古长青"。

也是 1945 年，荣成宁津所前王家村的王承光，收养了与家人失散而流落街头的 9 岁日本小姑娘河原明子（中国名字王玉珍），含辛茹苦将其抚养成人。1981 年，河原明子举家回到日本老家石川县金泽市。其二女儿王素芳（日本名字东素芳）在日本某贸易社当翻译，经常往返中日之间，对促进和拓展中日贸易多有贡献。

在抵抗日本侵略者的持久的大战期间，中国普通百姓能收养日本侵略者的孤儿，这是多么了不起的人道主义精神呀。

康熙乙亥年（1695 年）秋，一条载有 8 人的朝鲜帆船海上受损，漂至成山海口。时任文登县令王一夔供给衣物饮食，将其送归本国。

清乾隆三十年（1765）11 月，有登州船只海上受损漂至朝鲜半岛，当地官方同样为其补充了衣粮等，助其返国。

1893 年，为方便外来船只进入，石岛湾（即旧时的赤山浦）东畔的镆铘岛上设立了灯塔，石岛与仁川间的航通变得更为频繁，不但人员往来剧增，而且通过海道输送了大量移民。当时仁川的华侨占当地人口竟高达近五分之一，他们集中居住的善邻洞一带被称为"唐人街"。这些华侨九成以上来自山东，其中的九成以上又来自威海。

中国改革开放以来，通过各种文化研究会、博览会和经贸洽谈会等，威海与日、韩之间的友好往来、经贸活动更为频繁。荣成市先后与韩国、日本的多个城市建立了友好合作关系。现在，每年到法华院观光参拜的韩、日客人均在万人以上。

与朝鲜半岛的海通

登州沿海出海口的地位、作用，在唐代得到进一步彰显、强化——登州诸海道成为唐朝与朝鲜半岛高丽、百济、新罗三国以及日本的主要交往要道。无论官方和民间都来往频繁,和平时期有正常来往,战争时期也有非正常来往。

早在造船和航海技术都不发达的秦汉时期,威海的先民们在有限的海洋知识和简陋的航海条件下,凭着胆识和勇气、生死置之度外的大无畏气概,已经摸索蹚出了较安全可靠的与国外交往的黄金水道,着实是了不起。

之后,威海先民又探索出了从威海区域的各出海口出发,横渡黄海,直抵朝鲜半岛南部更顺捷的海道,大大地缩短了航行距离。

历史记载证明,唐朝前期出兵朝鲜半岛或民间往来,有不少船只是从山东半岛出发,直达朝鲜半岛南部的。之后唐朝对高丽用兵,现威海境内的出海口便成为重要的出兵通道和基地之一。

唐显庆五年(660),苏定方率水陆大军10万自成山济海,进击百济,兵锋直指对岸。

唐显庆六年(661),唐高宗又发淄、青、莱、海诸州水师7000人,渡海增援。

唐龙朔三年(663),孙仁师率兵渡海支援白江口。白江口一战,唐军大败前来增援百济的日本水师。

唐乾封元年(666),唐出动水陆大军进攻高丽。

……

威海成山出海口直抵朝鲜的几条航线,除大唐水军每每往来,朝鲜民间和僧侣与大唐的往来也很频繁。《宋高僧传卷四·唐新罗国义湘传》记载,新罗和尚义湘,来唐和归国,都是经由文登境域港口。

大唐与朝鲜半岛航海往来的历史,赖由这些僧人或详或简的种种记载,可见其繁盛。当然,在这几条航线往来更多的,还是大唐与朝鲜半岛民间的交往和贸易。

新罗人来此聚居

唐代,现威海市文登区沿海,是新罗商船频繁往来的重要通道。朝鲜半岛三国以及日本的使节、僧人、士子、客商多在此登陆、归国,唐朝使节也多由此出使。

为了便于贸易和往来,也为了生活,许多新罗人侨居于文登境内,在文登渐渐形成了新罗侨民聚居区。

日本僧人圆仁在来唐求法巡礼期间,先后在文登、乳山一带的新罗人聚居区停留过,其《入唐求法巡礼行记》留下了许多相关记述。

通过圆仁的记载证明,邵村浦和乳山西浦均有新罗人聚居区。他们时据"新罗风俗",时"且依唐风"。时间久了外境犹吾境,他乡即故乡了。

现今,位于乳山河入海口东海岸的一片高地上,竖立"乳山新罗人旧居遗址"纪念碑,以此铭记当年那些浮海而来,为中日韩文化交流做出了贡献的新罗人。

新罗人崔致远,被韩国人称为历史上著名的文学家、诗人,韩国汉文学的开山鼻祖,有"东国儒宗""东国文学之祖"之称。他和许多新罗人一样,入唐求学并在唐为官。在中韩文化交流史上,留下了浓墨重彩的一笔。他在《桂苑笔耕集》中记述了如何来到乳山浦又如何乘船荣归的过程。

光启元年除夕之夜(886),崔致远满怀即将回国的欣喜,写下《和友人除夕见寄》一诗:

与君相见且歌吟,莫恨流年挫壮心。

幸得东风已迎路，好花时节到鸡林。

新罗人聚居最多的区域，还是文登县清宁乡赤山村一带。"山里有寺，名赤山法华院，本张宝高初所建也。长有庄田，以充粥饭。其庄田一年得五百石米。"（引自《入唐求法巡礼行记》，下同）这里的"张宝高"即建法华院的"张保皋"。

不但普通的新罗人在文登聚居，法华院还有新罗僧人30余人。正因为当时文登县有越来越多的新罗人侨居，当地官方便在文登城南70里设置了勾当新罗押衙所。其旧址在今文登与荣成交界处，张家埠口湾上游千八港东岸。

几百年间，除僧人外，朝鲜半岛很多普通人通过仁川至石岛航线来到赤山浦，散居在石岛湾及半岛各地。他们或开饭庄，或干其他营生，不但在生活上与当地人渐渐融为一体，一部分人的血脉也融入到了中华民族之中……

中日甲午战争之后，日本加速推进吞并朝鲜的进程，许多朝鲜人浮海来威海谋生或取道威海去中国其他处避难。

1898年威海卫变成英国租借地之后，在朝鲜来威避难的人群中，来自朝鲜明成皇后家庭的将军闵裕殖，与在威海卫的英国商人邓肯·克拉克结交为情同手足的朋友。据说二人曾策划并组织实施了由威海卫启程，跨海营救被日军软禁的朝鲜国王的行动。怎奈营救人员抵达朝鲜后行动败露，遭到日兵追杀。多亏那天有大雾，营救人员才得以甩掉日兵逃脱，最终返回威海卫。

又据说，后来英人要出让其在威海卫经营的女王饭店，闵将军为了将来自己的国王来威能在此居住，便与邓肯商量合伙将其买下，并将其更名为国王饭店。据1930年代的《黄海潮报》报道，闵将军最后还是没能等到他的国王的到来，也没能回到朝鲜，而最终客死威海卫。

水军

威海海道的兴衰荣辱，在一定程度上是中国海道发展史的见证与铭鉴。

威海依海而兴，与海牟利，境内先民中熟悉海道舟楫者，历来大有人在。本应为兴海之前沿，却在后来逐渐被视为"天末荒徼"。

北宋灭亡之后，威海之境先沦入金，后沦入元。最终，威海人与南宋疆域内的"南人"成了我方敌方，并成为元军水师的主要力量。他们于陆上策马，于海上行舟，南征南宋，东征日本，竟然创造出了如罂粟花般艳丽的功业。境内沉寂暗淡了百年的海道，却赖由这些"汉人"，又一次冲破幽暗，焕发了荣光。

元太祖二十一年（1226）四月，李全降蒙古，被封为山东、淮南、楚州（淮安）行省事，成为割据一方的汉人世侯。此后，李全、李璮父子大治舟船，开始了在山东、淮北的霸海时期。《威海文化通览》载："这一时期，今境内的许多船民，如威海羊亭的王珣父子，文登的刁通、马付父子、韩成、王珍，乳山的孙琪等，都先后在李全、李璮父子麾下任职，成为熟谙水军事务、熟悉南北海道的骨干。"

元至元五年（1268），元军编练水军，造战舰50艘，并在汉地大量招募水手。原李璮部下水军多被征用，共得练卒7万人。威海境内谙熟水性者，以及原李璮部下的水军又纷纷从军，成为元水师的骨干力量。

在元代水军的多次征战中，从军的威海船民经历了40余战，参与元朝的南征和两次东征，立下了赫赫战功。从部分地方文献和碑刻资料中，可见威海籍水军当年的英武。

威海的元水兵当中，以刁通的经历最为典型。刁通，字叔达，长学山阳（今文登市米山镇）人。他用兵神机不测，于陆战屡建功勋，于海战也有相当建树。当南宋水师于南海灰飞烟灭之际，刁通又"东逾日本，南抵琼崖，历险度艰，无不默识于心"。东征日本后，又于文城防御倭寇，可谓集征倭防倭使命于一身。

悠悠海道茫茫，激荡着多少嗟叹与反思。

南北海运之要津

元代建立定都大都后，即面临京城及北方粮食紧缺的大问题。为实施大规模的南粮北调，元代初年即开发运河，建造船只，充实漕运机构。但河漕运粮常受天旱水浅、河道淤塞、运量少、役巨费靡等困扰。元朝廷只得弃河图海，开通南北海上运输航线。海运成为元代统治的生命线，南北海运之要津威海，自然成了这条生命线的命门。

元代大兴海道运粮，对今威海有两大开发：一是建造大海船，选用深水港，威海湾的作用被世人重视。二是废止"循海岸水行"形式，改造了传统的海道。粮船自太仓刘家港起航，直放黑水大洋抵达成山，过刘公岛，到芝罘、沙门（长山列岛）5000余公里，顺风不需半月。

其时威海境内的许多船民，在元代海运中发挥了重要作用。一些人因此而获得官职，如邹荣授海道运粮千户，于天禄任两浙运司司吏，于良弼任胶莱海道官等。

元代，今威海市境大部分属文登县管辖。为适应海道兴盛，便于管理，文登县曾在境北部、东北部和东南部沿海设置辛汪寨、温泉寨、赤山寨三个巡检司。

到了明代,在"寸板不许下海"颠顸、愚蠢、愚昧又残酷的凌厉国策打压之下,一方面,迫使部分沿海穷民"入海从盗,啸集亡命";另一方面,与世界海洋文明勃兴的历史大势背道而驰,致使中华民族逐渐失去了引领潮头的强劲发展势头。此消彼长,退让出的广阔海道,则成了异族扬帆崛起的游猎场。威海对面的蕞尔小国,在波涛之上纵横往来,寻隙攻掠。虽有以防倭寇而建的威海卫、成山卫、靖海卫,在抵御倭寇攻掠之战中也屡获胜利,但只限于岸上防堵,也只能抑挫倭寇嚣张之气焰,而很少于海上迎击,摧其根本。

当年石岛

广阔的黄海海道,于大明陷入了沉寂。京城朝堂之上,官僚帝党,虽屡有兴海运与重防卫之争执,孰强孰弱间,也曾海道重开,海运重启,但也是即兴即止。在旷日持久的争执折腾中,有识之士重振海道的雄心,也只能是望洋兴叹。

茫茫海道越来越迷惘了——大梦谁先觉?

重启与韩国的海通

中国与朝鲜半岛有着漫长的海通史,谁能想得到,截至1990年前,中国与韩国因政治隔阂，竟断绝海上往来长达40多年。

黄海两岸，一边是威海美人鱼的裙裾，一边是韩国曲折的海岸线。从韩国仁川到威海，直线距离仅93海里，与威海到大连距离几乎相等。韩国人夸张地形容：威海的鸡叫，我们在仁川都能听到。可就是这样一衣带水的两岸，无论官方还是民间，竟隔绝了40多年。

漫长的历史中，山东与朝鲜半岛各式人等长期、频繁的往来、移居，在韩国的华侨多数为山东人，而其中百分之七八十甚至在仁川百分之九十又是威海人。不难想象，在长达40多年的隔绝期间，两岸亲属间是如何望洋兴叹泪洒海边的。亲属在韩国的威海人，哪怕在海边捡到海上漂来的韩国民间祭祀用的神木，也会悄悄地带回家收藏，以寄托对海那边亲人的思念，怎不令人唏嘘……

1978年，党的十一届三中全会召开，中国迈入改革开放的历史时期。

1987年，国务院批准成立地级威海市。

1987年，卢泰愚当选韩国总统。

这些事件，看似各自独立，但是站在某个基点回溯，它们又有着某种奥妙的关联——

新建的地级威海市谋求经济上突飞猛进的大发展，迫需构建一个对外开放的大格局！怎奈地级市甫建，城市规模小，人口少，经济基础又薄弱，一时难有大的突破。

时任中共中央办公厅主任的温家宝来威海考察时说："威海的对外开放，还没有破题。"

威海对外开放如何"破题"？！

威海与韩国间93海里的海域冷寂了40多年，空有潮涨潮落涛声啸啸。年复一年两岸亲属隔海相望，唯有相思相念的泪水洒落其间……两岸的人员往来隔绝了，但涌动的海波依旧，漫长的历史时期中两岸人民于海波之上往来、贸易缔结的千丝万缕情愫甚至血缘，仍氤氲在蔚蓝色的气息里，

85

两岸间累积的、被覆盖了的深广的交谊,似乎在此时被唤醒了,同时也触发了痛感。与威海仅隔93海里之遥的韩国,因开放地吸引了大量国外资金、引进国外先进技术经济迅速崛起,变成了"亚洲四小龙"之一。威海不利用好与韩国得天独厚一衣带水的地理优势、国家的改革开放大势,岂不是愧对了天赐之地缘与大好的历史机遇?!

——威海确定了对外开放的突破口和经济发展的切入点,打破与一衣带水的韩国间的隔绝,经济上借韩兴威!

同样,卢泰愚就任韩国总统后,有感于中国在世界上日益重要的影响和地位,也作出了一个决策:顺应时代发展的要求,打破韩国与中国长期隔膜的局面。

其时,中共中央成立了对韩工作办公室,由时任国务院副总理的田纪云负责,启动了对韩关系的破冰工作。

韩国高层相向而行——卢泰愚总统选中韩晟昊博士,任命其为韩国对华"总统特使",担当与中国大陆关系破冰的探路者。

韩博士是著名的韩国华人社会活动家,同时也是一位实业家、慈善事业投资人,先后任韩国新东和汉医院院长、"韩华中国和平统一促进联合总会"会长等职。

卢泰愚和韩晟昊首先把目光投向了黄海彼岸的山东——"我们要和中国往来,如果大门暂时打不开,那就先开一扇窗吧。"

山东是韩晟昊的故乡——1988年4月,韩晟昊博士终于踏上了故乡的土地。

山东方面热情欢迎韩博士的到来,并与其进行了亲切的会谈。双方达成共识:韩国以山东为基地,开始中韩两国的经济交流。并约定,近期将互派经济代表团进行考察。

春风化雨,万物萌发,中韩间封闭了40年的大门悄无声息地渐渐开启;冰封了40年的海道默默地解冻……

同年8月25日，山东省商会代表团以商务的名义访问韩国。8月26日，中韩双方在汉城（今首尔）进行了秘密会谈（因中韩还没有正式建交），并签署了六项合作协议。其中重要的一项为：开通韩国仁川至山东威海的客轮，这标示将结束中韩间交流需绕道香港的历史！

1990年7月14日，中韩通航谈判小组中方代表一行12人飞抵韩国后，便马不停蹄地与韩方代表就通航事宜展开了紧张又艰辛的谈判，最后的关键聚焦在承担航运的公司的注册地之争。一直到中方代表团回国的前一天，韩方才最终同意在威海注册。

1990年9月15日——中韩间冰封了40年的航道，即将由自韩国仁川启航的"金桥"轮开启破冰之旅！仁川当地为此次首航举行了隆重的庆祝仪式，韩国自民党总裁金泳三等为"金桥"轮首航剪彩："今天，我们架通了中韩两国海上通航的金桥，这必然会促进两国经贸合作的大发展。"

——"金桥"，意寓"中韩友谊的金色桥梁"。

"金桥"轮向着中国的威海港驶来。

1990年9月16日早晨，"金桥"轮，终于驶进了威海湾——威海港码头彩旗飞扬，锣鼓喧天迎候"金桥"轮靠港——"金桥"轮名副其实地为中韩两国交往搭起了友谊的金桥。

在中韩还没有建交（两年后的1992年，中韩才正式建立了大使级外交关系）的态势下，能促成此次"金桥"轮成功首航，不难想象中韩双方付出了怎样艰辛的努力，谓之艰苦卓绝毫不为过——"金桥"轮首航的破冰之旅意义非凡。

载有韩国各界人士的"金桥"轮，终于泊在了威海港码头。因中韩没有建交，威海方面的相关官员便不能直接接待及出面参与其他工作，只能让民间组织贸促会担当各方面的协调工作。

点缀一则花絮："金桥"轮首航泊靠威海港码头后，一名喜气洋洋的男子和一名笑语盈盈的女子手提行李准备上岸时，著名摄影记者侯贺良迅速按下手中相机的快门，定格了这一划时代的历史瞬间。但由于当时中韩两国尚未建交，此照片未能刊发。两年后，中韩两国正式建交后，这幅照片以《迟到的新闻》为题刊发时，"金桥"轮已在威海与韩国之间航行了700多个来回——

"金桥"轮于中韩两岸间的穿梭航行，催发了"带工"这一新职业的诞生与迅猛发展。所谓"带工"，即乘坐"金桥"轮往来仁川、威海，专门从事将中国产的药材、辣椒、芝麻等产品带到韩国；将韩国产的服装、化妆品等商品带到威海，以赚取差价的人。这些商品的异国销售，在很长的时期内有着极高的利润空间，那些"带工"很是发了些财——"带工"们以肩扛手提大包小裹，竟然为威海"带"出了20世纪90年代"韩国服装集散地"的美誉，同时也哺育了一大批商行的成长。据几年前的统计，威海市的外商投资额，韩资占第一位；在威韩资企业已经超过3000家；在威海市的进出口贸易中，对韩进出口均保持第一；在威海市的外派劳务中，对韩输出最多……

——古老的海上丝绸之路，在当代的"金桥"轮的航道上开出了一簇簇绚丽多彩的花朵。这些花朵的种子又遍洒中韩两地，繁育出了一片又一片的花海！

1993年8月，威海中韩经济贸易洽谈会在威海举行。

2000年8月，威海至釜山集装箱班轮开通。

2001年7月，威海市政府和韩国贸易协会联合主办的2001（汉城）威海投资贸易洽谈会在韩国汉城举行。

2003年1月，石岛至韩国釜山全集装箱班轮开通。

2005年3月27日，威海至韩国汉城（仁川）国际航线正式开通。

2006年6月14日至16日，中国与韩国双边民航谈判在威海举行，威海国际机场跻身山东省四大对韩开放国际机场之列。

"金桥"轮的破冰之旅,打开了中韩交流的大门,威海有了全国第一家韩资企业、中韩自贸区经济合作示范区……

如今威海已经开通至韩国的海上客运航线5条,每周30个航班,是中韩海上航线密度最大的城市。目前,在威海学习、做生意、生活的韩国人,占在威外国人总数的三分之二以上,威海有了"韩国人的第二故乡"之美誉。

2014年8月12日,韩国仁川亚运会火炬在中国威海传递,这是亚运会历史上首次主办国在境外传递火炬,威海市为此次亚运会火炬传递的唯一中国城市。

2019年6月1日,中韩自贸协定正式签署,威海和韩国仁川自由经济区作为地方经济合作示范区被写入协定。这是中韩自贸协定谈判取得的重要突破之一……

从威海综合保税区获批,到成为国家服务贸易创新发展试点城市,再到积极参与"一带一路"建设,威海借助开放大兴海洋之优势,成为陆上丝绸之路和海上丝绸之路光辉双耀的明珠……

"借韩兴威"一连串骄人佳绩的取得,追根溯源,那座历史上赫赫有名的赤山浦法华院,便焕发出了光耀古今的佛光!它自古便为海上丝绸之路上的一座明亮的灯塔,光抚丝路上往来的商旅。毫无疑问,海上陆间的丝绸之路,既有其地理和经济的意义,更具历史和文化的意义。法华院的佛光既为海上丝路鼓荡的风帆引路,也抚慰着陆地丝路上艰难跋涉的身影……

赤山浦、成山头、刘公岛……威海这片土地,不仅深情地追忆着辉煌的过往,并创造着更辉煌的当下和未来——如一条美丽的丝带飘逸在黄海间,并在东北亚蔚蓝着……

The
Biography
of
Weihai

威海传

海神

第五章

在海上讨生计的先民，对海上狂风巨浪无奈的恐惧，只能通过一厢情愿的虔敬膜拜和祈求，与大海进行精神沟通——海神便诞生了。各种对海神的祭拜方式沿袭日久，逐渐形成了较为规范的礼仪习俗。

海神娘娘

妈祖,又称天妃、天后、天上圣母,是宋代以后沿海船工和渔民普遍信奉崇拜的海神娘娘。

元代天妃崇拜的兴盛,与海道之兴有着直接的关系。从福建到江浙、山东,直到直沽沿海的妈祖庙、天妃庙,都是随着海运兴起而建立的。今威海境内的妈祖信仰与渔民、渔家原始的海神崇拜自然而然地融合在了一起。妈祖是海上生产作业的保护神,威海沿海百姓亲切地称其为海神娘娘。

在海上讨生计的先民,对海上狂风巨浪无奈的恐惧,只能通过一厢情愿的虔敬膜拜和祈求,与大海进行精神沟通——海神便诞生了。各种对海神的祭拜方式沿袭日久,逐渐形成了较为规范的礼仪习俗。

北宋宣和五年(1123),皇帝派大臣路允迪出使高丽。行前,皇帝降御香祷于东海龙王。但路允迪的船队在海上还是遭遇了大风,危难中百求龙王而不灵。命悬一线时,忽有一朱衣女神提一明灯飘然落于桅杆之上,指引船只平安脱险……

路允迪回朝,将海上遇险如何得女神搭救的惊险过程添油加醋地奏明皇帝。皇帝遂将这女神封为"顺济夫人",并赐匾为其建庙,这大概就是海神娘娘的原型。

元代以后,历代帝王晋封海神娘娘为天妃、天后、天上圣母、妈祖等。海神娘娘就成为海上的保护神了。

威海沿海渔民笃信海神娘娘,在海上突遇风暴凶险时,会焚香跪拜祈祷海神娘娘搭救。过去很多老渔民和航海者几乎都有过这种经历,并言之

威海天后宫

凿凿祈求海神娘娘如何如何灵验。

　　明清以来,海神娘娘崇拜成为威海沿海渔家一种普遍的文化现象。码头、港口、渔村等地方,大都建有天妃宫、天后宫、娘娘庙。海神娘娘与海龙王成为沿海民间最为崇拜的神祇,被奉为海上保护神。

　　沿海渔家对海神娘娘的祭拜形式,渐渐地也充满了人间烟火味。人间要祭拜神仙,也只能按人间敬奉的礼仪来了,否则祭拜神仙的礼仪便无章可循了。

　　据说海神娘娘的生日为阴历三月二十三日,这一天,就成为沿海渔家祭祀海神娘娘隆重的节日。威海沿海一带的善男信女,一大早就会从四面八方涌向天后宫或海神娘娘庙举行祭拜仪式。

　　渔行早已集筹好了一定的资金,用以祭祀活动的一应开销。

　　一村一寨公认的女红特别好的几个女人,被推举为绣制献祭给海神娘娘的花鞋、幔帐等绣品。能成为献祭绣品的制作人是十分荣耀的,一切家务都要为她赶制绣品让路。哪个使船的男人的老婆被推举为为海神娘娘绣制献祭绣品,不仅这男人本人感到荣光,同船的人也会自豪:海神娘娘不是会格外关照我们的船吗？我们这条船不就多了份安全保障吗？巧手的女人，为这些与海上搏击凶险的男人的心灵，绣上了一份安详的祝福。

使船的男人们则在娘娘庙焚香烧纸顶礼膜拜，还所许之愿，等等。

请来的戏班会在娘娘庙前唱大戏以酬神。

威海境内海神信仰最主要、最集中的表现，在谷雨节。每到谷雨这天，海边会举行盛大的、多种多样的仪式，向海神娘娘献祭。一系列的献祭活动要持续七八天，大都自农历三月十六日谷雨起，持续到三月二十五日。

谷雨节，不仅是渔民的传统节日，并且早已演变为威海沿海的一项重要的民俗活动、渔家的狂欢节。

早年，渔民大多受雇于渔行，每家渔行都会在谷雨节举行祭船、祭海、祭海神娘娘等多项活动。谷雨节当日的凌晨，渔民们会抬着大枣饽饽、整猪、香纸、鞭炮等，先到海神娘娘庙祭奠，再到海边祭船，磕头跪拜，烧香许愿，祈求海神娘娘保佑船行万里，一帆风顺，满载而归。待到黎明时分，每条船只留一人在岸上操办中午宴席，其余人便驾船出海打鱼，傍晚，条条满载鱼虾的船返回后，则鞭炮齐鸣锣鼓喧天，焚烧纸锭、香札，火光冲天热闹非凡，祭拜达到高潮。之后便大摆宴席，即使不是渔民也会赶来凑热闹。此风俗于20世纪60年代末销声匿迹，80年代又恢复，且规模、场面更宏大。

威海境内有记载的妈祖庙或天后宫，有威海（今环翠区）、石岛、俚岛、成山头、苏门岛、张家埠、乳山口等多处。

天后宫位于威海海湾东北岸，建于清代。威海的船家承袭了一种传统习俗：每当新船修造完成，船家必先举行一个仪式，将精心制作好的与此船一模一样的小模型，呈奉到天后宫内。这类似将新船在妈祖这里备案、上了户口或上了保险，以求妈祖时时关照此船的安全。

古往今来，天后宫内便留下了大量的古代乃至现代的船模。各式各样的船模在妈祖庙的顶棚摆列，俨然一座海船博物馆。

清乾隆十六年（1750），荣成石岛修建的天后宫，位于现石岛街区的中心，占地面积1015平方米，为三进庙堂式结构。正殿中供奉着天后塑像，两侧绘有天后在风浪中救助遇险船只的壁画。此宫为胶东一带较大的庙宇之一，进香朝拜者络绎不绝，曾盛极一时。

刘公刘母

航海人还为威海海湾中的刘公岛创造了刘公刘母的传说。

刘公岛，位于威海湾内，北陡南缓，东西长4.08公里，南北最宽1.5公里，最窄0.06公里，海岸线长14.95公里，面积3.15平方公里，最高处海拔153.5米。全岛植被茂密，郁郁葱葱。距威海市区约3.89公里，面临黄海，背接威海湾，素有"东隅屏藩""海上桃源"之称。

据传，很早以前，有一条来自江南的商船在威海附近海域遭遇强风，几经磨难终于漂泊到了刘公岛岸边而得救。此事越传越神，竟传出了关于刘公岛的神话。

说是这条船遇险后，与狂风巨浪搏斗了几天，最后水尽粮绝，船也受损严重，濒临灭顶之灾。突然，前方有火光闪烁，千疮百孔的船似乎有了灵性，竟向着那火光漂去。

火光引领遇险船只抵达一岛屿，死里逃生的船员们纷纷跳上了岸。

想不到，岸礁之上有一老翁正在迎接他们。

老翁引着饥渴不堪的船员来到了岛上的一间小屋，然后呼老媪为船员们做饭。

老媪从一精巧的小盅子里轻轻地捏出了几粒米放到了锅里，然后开始烧火煮饭了。

刘公刘母

众船员诧异不已：我们这么多人，何况几天粒米未进，用这几粒米做饭岂不是开玩笑吗？

老翁老媪笑而不语，只管在饭桌上摆开了两排碗筷。

不一刻，老翁老媪便招呼船员们吃饭。当大锅揭开时，众船员全惊呆了——竟是满满一大锅香喷喷的米饭。不想，更神奇的现象在等着他们——任他们吃多少，锅里的米饭却并不见少。

醍醐灌顶——众船员这才醒悟到他们是遇到仙人了，是仙人搭救了他们。

船员们拜谢搭救之恩，并恭问此地为何地，老翁究竟是何方仙人。老翁只说他姓刘，别的却笑而不答。

到天明时，老翁老媪却不见了踪影。

为了纪念神人刘公刘母的救命之恩，遇险船员联络当地居民，共同在此岛上修了一座刘公庙，庙内供奉刘公刘母塑像。

自刘公庙建成后，来往的艄公船夫每经此地，必上岛进香祈祷。从此，刘公庙的名声越来越大，该岛也逐渐被称为刘公岛。

在威海，秦始皇也被当地民众视为海神。抗击海贼牺牲的滕国祥和在中日甲午海战中牺牲的民族英雄邓世昌也被当作海神祭祀。

在妈祖信仰传入之前，威海境内的仙姑信仰，也有海上救险的成分。可以说，在威海境内的海神娘娘信仰，其实还存有当地的仙姑身影。

The Biography of Weihai

威海传

威海卫　第六章

威海卫始建于明洪武三十一年（1398），终于清雍正十三年（1735）。几百年烟火升腾、云水缥缈的尘间往事，积淀为深厚的历史文化传统，沉潜入密，化为环翠区的魂魄。

如同飞鸟号古木，士人的黍离之悲也如杜鹃啼血一般在书页中回荡。如此说来，古卫城又何曾须臾消失？它永远屹立在钟情眷恋的邑人心中。那些拳拳于卫志者，留心访辑，勤加纂订，以文字为砖石，立古城于史册，使其荣光永耀，辉映山海。

设卫置所

威海地处山东半岛东北要冲，史志记："距登郡极东，东接高丽，南通日本琉球，北达奉天天津，岛屿联络，刘公最险，为江浙七省通商要路。货船停泊，海盗劫掠，每从此发。"

明代初年，胶东半岛，特别是半岛东部的今威海市域，时常遭受倭寇袭扰，百姓叫苦不迭，朝廷也深以倭患为忧。明奠都不久，即整饬海防，先后在今威海市域内建立营、卫、所等军事设施，有效地抵御了倭寇骚扰，巩固了海防。而卫、所官兵的世袭，也增加了境内人口，促进了境内的开发。

明白了在威海沿海设置的营、卫、所等军事机构，对明朝的沿海海防设置便有了基本了解。

所谓"营"，即军营，是国家镇戍部队的驻防地、集结地。

而所谓"卫""所"则先于营在威海境内设置，是朱元璋模仿北魏隋唐的府兵制和元朝军制创立的，也是明朝军队建置中极其重要的制度。

明洪武二年（1369），莱州卫在文登城设置文登备御千户所，委任管军千户、镇抚等官。同时，在文登县境沿海要冲，设立温泉镇、辛汪寨、赤山寨三个巡检司。三司各设巡检一人，司吏一人，弓兵百人，为海岸巡防。"倭人虽不时徜徉波涛中，而不敢登陆者六年。"

明洪武十七年（1384），构筑山东沿海诸寨城。威海境内较知名的寨城有四个：远岛寨城（今文登区泽头镇境内）、玄真岛城（今荣成市石岛附近）、竹岛寨城（今威海市区）、五垒岛城（今文登区泽库镇境内）。

明洪武二十三年（1390），又在莱州设八总寨，宁海州（含今威海市境）设五总寨，下辖48小寨，将陆地驻守与沿海巡防勾连相结。

明洪武三十一年（1398）五月，魏国公徐辉祖、大都督朱某在文登、莱州沿海要冲建立沿海卫、所。今威海市域内有威海卫、成山卫、靖海卫三卫与宁津所。又垛集沿海四万壮丁补充卫、所，成立捕倭屯田军。

明永乐元年（1403）二月，大都督朱某海上练兵到威海境内，征调宁海州和文登县夫役，修筑威海卫、成山卫、靖海卫三卫城池。

三卫城各周长6里，经三年时间各自建成。同时，又建立了墩、堡。所谓"墩"，建于沿海高地，并用人工再培土加高的烽火台，俗称"烟墩"。白天遇有敌情，墩兵在墩上燃狼粪使其发出细而高的黑烟，俗称"狼烟"；夜间遇有敌情，墩兵则在墩上举火，向邻墩报警。墩墩相传，卫、所便晓知敌情以防御。所谓"堡"，是建在官道旁的驿站，用来报信、传递信息。一般十里设一堡，并建有简单房舍，可食宿换马；堡也有规模较小的墩台，可举火发烟报警。其时，威海卫有墩9座。靖海卫有墩20座，堡8座。成山卫有墩10座，堡9座。宁津所有墩8座，堡9座。

明宣德二年（1427），于文登县城西门里建立了有相当规模常驻兵马的文登营，辖威海、靖海、成山和宁海四卫。

营、卫、墩、堡相统相连，形成了较完备的沿海防御体系。

明成化年间，增设百尺崖备御千户后所，隶属威海卫。有墩6座，堡3座；增设寻山备御后千户所，隶属成山卫，有墩8座，堡7座；增设海阳守御千户所，隶属大嵩卫，有墩、堡18座。

至此，威海之境海防设施基本完善。

明代中期，威海沿海承平日久，海防便逐渐废弛。

明弘治二年（1489），山东巡察海道副使赵鹤龄奉命整饬海防。有史料记载了赵鹤龄对威海境内防御城池坍塌、兵政废弛之状而忧心忡忡及如何整饬海防：他多方设法，将威海等卫、雄崖等所三十二处，赤山等巡司

卫城西街（背景为刘公岛）

二十余处，凤凰山等墩、龙虎山等堡四百余处，甲胄干戈之属，政令乖戾之类，一旦焕然一新。东海之人，倾心向化；倭寇之辈，闻风远遁。

赵鹤龄不但让威海的海防设施、武备"焕然一新"，更重要的是重振了"东海之人"的海防意识。之后，威海卫掌印兼文登营把总王恺等人与当地士绅捐资出力，在威海卫城西北城墙上建环翠楼，由大学士刘珝撰文勒碑，记赵鹤龄整饬海防之功。

为使卫、所官员子孙世代传承海防观念和职责，明朝官制规定，卫、所官员死后，由其长子世袭其职，享受俸禄待遇。

为增强各卫官员的海防责任，使其有可预见的上升通道，山东都指挥使司对卫指挥使、指挥同知、指挥佥事，五年进行一次考察。选贤能者，担任掌印指挥（简称"掌印"）和佥书指挥（简称"佥书"）。镇抚、经历、千户等官吏，则由卫指挥使司负责，五年进行一次政绩考察，择贤能者主持所属军政事务；百户无升降制，巡按考察后决定继任或免职。

由于海防设施的完善，至明嘉靖年间的前期，在一百多年间，倭寇对威海一带的海防望而生畏，不敢侵扰，威海沿海社会秩序得到稳定。

至明永乐年间，威海沿海的卫、所、寨、墩防倭体系虽然形成。但威海、成山、靖海三卫各据一隅，相互联络不便，难以及时相互策应，形成联动的掎角防御之势。

永乐六年（1408），漂海而来的倭寇突然袭击掳掠成山卫、白峰寨、罗山寨，祸及沿海数百里。而威海境内的其他卫所未能及时联动御敌，致使海侧居民，重罹其害。为弥补卫所防御之漏洞，朝廷当年便在山东沿海设置"总督登莱沿海兵马备倭都指挥使司"，统称备倭都司（驻蓬莱），为山东沿海最高军事指挥机关。明宣德二年（1427），又在文登城西门设立文登营。备倭都司节制即墨、登州、文登3营11卫。改变了过去卫所各据一方，不相统属的局面，以应对倭寇自海上发动的突然侵扰，有效地加强了山东半岛沿海的防卫。

明宣德十年（1435），文登营迁于文登城东5公里处，并建立了土城。其南门横额内刻"齐东重镇"，外刻"东方名藩"，刻石至今尚存。

文登营节制联络威海、靖海、成山、宁海四卫，设把总、中军等官职。文登营北能援助登州营，南能护助即墨营，三营鼎立，互为掎角，使山东沿海防御体系更为完善，为抵御倭寇对山东东部沿海的入侵发挥了重要作用。

嘉靖三十二年（1553）六月，戚继光升任都指挥佥事、山东总督备倭，管理登州、文登、即墨3营诸卫所，负责山东沿海备倭事宜。戚继光留下了名诗《过文登营》："遥知吾国微茫外，未敢忘危负岁华。"

明万历二十一年（1593），戚继光调集南北水陆官兵防海，集中于登州。登州遂成重镇，文登营改为守备府。

清乾隆二年（1737），裁文登营守备，改设都司1名，驻兵584名。时文登营隶于登州镇总兵，下辖文登、荣成、海阳三县汛和靖海司汛。至清末，文登营兵力大减。光绪二十三年（1897），文登营尚有马步兵213名。光绪二十八年（1902），裁绿营兵，文登营只留都司1人，兵4人。

1912年1月，文登在辛亥革命影响下爆发革命，都司杨飞鹏逃跑，文登营随之解体。

屯田与京操

明代威海各卫、所驻防的军队，分为京操军、守城军、屯田军三部分。为保证军需供应，各地卫、所皆实行屯田。由当地官府供给土地、耕牛、农具和种子等生产资料，军户屯田自养。明初，卫、所屯田收入成为军饷主要来源，基本都能够屯田自养，朝廷省去了大笔军饷和运输军事物资的人力物力。

明代对卫、所军士的职责还做出了明确规定："军士三分守城，七分屯种。又有二八、四六、一九、中半等例，尽力开垦，以足军食。""洪武、永乐间屯田之例，边境卫所旗军三分、四分守城，六分、七分下屯。腹里卫所一分、二分守城，八分、九分下屯，亦有中半屯守者。"每个军丁授田一份（50亩），按份征粮。据乾隆《威海卫志》、光绪《文登县志》等记载，明代威海卫军屯18处，屯田面积1.12万亩。

这与现在的"建设兵团"建置差不多。

屯田军士大多通过垛集征调而来。"垛集"是一种征兵制度，以3家民户为一垛集单位，其中一户为正户，出一丁充军役，另两户为贴户。明代军人设军籍，民户有一丁被垛集成军士者，称为军户，世代沿袭。军户不归地方官吏管辖，由五军都督府掌管，统属兵部。明永乐元年（1403）二月，山东沿海"垛集"平民充军，按户三丁以上家庭抽一年壮者为军，实行世袭制，不得脱籍。山东沿海各卫、所，包括威海卫在内，共计垛集4万余人，名曰"捕倭屯田军"。

军屯是卫、所制度的经济基础,京操军赴班的大部分费用,主要来自屯田。

明代的班军制度,也是卫、所制度中的一个重要组成部分。洪武十六年(1383),明令各地军队每年至京操练,俗称京操。京操分春班和秋班。其时,威海卫京操军春班784人,秋班584人。

京操军并非常年驻守在各卫所,是专门轮流到京师进行操练、值勤和受阅的特种兵。后来,京操军常被派去从事修浚河道、漕运等繁重杂役,京操军便时有逃亡。虽有严刑峻法,但至明弘治初年,京操军逃亡仍达到了不可收拾的地步。弘治四年(1491),山东监察使不得不从步兵、守城军、屯田军中拣选精壮兵丁充实京操军。而且京操军与守城军、屯田军轮流进行京操训练。

抗倭大事记

明代在威海设卫以后,今威海市域沿海,仍几次遭倭寇或海贼袭扰。

明永乐四年(1406),倭寇船队进犯威海湾,侵占刘公岛,并乘机在威海卫东海岸登陆。清乾隆本《威海卫志》记载了倭寇暴行:卫城外生灵涂炭"几无噍类"。倭寇继而又攻打卫城。威海卫指挥佥事扈宁,率军进行抵御,卫城百姓大力支援。倭寇连续攻击三昼夜,卫城屹立无恙。三日后大都督朱某统兵海上援战,里外夹攻,倭寇受挫后败逃。

明永乐六年(1408)四月十八日,倭寇突然袭击成山卫,掳掠白峰头、罗山寨等地,战火一直蔓延至大嵩卫草岛嘴、羊山寨等处沿海数百里……海岸居民惨遭殃祸。靖海卫指挥佥事郑刚,率百户乐用等官兵迎战倭寇,因指挥不力,倭寇破西城门入城。后郑刚被朝廷提赴武定听候处治，而乐用则被提送京刑曹，判刑八年。永乐八年（1410），郑刚戴罪立功，充前锋北征沙漠，在乱石山殉职。

永乐十四年（1416）春，倭寇集结32艘船只，驶至靖海卫杨村岛附近海面，伺机侵犯靖海卫。

都督同知蔡福率兵会同山东都司，调集兵马严阵以待，当倭寇登陆进犯时，给予了沉重打击。皇帝得捷报大喜，赏赐银缎，嘉奖作战有功将士。

因倭寇两次自靖海卫西门侵犯靖海卫，当地军民干脆将西城门封堵了。

明嘉靖三十四年（1555），一股倭寇乘船从胶州湾驶抵威海卫以北海面，欲劫掠卫城。

威海卫守军将其围困。几天后，倭寇船粮尽水绝，铤而走险登岸抢掠。卫城守军奋力而战，将其全部捕获。

清康熙五十一年（1712）十月十七日，一队倭寇海贼侵占荣成的鸡鸣岛。当地的守备水师后营游击滕国祥得报后，即率舟师前往迎击。倭寇海贼围攻腾国祥舟师，并纵火烧船。滕国祥力战不幸牺牲。

明代，威海的海防经历了建立、废弛、发展、削弱四个阶段：洪武到宣德间建立卫、所海防体系；正统至嘉靖中期海防逐渐废弛；嘉靖后期到万历中期海防得到加强和进一步发展；万历末至崇祯年间海防被削弱。威海的海防留下了成功的经验和沉痛的教训；海防兴则倭贼远，海防废弛则祸患至；只在海岸建立海防，也只能被动防御，必须建立强大的海上军事力量，才能御敌于海上。

裁卫

卫、所制度可以说是中国古代海防兵制的集大成,然而此制度存在着局限性。

清雍正年间,朝廷动议裁卫。

雍正十二年(1734),河东总督王士俊奉旨率员到登州,督办裁卫事宜。

沿海的地方官深知卫、所于海防的重要,但他们岂敢违抗朝廷的旨意?登莱青海防道、登州知府及所涉及的州县官员,对王士俊强力督办裁卫皆"望风承旨,不敢异词"。

但各卫的官兵却"纷纷具呈,牢不可破",坚决抵制裁卫。各卫抵制裁卫的呈子,以靖海卫最为激烈。

靖海卫措辞激烈抵制裁卫的呈子,令王士俊大怒,竟下令将靖海卫力主留卫的官兵"拿送宁海州监禁,以奸匪论罪"。

山东是孔孟之乡,孔孟之道浸润深重,威海一带的生民历朝历代向来是恭服朝廷的顺民。尽管各卫官兵强烈抵制裁卫,但既然朝廷裁卫态度坚决强硬,最后他们也只好忍气吞声地恭服了朝廷的旨意,抵制裁卫之势最终偃旗息鼓了。

王士俊遂上疏兵部:"请将成山卫改为荣成县,大嵩卫改为海阳县,威海、靖海两卫的疆域、绅民俱归文登。"

雍正十三年(1735),雍正皇帝正式下诏裁卫,同时设立荣成、海阳二县。历时330余年的卫所制度,寿终正寝了。

威海之境长达300多年的卫所设置、屯兵,也给威海带来了大量的外地移民。

现威海境内的居民,除部分祖先是明代以前的原住居民外,大量居民的祖先是明代进入境内的卫所官兵的后裔。那些卫所军官世代相袭,兵士父子相继,他们携带家眷自外地来威,最后都入籍威海,成了威海人。可谓日久他乡即故乡了。

小城威海卫

威海卫城的确很小,几十年前,只是个大一点的渔寨的格局:"一条马路 盏灯, 个喇叭全城听。 个警察管全城, 家炖鱼半城腥。"这顺口溜,便是早年威海卫城形象的写照。

古时所谓的卫城,也只是用四面短城墙包括的,类似放大了的四合院。有老者留下笑谈:早晨起来,点上一锅烟,从卫城东门开始,沿城墙转一圈回来,这锅烟还没抽尽。

这座小城,汉时叫石落村,元时叫清泉夼。如果没有特定的历史机遇,便没有缘由发展成为一座城市。然而它偏偏得到了这样的机遇,典籍中有一句话,"威海系海运必由之路",凸显了威海在海运史上千帆过境、樯橹林立的特殊地位。在它成城之前,就已经参与了许多重大的历史事件。它的性情,像它身畔的海波一样温和,也像海波中隆起的礁石一样倔强。

明初,析文登县辛汪都三里设威海卫,南至接官亭(今戚家庄南山),西至初村。由此,威海卫成为胶东半岛东端四卫一营中的一员。

《威海卫志》载:"明洪武三十一年立卫,永乐元年建成,砖石相间,高三丈,阔二丈,周六里十八步。动宁海、文登夫役军三民七修之。"卫

南溪聚浣

城依奈古山而建，城西北角建有环翠楼，为威邑地标。城东为大海，有温泉，地热蒸腾，号卫东汤。城北高山之巅有古陌烟墩。城南山巅之上有文峰宝塔。城门四座。西门为迎宣门。南门为德胜门，上建有南海大士殿。北门为玄武门，上建有真武庙。东门上建有文昌阁。

卫城这座小城，与沿海迤逦相望的卫所一起，担负起了防倭御侮的历史重任，取"威震海疆"之义，命名"威海卫"。威海，因海而生，因海而兴。

古来多少脚步和帆影，从不同方面汇入小城，万物辐辏，最后造就了一个更为热闹的城。

古卫城的面目虽已消殒，但古卫城的精魂不息。

赖由史志之功，古卫城的容貌屡屡重新矗立于追寻者微茫的视野之中。翻看卫城相关志书细细品味，还可咂出过去的卫城更多"小"的、耐人寻味的滋味。

卫城志书记：崇祯二年，重修明伦堂后，梁柱上竟生出状如五色祥云木灵芝一本。诸生结彩张乐，以为文明之庆。可以想象，当年史志的编撰

邑人劳作

者对此寄予着怀抱着何等美好的愿景呀。如今读来，也禁不住让人对那段历史生出祥瑞的遐思。

卫城志书又记："康熙四十年间，有鸟栖东门外，连呼'王官哥'三字，音响激越，夜静可闻数里。"感谢史志编撰者对这神鸟鸣叫的记载。翻看志书，书页间仿佛仍听得到这非同寻常的鸟鸣，它给书页上已风干了的卫城历史，增添了几分生动的田园气息。

威海卫志书对时令的近海捕捞、海边垂钓、赶小海等，都有着形象又鲜活的记载。细细看来，这些猎海的行为每一句前面似乎都应加上一个主语，这主语可以是以海为生的渔民，也可以是向海吟哦的"雪窗萤案之士"，但更多的则应是赶小海的妇人、姑娘，或者一群蹦蹦跳跳惊喜连连的孩子。威海卫芸芸平民的生活乐趣、获得感、幸福感，很大程度上是由环绕卫城的这一片海赐予的。由此也可见，那时威海周边的海，向面海而生的威海人馈赠了多么丰饶的物产呀。

威海卫志书上还有令人惊奇的记载："石落村刘氏尝于海滨得百丈巨鱼，取骨为架，构屋为鲤堂。"这是不是有点玄虚？是不是会令人将信将疑？但这是史实，那时威海的渔家，确有不少以大鱼骨做建筑材料的。"（关帝庙）旧以鲸鱼骨作梁"，这也是真实的记载。

多年前，威海卫一老人曾对笔者谈起，他当年就住在今天的威海市区民族宗教中心一带，有一条河就是从他家附近入海的。他对这条河不但有着深深的记忆，而且怀有感恩的念想。那时要想吃螃蟹，只需端着盆到河边的小树林，想吃多少就可逮多少。现在的威海幸福公园一带，当年是一片海边沙滩，晚上去沙滩散步，远远的总会看见星罗棋布的一片片磷白。那是渔民拖网漏下的小鱼发出的磷光，人们也懒得去捡拾，因为那时的鱼货实在太丰富太廉价了。不用太遥远，只要追溯四五十年前，在捕捞海虾的时节，威海城里的街道，只有中间两脚宽窄的道路可走，道路两边全是晾晒的海米。

四五十年前，每隔几年，文登沿海的某些海滩就会呈现一片青鱼的狂欢节。不可计数的青鱼在海潮的推动下，真真是铺天盖地在海水与海滩的衔接处涌动。每遇这盛况奇观，海边的人们自然也会像青鱼一样涌向海边，只需拿着筐、篓之类的器物，站在海水与海滩的衔接处向海滩上泼捞青鱼……而现今，威海近海的青鱼市价已高达六七千元一斤，即便如此高价，也基本上是有价无市。因为威海近海的青鱼少得可怜，近乎绝迹。

因地理环境得天独厚，威海市域的近海是一片天赐富海。

威海卫，当年外来镇守、开发这片土地的军户民户，恪守"守土之责"，有的成为抗倭的英烈之士，而他们的后裔及大部分军户民户的后裔，早已成为威海当地土著了，辈辈世世，在这片海边繁衍生息。

如果一个地区、一片区域也有前世今生传承谱系，那么过去的威海卫是前世，现在的环翠区便是今生。

威海卫始建于明洪武三十一年（1398），终于清雍正十三年（1735）。几百年烟火升腾、云水缥缈的尘间往事，积淀为深厚的历史文化传统，沉潜入密，化为环翠区的魂魄。

由威海卫演变的环翠区，如今满目所见，高楼林立，街市繁华，现代化的图景正在山海之间、云水之间蓬勃铺展，古城空遗一段颓圮的城墙，掩卧在树荆蔓草间。

如同飞鸟号古木，士人的黍离之悲也如杜鹃啼血一般在书页中回荡。如此说来，古卫城又何曾须臾消失？它永远屹立在钟情眷恋的邑人心中。那些拳拳于卫志者，留心访辑，勤加纂订，以文字为砖石，立古城于史册，使其荣光永耀，辉映山海。

辛卯秋日，炎暑已散，秋凉渐起，笔者铺开《威海卫志》，就着秋光云景，遥想一座古城。

雕版竖排繁体文言，传承华夏薪火，描摹古城风物。茶香如雾，光影蒙尘，浮华渐远，古卫城复活于当下。

《威海卫志》共分十卷，依次为《疆域志》《建置志》《学校志》《食货志》《典礼志》《官寺志》《贡举志》《人物志》《艺文志》《外志》。步入这座纸上城堡，徜徉在街衢巷陌间，倾听邑人悲欢，历史不再虚泛，不再飘忽。

《艺文志》古诗里旖旎着古威海卫优美的风光，高贵的气质，贤良又韧拔的品性，丰厚又坚实的底蕴，甚至可以说古卫城就活在这些丰蕴的诗性之中。

高品位的文学作品，总是关怀人类共同的命运归属。与卫城相关的古诗，不但有赞美、有激励，也有警醒、有壮烈。那些曾经在这片土地上生活过、战斗过的人们，用他们的诗心慧眼，呼唤着潜伏在邑人血脉深处的文化意识，留下了健正的根脉。

The
Biography
of
Weihai

威海 传

甲午！甲午！

第七章

作为近现代意义的海权思想在中国沿海的最初实践之地；北洋海军的兴衰、覆没，便成了中国海权研究的重要考察对象，成为中国海权文化的重要组成部分。作为北洋海军的重要基地、大本营，且又是甲午战争战场的威海刘公岛，当之无愧地成为这段历史文化的源溯之地。

北洋海军大本营

要了解中国近代的海权文化，请到威海来；要追忆中日甲午大海战那段惨烈又悲壮的历史，更不可不到威海来。威海无疑是中国近代海权文化极其重要的缩影，而威海湾中的刘公岛，更残留着遍岛的甲午海战的遗址。

1894年，举世震惊、让北洋水师全军覆没、给整个中国造成剧痛的中日甲午战争爆发。

中日舰队的海上大战，作为19世纪蒸汽舰队间最为宏大的一次交战，成为当时乃至今日各国海军、海权理论学者持续研究的重要战例。

作为近现代意义的海权思想在中国沿海的最初实践之地；北洋海军的兴衰、覆没，便成了中国海权研究的重要考察对象，成为中国海权文化的重要组成部分。作为北洋海军的重要基地、大本营，且又是甲午战争战场的威海刘公岛，当之无愧地成为这段历史文化的源溯之地。

名扬海内外的刘公岛，位于威海湾口，距威海市区旅游码头约3.89公里，乘船20分钟即可到达。它面临黄海，背接威海湾，素有"东隅屏藩""海上桃源"和"不沉的战舰"之称。

刘公岛北陡南缓，东西长4.08公里，南北最宽1.5公里，最窄0.06公里，海岸线长14.95公里，面积3.15平方公里，最高处海拔153.5米。全岛植被茂密，郁郁葱葱。

刘公岛虽小，却是中国近代海权思想的落地萌芽之地，更是北洋海军的基地、大本营。

中国是海洋大国，拥有悠久的造船和航海历史。然而自明朝以后，受

俯瞰刘公岛

禁海政策禁锢,海上力量日益萎缩,乃至一蹶不振。进入19世纪,在西方列强的坚船利炮面前,中国古老衰落的海防脆弱到不堪一击。

在屡遭侵略、饱受欺侮的惨痛现实面前,大清王朝终于萌发了建设强大海军的思想萌芽,并由此引发了关于海防的大筹议。

自第一次鸦片战争后,大清帝国终于从天朝上国的虚骄浮梦中被震醒了,有识之士冒出了"师夷之长技以制夷"的思想。

第二次鸦片战争,再次失防的海岸线,又将整顿海防的重要性与迫切性血淋淋地呈现在天朝面前。痛定思痛,为挽救濒危之局,清政府内部的有识之士开始了旨在学习西方先进技术,以图实现国防自强的洋务运动。在其代表人物曾国藩、李鸿章、左宗棠、沈葆桢等人的努力之下,洋务运动得以缓慢推行,中国总算举步维艰地走上了近代化的道路。

左宗棠、沈葆桢等,把培养海军人才作为"师夷"的根本。时任闽浙总督的左宗棠,借助法国技术支持,在福州郊外的马尾开办了福建船政,并在首任船政大臣沈葆桢的主持下,兴建了福州船政学堂。

福州船政学堂采用西方先进的教育模式,将学习和实践紧密结合,其教学成果斐然。据不完全统计，学堂先后培养了1000多名海军人才。这些人才，被称为"中国海军人才之嚆矢"。邓世昌、林永升、林泰曾、刘步蟾、萨镇冰、叶祖珪、方伯谦等一大批名扬海军军史的海军精英，都出自船政学堂。

老态龙钟的大清帝国，终于迫不得已地拉开了亦步亦趋的海防近代化建设的序幕。

1874年11月5日，总理衙门大臣奕䜣上奏清廷，请求加大近代化海防建设的力度，对练兵、简器、造船、筹饷、用人、持久六件海防大事提出了卓有建树的意见。

大清朝廷对此不可谓不重视，当天即将总理衙门的奏折抄录，以六百里加急的方式，秘密下发给沿海各省重臣，要求他们在一个月内做出复奏。

11月19日，广东巡抚张兆栋，将在籍养病的原江苏巡抚丁日昌拟写的《海洋水师章程》上奏，清政府又将其下发，要求各大臣一并讨论。这场大规模的海防讨论，史称"第一次海防大筹议"。

海防大筹议持续了数月，讨论的范围也从沿海督抚扩大到军机大臣、六部九卿。尽管遇到顽固保守派的反对，但在李鸿章、沈葆桢等大臣的力辩力争之下，最终于1875年春天定论——清政府明发上谕，对海防建设进行了具体部署，出台了近代中国第一张海防宏图。

清政府决定在中国沿海以山东为界，山东以北的海防建设统归北洋大臣兼管；山东以南的海防建设则由南洋大臣兼管——南北二洋各筹建一支装备有大型铁甲舰的近代化海军舰队。

由此。北洋海军的建设终于开始了实际的运作。

清代所谓的"北洋"。包括了今天的辽宁、天津、河北、山东沿线的黄海渤海海域。时任北洋大臣、直隶总督李鸿章，具体分管北洋舰队的筹建，组建中的近代化舰队暂定名为北洋水师。

在李鸿章的努力和坚持之下，原负责山东沿海防务的绿营登州水师营和荣成水师营被逐步裁汰。旧水师营官兵经挑选后再进行训练，合格者留用于北洋水师。同时在山东的荣成、登州一带沿海广为招募渔民船手，加以训练以编入北洋水师。

要组建近代化的水师，最关键的当然在于领兵的将帅。李鸿章只好异地借才，从福建船政及其附设的学堂和海军军官中选拔优秀人才。如刘步蟾、林曾泰、邓世昌、林永升、萨镇冰等，被大量调入北洋水师，成为北洋海军的中高级将领。

将领有了，统帅何在？颇费思量，李鸿章终于选定在淮军旧部中曾任职于铭军水师，战功卓著且善于调和驭下的安徽庐江将领丁汝昌为北洋水师统帅。

1888年年末，威海湾刘公岛上，旌旗猎猎鼓乐阵阵，北洋海军正式宣告建军——北洋海军的提督署（又称水师衙门）就设在岛上，刘公岛正式成为北洋海军的指挥中心。

其实1887年，刘公岛上就建成了占地面积17000平方米的北洋海军提督署，正面大门上方，悬挂李鸿章题"海军公所"匾额。两侧边门，分别绘有秦琼、敬德神像，描金点漆，肃穆威严。大门外东西两侧各置乐亭一座，为庆典、迎宾的鸣金奏乐之所。乐亭前面，建有东西辕门，样式颇似古典牌楼。门前广场对称竖立旗杆两根，青龙军旗迎风猎猎，颇壮军威。西辕门以西20米处，建二层瞭望楼一座，登楼远眺，港内舰船活动尽收眼底。

自1888年起，原本只是胶东海岸线上明代设置的一处小小的威海卫，逐渐成了中国近代海军和海权文化的风云汇聚之地。

威海位于山东半岛的最东端，具有天然的海湾，且海湾口有刘公岛遮护，是建设军港的绝佳地点。早在1875年，山东巡抚丁宝桢在参加海防筹议时上奏，首次提出了在威海建设近代海军基地的设想："威海地势较

北洋海军提督署

烟台似为紧束,三面皆系高山,唯一面临海,而外有刘公岛为之屏蔽……威海一口可为轮船水寨。轮船出与敌战,胜则可追,败则可退而自固。"

根据《北洋海军章程》规定,北洋海军提督在威海刘公岛上设立提督署,由此确立了威海卫作为北洋海军司令部所在地的独特地位,也全面拉开了将威海建设成近代化海防要塞的序幕。

在1888年北洋海军成军的前一年,淮军系统原驻防河北的绥军和巩军共计13营,即被李鸿章调到了威海卫。其中绥军驻扎在威海湾北岸,巩军驻防威海湾南岸。之后,由太平天国战争年代李鸿章的亲兵护卫营发展而来的淮军嫡系部队2营护军,也从旅顺调至威海卫,驻防于刘公岛上。相继到来的绥军、巩军和护军,成为威海卫陆上驻防和要塞基地营建的主要力量。

自1888年起,威海卫和刘公岛的海陆防御工事亦开始动工建设。历经6年时间,耗费400余万两白银巨资,至1894年中日甲午海战爆发前,已初具规模,构成了独特的海陆防御体系。

威海卫海防体系可分为陆上的南北两岸、海上的刘公岛及日岛两大部分。

威海湾,南北两岸如同一双伸向海中的巨臂,环抱着刘公岛。威海湾南岸沿海一侧,分布着龙庙嘴、鹿角嘴、皂埠嘴三处海岸炮台群。这些炮台群与海中的日岛炮台和刘公岛炮台互相配合,形成足以封锁威海湾南入口的火力网。为了保护海岸炮台群的后方,又设有谢家所、杨枫岭两座对向陆路的炮台群(甲午战争期间又临时增修了摩天岭炮台),海岸的海、陆炮台统称为南帮炮台群,由巩军驻守;威海湾的北岸,则分布着北山嘴、黄泥沟、祭祀台三处炮台群,以其火力和刘公岛炮台共同封锁威海卫的北入口。同样,在海岸炮台群后方的陆路方向,设有保护海岸炮台群后路的陆路炮台群,分别为柏顶炮台群和九峰岭炮台群。这些统称为北帮炮台群的炮台,由绥军驻守。

海湾中的刘公岛上,配合港口防御共修建了四处炮台群,均由护军驻守。

在刘公岛的最东端,则建有朝向外海的迎门洞炮台;对向港口内侧的位置,建有东泓炮台群。东泓炮台群可以和南帮的赵北嘴、鹿角嘴及海中的日岛炮台形成夹击之势。

刘公岛的西部,是一座原本与刘公岛分离的小岛黄岛,因北洋海军建设基地时填海而与刘公岛形成一体。其上设有黄岛炮台群,是刘公岛西部可以和威海北帮炮台群配合的重要设施。此外,刘公岛练勇学堂西北还有设计新颖的地阱炮台。

威海湾的南北出口中,以南口海面最为开阔,也最难于防御。但庆幸的是,南口的海面中天赐一片屹立的岛礁。北洋海军在其上修筑了大型的地阱炮台——日岛炮台,成为扼守南口的中流砥柱。

除构建了大量的炮台设施外,为进一步巩固、加强海湾防御,威海湾南北海口中,均布设了大量水雷。这些水雷多采用当时先进的电发型,即水雷通过电线与岸上的控制站相连。控制站可视海面敌情,随时接通电流引爆水雷。

各防御机构间的通信联络，可谓防御体系的神经。威海卫海军基地建设之初，便在金线顶和刘公岛上各设立一座有线电报局。刘公岛的迎门洞、东泓炮台及日岛炮台内，更设有当时极为先进的通信工具——电话，炮台群的各炮位可以通过电话互相联络。

在刘公岛的制高点旗顶山上，设有一座信号旗台，可以使用远距离信号直接与南北帮炮台进行信号旗语联络。

北洋大臣李鸿章于1884年至1894年的11年间，先后5次来威海卫视察海防建设情况，在威海卫的岛影海风中留下了其实践海权思想的印记。

1888年5月5日，李鸿章率领僚属周馥、刘汝翼、周盛波等，从天津乘船出发，巡视北洋沿岸的海防要塞和基地建设，第三次来到威海卫视察。

此时的威海卫，一座近代化海防要港的面貌已经初具。就在当年年末，清政府正式批准颁布实施《北洋海军章程》，李鸿章苦心筹建的近代化舰队——北洋海军——终于在刘公岛上落地正式成军。

《北洋海军章程》明文规定："每逾三年，王大臣与北洋大臣出海校阅海军。"北洋海军成军三年之后，1891年5月23日，李鸿章又率僚属周馥、刘汝翼等，从天津大沽乘船出发，进行北洋海军成军之后的第一次三年大阅。在检视了旅顺、大连等地后，6月1日抵达威海，是为李鸿章第四次到威海视察海防建设。

威海卫海防基地设施已大致成形，刘公岛铁码头、日岛炮台都已依次建成，令李鸿章欣喜不已。

北洋海军在威海湾中的操演"万炮齐发，无稍参差，西人纵观亦皆称羡"。

1894年5月7日，正当东邻属国朝鲜的局势呈现变乱之际，李鸿章

北洋海军德政碑

仍按三年大阅制度,从天津出发视察环渤海湾海防,于19日到达威海。

这是李鸿章一生中对威海卫的第五次视察。

此时北洋海军受制于户部的财政制约,已经多年未能进行装备更新。李鸿章对北洋海军的操演十分满意,但在给清政府的报告中提出了自己的担心:"日本蕞尔小国,亦能节省经费,岁添巨舰,中国自十四年北洋海军开办以后,迄今未添一船,仅能就现有大小二十余艘勤加训练,窃虑后难为继。"

就在这次巡阅中,李鸿章在威海卫题下了一副饱含深意的对联:"万里天风,永靖鲸鲵波浪;三山海日,照来龙虎云雷。"此联透露出的,正是当时其海权思想中,以自守为海防第一要义的初步目标。

可是李鸿章本人也料想不到,仅仅几个月之后,由日本挑起的中日甲午战争猝然爆发。李鸿章期待能够长期保持的"永靖鲸鲵波浪"的局面,被日本的舰炮给轰破了。

北洋水师覆没

1894年,朝鲜发生东学党农民起义,清政府应邀派兵入朝戡乱。别有用心的日本乘机滋事,派出大批军队进入朝鲜。1894年7月23日凌晨,侵朝日军突袭击溃朝鲜守军,挟持朝鲜国王李熙(朝鲜高宗),解散朝鲜亲华政府。控制了朝鲜政府后,1894年7月25日(农历甲午年六月二十三日),日本不宣而战,在朝鲜丰岛海面袭击了增援朝鲜的清军运兵船"济远""广乙",丰岛海战爆发。海战中日本联合舰队第一游击队的"浪速"舰,击沉了清军租来运兵的英国商轮"高升"号。

当年8月1日,中日两国互相宣战,甲午战争爆发。

1894年7月25日,护卫牙山运兵船的中国军舰"济远""广乙"从牙山湾返舰威海,途经丰岛海域时,遭遇日本海军"吉野""浪速"和"秋津洲"三只主力舰的偷袭。"广乙"力战不支自焚于朝鲜海岸,"济远"受伤后逃离战场,误入战区的运兵船"高升"被日舰击沉,运输舰"操江"被俘。

其后9月间,北洋海军受命护卫运兵船开往鸭绿江口的大东沟登陆,以赶赴朝鲜巩固战局。

清光绪二十年(1894),岁次甲午。9月17日中午,由海军提督丁汝昌率领的"定远""镇远"等北洋舰队10艘主力舰,与伊东佑亨率领的日本联合舰队主力相遇,爆发了中日近代海军间的首次主力决战,史称"黄海大东沟决战"。

战斗中,北洋舰队定远舰甲板中弹起火,失去战斗和指挥能力……日舰装备的速射炮等先进装备,对北洋海军形成了压倒性的优势。北洋海军官兵苦苦支撑，鏖战5个小时，最终以损失4艘军舰的沉重代价输掉了这场决定性的海战。

这场海战结束后，北洋海军回到旅顺的各舰，大都受损严重。而旅顺基地的修理能力有限，无法在短时期内予以修复，导致北洋海军主力舰长期滞留在旅顺，从而使黄海制海权沦入日军之手。

1894年夏秋之际，甲午战争的海陆战局都呈现出不利于中国的态势。除去丰岛、黄海两次海战败绩外，陆战方面的平壤保卫战，中方亦大败。其后又丢失了鸭绿江防线，战火开始蔓延到中国内地。

被日军焚毁的环翠楼

黄海海战和鸭绿江防线之战获胜，更激发了日本政府的好战野心，随即又敲定了歼灭北洋海军，彻底扫清海上运兵渤海湾威胁的作战方案。

1894年10月24日，日本陆军在辽东半岛的花园口登陆，而后一路袭取金州、大连湾，于11月21日占领了北洋海军舰艇的维修保养基地旅顺，并进行了惨无人道的旅顺大屠杀。

由于北洋海军舰船在旅顺陷落之前，已经先行撤往了威海卫，日海军随即于1895年1月20日，在大雪纷飞中登陆荣成的龙须岛，要对北洋海军的驻泊基地和司令部所在地威海卫发动进攻。

日军于龙须岛登陆的当天，就攻占了荣成县城。而后在桥头集击败设防的清军，接着就开始了对威海湾南帮炮台群的进攻。

驻守威海湾南岸的绥军、巩军本就兵力不多，在前哨战中又遭受了较

被日军攻占后的摩天岭炮台

大损失。日军实施各个击破策略,于1月30日占领了南帮全部炮台。

在保卫炮台的战斗中,北洋海军舰只曾驶近岸边,用舰炮支援陆军作战,给日军造成了一定的杀伤,击毙了日军第六师团第十一旅团长、少将大寺安纯。

南帮炮台失守,北帮炮台业已岌岌可危。为防止日军占领北岸炮台,丁汝昌不得不忍痛下令将北岸炮台火炮全部毁坏,以免资敌。

同一天,日军占领了威海卫城,威海卫陆上地域全部落入日军之手。

陷入日军海陆火力包围中的北洋海军,依托刘公岛、日岛炮台以及威海湾南北入口的水雷防线,利用残存不多的舰只,展开了悲壮的刘公岛保卫战。

在占领了威海湾南帮炮台后的第二天,自恃有南帮炮台火力支援,日本联合舰队就从海上对威海湾发起了攻势,但被北洋海军舰艇和刘公岛、日岛炮台上的火力击退。

1895年2月3日,日本联合舰队集中优势兵力,再度向威海湾猛扑,仍然被北洋海军顽强地击退。此后,日本舰队改变战术,放弃正面进攻,

靖远舰（局部）

派出鱼雷艇利用夜幕偷偷进入威海湾发动偷袭。北洋海军残存的主力舰"定远""靖远""经远""威远"等相继罹难。

战斗中，邓世昌驾驶致远舰撞向吉野舰右舷，不幸中弹沉没。据载，邓世昌坠海后，部下投救生圈施救，他在波涛中大叫："我立志报国，今死于海，义也，何求生为？"据说他的爱犬也游至其旁，口衔其臂以救之。邓世昌誓与军舰同存亡，毅然按犬首入水，同沉于波涛之中，壮烈殉国。

邓世昌等将领壮烈殉国的消息传到北京，光绪帝含泪撰联："此日漫挥天下泪，有公足壮海军威。"并追封邓世昌"太子少保"，谥号"壮节"，入祀京师昭忠祠。后又在距离海战最近的荣成成山头，奉祠邓世昌的木主神像。木主像安放在始皇庙西间，至20世纪90年代，当地政府管理部门将重新整修的成山庙东厢改为邓公祠。

在此后一周多的苦苦血战中，日岛炮台也相继陷落。

1895年2月12日。凌晨四时许。刘公岛。北洋海军提督署内灯光惨淡。北洋海军提督丁汝昌衣冠整齐悲怆地端坐桌前，如一尊凝固的雕像。

侵略者的表情

悲怆到极致的人，往往也就变得平静了。

桌上摆放着几封信和一个酒杯。

远处海天如铁，波浪击叩着礁石，涛声满含悲愤。

提督署外阵阵喧闹，刘公岛上数千军民正会集于提督署门外嚷嚷着请愿——不是要拼死与日军一战的请愿，而是要丁军门放他们一条活路的请愿……

外面的嘈杂声不断传进屋内，微弱的灯光不堪外面声浪的惊扰，惶惑地跳动了几下——桌上的信是丁汝昌的绝笔信，而酒杯里竟然泡着绝命的鸦片……

威海卫城被日军占领之后，丁汝昌一边部署抵抗，一边翘首向西，望眼欲穿盼援军，却未能盼来一兵一卒。

陆路不通，海面由日本联合舰队封锁，北洋水师的大本营刘公岛成了绝望的孤岛……

此前，丁汝昌已严词拒绝了日本联合舰队司令伊东祐亨的劝降，也断然拒绝了部属的逼降……

丁汝昌还能怎么做呢？也许唯有壮烈、悲壮地倒下，才能成为永久的站立——他端起泡着鸦片的酒杯，大口地灌了下去……

他的意识逐渐模糊，他的灵魂却久久不愿飘去。

1895年2月12日清晨——但愿丁汝昌已经升空的魂灵没看到他绝不愿意看到的一幕：2月14日，威海水陆营务处道员牛昶昞作为中方代表，于日舰"松岛"号上与日军签署了《威海降约》，宣告了刘公岛保卫战的失败、也标志着北洋海军的覆灭。曾经如日中天的亚洲第一舰队，生于斯殒于斯。

2月17日，日本联合舰队列队进入威海湾，将北洋舰队残存的舰船悉数俘获，并遣返了北洋水师的降兵。

也就在同一天，被解除武装的军舰"康济号"载着丁汝昌、刘步蟾、张文宣三人的灵柩，缓缓驶离威海。汽笛哀鸣。"在四万万中国人中，至少还有三个人认为世界上还有一些别的什么东西要比自己的生命更宝贵。"美国《纽约时报》如是报道。

岛咽悲声。1894年2月17日之后，刘公岛被日军全部占领。

刘公岛上现存的大量北洋海军遗物和甲午战争遗址，是近代中国建设海防、谋求巩固海权的实证。从创建近代化海军开始，到北洋海军成军，再到悲壮的甲午海战，一幕幕历史，现今都在刘公岛上以各种形式、形态展现。

威海传
The Biography of Weihai

第八章 米字旗下的威海卫

威海卫还有一段特别的、在别国的档案中比在它的母国档案中——母国关于这段历史的档案材料实在是少得可怜——记载不知要翔实多少倍，而且有着无数真实照片的历史。威海卫如同一个曾被过继给别国的孩子，在别国的怀抱中生存了32年。她肢体的一部分——刘公岛——被过继给别国的时间又延续了10年，达42年。

32年，在历史的长河中当然是短暂的，但这32年，给威海卫的方方面面都烙上了深深的印记——这个"别国"为日不落大英帝国。

刘公岛升起米字旗

甲午中日海战，北洋海军全军覆没之际，日军于1895年2月17日，占领了北洋水师的大本营刘公岛。

1895年4月17日，中方全权代表李鸿章，与日方全权代表在日本的马关（今日本山口县下关市），签订了丧权辱国的《马关条约》，标志着甲午中日战争的结束。

大清帝国"天朝上国"的梦幻，被一纸条约彻底击破了。

甲午战争打破了西方列强在远东争夺权益业已呈现的均势，改变了远东国际关系旧有的格局，加剧了列强在华的争逐角斗——西方列强便迫不及待纷至沓来，他们竞相在华占据地盘、强辟租界、攫夺路矿权利、划分势力范围……

沙俄充当了这场宰割中国的急先锋。

德国几番向清政府提出租借胶州湾的要求，却几番遭清政府拒绝。恰在此时发生了"巨野教案"——1897年11月1日，巨野县"大刀会"的成员为抢劫钱财，夜入教堂竟杀死了德国神父能方济和韩·理加略。

11月14日，德国军舰官兵便在胶州强行登陆……

1898年3月6日，在德方的威逼之下，清政府与德国签订了《中德胶澳租借条约》。

——山东成了德国的势力范围。

1898年3月27日和5月7日，沙俄又胁迫清政府与其相继签署了《旅大租地条约》和《续订旅大租地条约》

——东北变成了沙俄的势力范围。

法国向大清政府提出了租借广州的要求——

意大利向大清政府表示了要租借三门湾的意向——

长期以来，为维护并扩大其在华的垄断地位和竞争优势，英国在华推行"门户开放"的既定政策，从形式上维护中国领土与主权的完整，当然要竭力反对其他列强对中国领土的瓜分。

1897年12月29日，英国外交副大臣寇松，针对德国强占中国的胶州湾、沙俄占领中国的旅大，即上书首相索尔兹伯里，提出在中国华北租占威海卫，以抗衡列强在华的势力扩张等建议。

租不租占威海卫是一个问题，正如同莎士比亚在剧本《哈姆雷特》中的经典台词：生存和死亡是一个问题。相关的档案资料，勾勒出了1898年3月15日，大英内阁就租不租占威海卫争论的画面：

正方：我大英的对华政策，一贯奉行、坚持的，是要从形式上维护中国领土与主权的完整，我们推行的只是让中国门户开放。

反方：列强在华已先下手了，争相画地为牢，我大英必租威海卫与之抗衡——

正方：如此一来，则有引发列强对华领土更广泛、更大规模的瓜分争夺之危！

反方：不租威海卫，我大英则必须出面阻止沙俄对旅大的租占，及德、法在华的势力扩张，以保我在华的既得利益——

正方：此策则可能引发与沙俄乃至德、法开战。

反方：现在最危险的倒是我们的犹豫——坐视列强对华瓜分豆剖而无动于衷，我大英万万不可接受！

最后，听听内阁强硬派代表贝尔福，在英国议会下院就此辩护时的激烈发言吧：在无法维护中国现状的情况下，我们只有随之改变既有的对华政策——这就是确保在对中国的分割中获得公平的份额，而且不能比他国少！

时局全图

1898年3月25日,英国政府电令驻华公使窦纳乐:你务必以最有效和最迅速的方式,获得日本人撤离威海卫后租借该地的优先权……英国舰队正在从香港开往北直隶湾的途中。

1898年3月28日,英国驻华公使窦纳乐即正式向大清国的总理衙门提出租借威海卫的要求。

既然阻止、抵挡不了列强寻租,大清重臣及有识之士们,痛心疾首权衡再三——两害相衡取其轻,那只有选个对我较有利的租主,以制衡已有的、对我最不利的租主了。督办铁路大臣盛宣怀,干脆提出:莫若以威海卫租英,借以牵制俄德——以夷制夷。

4月2日,窦纳乐按自己拟定的时间表如期而至,将一份租借威海卫的备忘录摊给了大清国总理衙门。总理衙门大臣、庆亲王奕劻不得不亲自出面了。几番争辩,总理衙门也只能基本接受了由窦纳乐一手起草的备忘录，答应了英国租借威海卫的要求。

1898年3月15日，大英帝国从香港急调的10余艘战舰，向着大清国的烟台港湾浩浩荡荡驶来。

5月16日，窦纳乐又来到了大清国的总理衙门语惊四座：我们要先行接管威海卫。

总理衙门的大员们惊愕不已：我们是答应将威海卫租借给你了，可正式的条约尚未签署呀，这如何使得？！

窦纳乐已没有那份耐心再听什么繁文缛节了：此事没有任何协商的余地，我们、你们都必须这样做！说完，他耸耸肩冷冷一笑离去了。

既然他们和我们都必须这样做，那只有这样做了，中国政府随即要求日本迅速撤离威海卫。

5月22日，英国驻芝罘港领事金璋，即率英国敏捷号等战舰抵达威海湾。

5月23日，日本国的膏药旗从刘公岛的旗杆上降落了，大清国的龙旗战战兢兢又爬上了阔别了三年之久的旗杆。留守的日军于当日下午，乘舰全部撤离。

5月24日中午时分，租借威海卫的仪式按时开始了。

清复济舰管带（原北洋舰队威远号管带）林颖启宣布：中英两国为修睦好，经我大清国恩准，现将威海卫租借给英吉利国……

英舰水仙花号舰长，金·霍尔上校，代表英方宣读了租借威海卫的宣言……

礼炮轰轰爆响，汽笛呜呜齐鸣，英国军乐队奏响了乐曲……

一面大英的"米字旗"顺着旗杆升起……

英国皇家海军的仪仗队，在三声"吾王万岁"之后，也喊出了一句"大清皇帝万岁"。

这声"万岁"来之不易，是大清朝廷的官员费了好大劲讨价还价才挣得的脸面呀。

终于有消息爆开了：今天，恰好是英国女王维多利亚79岁的生日——英国人把刚刚得到的东方这片疆域作为巨大的生日蛋糕，献给了维多利亚女王！

英国人算是大度宽容的，他们允许大清国的龙旗在空中陪挂大英帝国的米字旗三天。

如此重大的领土租借交付与接收，只是凭了英国人的强词和大清国的口头答应，便已经完成了——直到1898年7月1日，大清的总理衙门大臣奕劻、刑部尚书廖寿恒，代表清政府；英国驻华公使窦纳乐代表英国政府，才在北京签署了中英《租威海卫专条》的文本。其主要内容如下：

今议定中国政府将山东省之威海卫及附近之海面租与英国政府，以为英国在华北得有水师合宜之处，并为多能保护英商在北洋之贸易；

租期应与俄国驻守旅顺之期相同；

所租之地系刘公岛，并在威海湾之群岛，及威海全湾沿岸以内之十英里地方。以上所租之地，专归英国管辖。此外，在格林尼址东经121°40′之东沿海暨附近沿海地方，均可择地建筑炮台、驻扎兵丁，或另设应行防护之法；

威海卫城仍由中国管理，原驻城内的官员仍可在城内各司其事；

中国兵舰无论何时仍可使用威海水面停泊；

……

根据此租借专条，已经大大超出威海卫地界的东起大岚头、西至马山嘴、南至草庙子以内，除威海卫城以外的738.15平方公里的区域被划为了大英租界，连同这片区域内约12万人之众的大清子民，也变成了大英"米字旗"治下的臣民。

浴血抗英

中英《租威海卫专条》签订之后，双方又商定，在中英双方联合划界委员会勘定完边界之前，英方不得在威海卫行使管治权。文登县、荣成县的地方官府，则仍照旧在其虽已租借给英国但并未进行实际勘界的原辖区内行使管理权、征收赋税、开堂审案。

1899年3月12日，威海卫殖民当局突然发布告示：禁止租界内百姓向中国官府完税纳粮；禁止中国官府在租界内的一切行政、司法行动。

英国人"动真格的了"，既让百姓恐惧又激起了他们强烈的反弹："文、荣两县无不惊骇，而被划入界内之村民，更怆恻凄惶，若子女之失怙恃者。"一时间，村落间抗英的群众集会和乡绅集会接连不断。"他们的主要和公开的目的是赶走英国人。"

1899年5月，英皇家工兵部队防务专家刘易斯上校，率英方军事调查团来到威海卫西部鹿道口村一带进行勘查。

周围民众立即持锄头、木棒等，从四面八方涌向勘查现场，将刘易斯等人团团围住，迫使其放弃勘测仓皇撤回威海卫。

一哄而起便赶跑了勘界的英兵，给百姓们造成了一种错觉，以为只要群起围攻英兵便会作鸟兽散。

1899年年底，威海卫租借地军事兼行政长官道华德（Dorward）不断催促中方马上派员会勘租借地边界，但中方仍坚持将勘界时间推迟至来年3月份。

1900年1月，英方再次发布两项告示，正式宣布英方将在年内接管威海卫，并宣称将任命英国官员管理威海卫，租借地百姓自当年起要按旧税率向威海卫殖民当局缴纳钱粮。

界内百姓的抗英情绪越发高涨:"租借地内的聚会中心平均有两三千人参加,当地的民兵或受过训练的人都出来了。他们烧香、竖旗、操练……"

1900年3月14日,威海卫当地的晚清秀才、年近七旬的教书先生崔寿山挺身而出,于威海的姜南庄村振臂一呼,四方百姓蜂拥而至——抗英集会召开了!

崔老先生乳名"管子",人称"崔管先生"。他饱读诗书、人格高洁,在当地有着极高的威望和影响,深受四方百姓崇敬。在崔管先生的主持下,开始招募训练抗英团练,募集资金购买、制造武器,并公开打出了办团练抗英的旗帜。当天便有700多人扛着长矛、大刀、土枪、抬着小炮,踊跃参加团练。

集会倡导每村都要成立团练组织并设置团首,团首每月要三次召集团练集训,练习武术、枪炮射击等。

在各村团首的带领下,各村支红炉、锻大刀、造长矛。村民纷纷捐钱捐物购买武器……

3月14日,姜南庄村的抗英集会,事前即为"中国军团"派出的便衣探知。

所谓"中国军团",是威海卫殖民当局于1899年在威海卫正式招募组建的一支400多人的中国雇佣军。由于这支部队在中国组建,按照英国以组建地为部队命名的惯例,便将其称为"中国军团",又因其士兵全部为华人,又称"华勇营"。该军团的尉级以上军官,则全部从英国的军队调任。这支部队经过正规的英式训练后,分别驻扎在威海卫的北大营、寨子和南、北竹岛等地,担负威海卫租借地内治安和对外防务任务。此军团兵力最多时,达1300多人。

3月26日,崔管先生在张村慈圣寺再次举行抗英集会。

"中国军团"总指挥鲍尔（Bower）上校亲率420名全副武装的士兵直扑集会现场，包围了参会的700多名民众。

鲍尔上校在马上喝令手持大刀、长矛、土枪、镢杈等土家伙的民众放下武器。崔管先生和谷辉庭、董绍辉等三位首领被逮捕押走了……

几天过后，谷辉庭、董绍辉被释放了，唯独崔管先生被关进了刘公岛的黑屋子（监狱）。

崔管先生在黑屋子的墙壁上，留下了两句诗：中华岂无丹心照？天地自有正气存。

1900年4月13日，登莱青道道台兼东海关监督李希杰、山东候补知县程培清等中方勘界官员抵达威海卫，与道华德等人进行租借地定界谈判。双方在争争吵吵之中开始了勘划陆地边界、埋设界碑。

由于当地百姓示威、抵抗势态蔓延，李希杰致信道华德，提出待百姓抵抗情绪消落后再开始划界。

鲍尔以军人的率直和孔武发出了最后通牒：划界绝不暂停，无论中方官员是否参加，无论百姓如何阻挠，划界都将继续进行，英军不会畏惧任何阻挠……

5月3日，鲍尔上校率军向东进发，开始了独自划界。

5月5日，下午2时30分，英军彭罗斯的小队在埋设完第23号界碑返回军营时，1500多名手持铁锹、锄头、木棒、石块的百姓，突然自前方冲过来，不断向英兵投掷石块，有英兵头部被击中。

英兵开枪击倒了3名百姓后，朝着太薄山下的军营方向跑去。百姓紧追不舍，双方混战到了一起……

鲍尔上校即率两连士兵前来救援……

英军无一阵亡地撤退了，河床上留下了19具百姓的尸体。

时任"中国军团"副总指挥的布鲁斯少校，留下了此战的记录："部分人可能充满了义和团那种一往无前的精神，不断地被击退又不断冲上来。有的人甚至已经身中数枪，却仍在不停地冲锋。"

5月6日上午，成群的百姓扛着土枪、抬着土炮等土武器，向垛顶山的英军驻地围拢而来。

英军首先向冲过来的民众开枪射击，而抗英民众则不顾枪林弹雨冲向英军。抗英民众点着的土炮爆出巨响、硝烟、火舌，对英军阵地根本构不成任何杀伤力。

又有10名抗英民众阵亡，伤者不计其数，而英军则无一人伤亡。

两起民众自发抗英之战，29名百姓惨死。

中方官员虽极同情抗英民众，但能做的也只能是反复与英方交涉，要求惩办凶手抚恤伤亡民众，并暂停划界。

殖民当局并不理会中方官员的抗议，仍一意孤行，继续单方面划界。

中国地方官府无可奈何，只能发布束约甚至威慑百姓的告示了。

文登县衙布告：英人埋设界碑断非民人所能阻止……民人当闭门静坐，他事不问……

时任山东巡抚袁世凯也颁发了布告：查照条约，英人租借威海卫与我朝廷已有条约在先。民人等误听谣言、聚众滋事，使公家蹈爽约之讥，生民罹惨烈之祸……愈闹而受害愈烈，愈闹而吃亏愈大……百姓当自保身家，不得再滋事端……

1900年6月12日，山东巡抚袁世凯接受了英方勘划的威海卫租借地界线。

大英威海卫租借地终于从书面条约变成了落地的现实。

威海卫，在它脱离母国的日子里，诗人闻一多写下了《七子之歌·威海卫》：

>再让我看守着中华最古老的海，
>这边岸上原有圣人的丘陵在。

母亲，莫忘了我是防海的健将，
我有一座刘公岛做我的盾牌。
快救我回来呀，时期已经到了。
我背后葬的尽是圣人的遗骸！
母亲！我要回来，母亲！

两个洋儒生

英国租借威海卫之初，虽设置了威海卫临时行政公署，但还是由英驻华海军司令派员管理具体事宜。

1899年，英方又将威海卫转交英陆军部，至1901年1月1日，英国殖民部才正式接管了威海卫。

1902年5月，大英香港政府辅政司兼华民政务司骆克哈特（J. H. Stewart Lokhat），被大英钦命驻扎威海卫刘公岛等处地方办事大臣、大英威海卫租界的首任文职行政长官——来威海卫履职。

几天后，骆克哈特带着两个护兵，在威海卫东海滩散步。美妙的海滩让骆克哈特陶醉了，竟然三下两下脱掉了皮鞋，像一个调皮的孩子冲向潮头，嬉戏着浪花……

诗情画意的海滩，激发了骆大人中国式的情怀，他用汉语抑扬顿挫地高声吟咏：竹外桃花三两枝，春江水暖鸭先知……

两个护兵虽听得懂普通的汉语日常用语，但长官吟咏的古诗却让他们发了蒙。骆大人笑道，他吟咏的是中国宋代大诗人苏东坡为一个叫惠崇的僧人的一幅画题的诗，并饶有兴趣地讲解着诗画描写的意境。

两个士兵听着讲解，再看看行政长官赤裸的双脚忍俊不禁了。

当年在威海卫海滩上的英国孩子

顺着卫兵的目光,看看自己白皙的、浪波中有点变形的如鸭掌的双脚,骆大人也忍俊不禁了:我明白了,你们是笑我把自己变成了诗中的那只鸭子吧?我这行政长官就是要变成最先感知威海卫租界水温冷暖的鸭子……只有这样,我们才能治理好这方租界。

早在二十多年前,骆克哈特已经像一只凫水的小鸭子,从西方苏格兰的海边游进了东方中国的香江……

1858年,骆克哈特出生于苏格兰,曾就读于英国威廉姆女王学院和沃森学院,后又毕业于爱丁堡大学。1878年,骆克哈特考入英国殖民部,经过女王学院一年的汉语培训,于1879年作为见习生被派往中国香港。他痴迷于中国的古文化,而且逐渐成为中国字画、古钱币和工艺品的著名收藏家。

在香港期间,骆克哈特已博得了"洋儒生""中国通"的美誉,其职位随之一路升迁。1895年便升任辅政司兼华民政务司司长,成为港英政府仅次于港督的二号人物。

就是这个骆克哈特,从香江又游到了威海卫的海湾。此时他恋恋不舍地走向岸边，不时地回头观望，情不自禁地叫了一声：朴次茅斯！

朴次茅斯是他们英国本土重要的海军基地。

骆克哈特又叫了一声：玛格琳特！

玛格琳特是他们英国本土著名的海滨旅游胜地。

骆克哈特这两声叫，道出了英国政府从要将威海卫建成军事基地，到建成海滨旅游胜地的大转变。

英国人寻租威海卫的初衷，是要将其建成在远东的永久性海军基地，要将刘公岛打造成不沉的航空母舰。

实施庞大的海军基地建设，自然要有庞大的资金支持。而此时英国正在同南非的布尔人进行着兵马损失惨重耗资巨大的战争。英国政府的首脑们清晰地意识到：远距离作战，流动的航母比固定的航母有价值得多。他们终于放弃了将威海卫建成海军基地的规划，而确立了将威海卫建成英国海军训练基地和疗养基地的方针。

1901年7月24日，英国颁布了确定威海卫租借地政治结构及运作方式的宪法性文件——《一九〇一年枢密院威海卫法令》，确立了在威海卫行使殖民统治的施政纲领。

殖民部郑重向伦敦方面推荐由骆克哈特出任威海卫首任文职行政长官："有充足的理由相信，在骆克哈特的领导下，威海卫将成为英国在亚洲的又一个商业成功范例……"

骆克哈特刚到威海卫，就踌躇满志地宣称：威海卫比香港的自然条件更优，完全有理由相信，将来发展得会比香港更好。随后，他便将行政公署从刘公岛迁到了陆地的码头，并将码头更名为"爱德华港"，给威海卫烙上了第一个深深的英国印记。

骆克哈特将香港的那套法律制度和管理体系、政策移植到了威海卫。在较短的时间内便稳定了威海卫的殖民统治秩序。此后的岁月里，威海卫再也没有发生激烈的华洋冲突，倒是威海卫的村董绅商们为其送匾竖碑、歌功颂德之事不断有之。

为改善投资环境，骆克哈特在威海卫推行自由港政策。香港实业界要来威海卫投资发展，当然首先考虑的是有可预期的回报，然而威海卫却没有确定的租期，而英国政府偏偏又拒绝做出任何承诺保证。香港实业界对威海卫只能望而却步。

多次香港招商受挫，骆克哈特便多次对英殖民部表示了强烈的不满，认为威海卫经济发展受挫，完全是英国对威海卫政策造成的"先天不足"——骆克哈特只好在租界内极力提倡工商发展，而且还尽力从微薄的财政收入中挤出资金，用以改善威海卫的交通等投资环境。

骆克哈特的百般努力收效甚微，只好寄情于山水，继续其中国古典文学研究了。

1921年4月，骆克哈特终于要退休了。他主政威海卫租借地19年，赢得了各界的赞誉，在其卸任回国的欢送会上，威海卫商会代表呈上的是一个丝质卷轴：

大臣骆公，英邦之贤，来治斯土，计阅念年，倡兴商业，猛著先鞭，利民生计，四境安全，行将去我，归返田园，思我召杜，搔首问天，清风两袖，琴鹤一肩，微公操守，如水清廉。

威海卫村董代表献上的卷轴其颂词为：

大臣骆公，来自英邦。勤劳执政，不辞纷忙。谦和待士，德被村乡。治民有术，化民有方……

在骆克哈特就任威海卫租界行政长官的第二年，即1904年，又一个不但是威海卫租界的重要人物，以后甚而影响了中国历史发展的人物R.

F. Johnston（庄士敦）也来威海卫租界任职了。

这是个比骆克哈特更迷恋中国传统文化的英国人，早已起了个中国名字：庄士敦。他1874年生于苏格兰，1894年毕业于爱丁堡大学。之后，又考入牛津大学玛格德琳学院，并获得学士学位。

那时，英国的青年精英都视能进入殖民部为极大的荣耀。1898年，经过激烈的角逐，24岁的庄士敦考入了殖民部，同年，便作为一名见习生被派往中国香港。

在香港，庄士敦脱颖而出，职位得到了迅速的升迁，先后任辅政司助理、港督卜力的秘书。

自上大学时，庄士敦便被古老又璀璨的东方之学迷住了，儒家思想的瑰丽神秘让他崇尚不已，简直从骨子里变成了一个"洋儒生"。

乍到威海卫，庄士敦连日游走于乡间，以极欣赏的笔触记录下了威海卫印象：街头巷尾，随便就能听到老者口语化地吟咏着子曰、诗云、古语说，等等。所有人脸上的表情都是温良纯朴，甚至有点呆滞；上了年纪的人，在父母面前也会像小孩子一样畏首畏尾唯命是从……

威海卫的一切，在庄士敦眼中、笔下，都如诗如画美哉美哉。

一天傍晚，庄士敦在乡间一道山梁观景。山坡下一个青壮男人牵着一头小毛驴，驴背上驮着一个穿红袄的年轻媳妇，一耸一颠登山而上。驴背上的媳妇哼唱着小调，间隙里又与男人调笑着。

庄士敦隐在路旁的一丛柳条后，欣赏着这幅移动的画面……

这幅画面飘近了，他们的对话听得越来越真切了。驴背上的媳妇说：俺要下来，把俺抱下来。

下来做什么？男人说。你不是急着见你爹你妈吗？

这显然是丈夫陪媳妇回娘家的。

媳妇嗔怪地说：你没看黑妹累了吗？

庄士敦纳闷了，明明只有两个人，哪来的黑妹？

只见那男人拍拍毛驴的头，亲切地问：黑妹，你累了吗？你不累吧？

小黑驴似乎听懂了男主人的话，摆了摆头轻轻地打了个响鼻。

庄士敦禁不住笑了，原来他们是把这头小黑毛驴亲切地喊作了黑妹。

媳妇有点生气了：你个没心肝的，黑妹拉犁拉磨，地里家里的重活全压在它身上，黑妹不就是不会说话吗？你就不疼它了？说着，她掏出了一方巾子，如同疼爱孩子一样，擦了擦驴子的长耳朵根和脖子。然后举着巾子说。你看看，黑妹脖子汗渍渍的。你不知道黑妹怀上了？你就忍心让它驮着俺爬这么大的坡？快抱俺下来嘛。

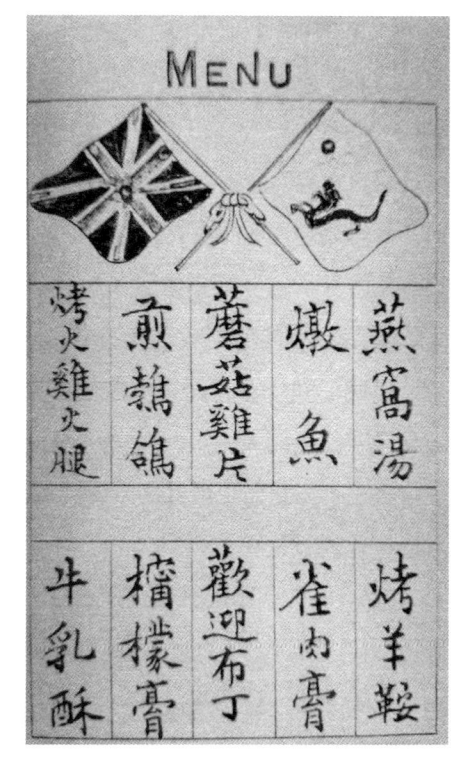

1908年，英当局招待来威的山东巡抚袁树勋的菜单

男人说：你不是也怀上了吗？显然男人疼爱媳妇甚于黑妹。

媳妇说：那你舍得让俺驮着东西爬坡吗？

男人支吾着，显然他回答不了这问题，只得小心翼翼地将媳妇抱下了驴背。

男人憨憨地笑笑，扯住了媳妇：来，让俺背你过这道梁吧。

媳妇亲昵又嗔怪地推开了男人：你不是也在地里累了一天吗？俺是不知疼男人的女人吗……

——上帝呀！庄士敦暗暗地叫了一声：这是多么淳厚恩爱浪漫和谐的温馨画面呀……

回到官署，庄士敦兴味盎然地对骆克哈特讲述了山坡上浮动的美好画面：他们只是种地的农人，可他们的天性里怎么会蕴藏着那样美好仁爱的天然品质呀……

骆克哈特笑了：我也十分推崇威海卫绅民身上那些美好的儒家传统，但我们在依靠、保留这些的基础上，还必须努力建立起租界文明的新秩序。

骆克哈特和庄士敦这两个"洋儒生"，深悉孔子在中国士绅阶层的分量、在普通百姓中的影响。1903年，骆克哈特访问曲阜拜谒孔府时，第76代衍圣公孔令贻向其赠送了孔子的画像，同时也向其索求英国国王的画像以作为纪念。

威海卫的行政长官亲自从孔府请来了孔子画像，不但在威海卫，在整个山东各界都产生了良好的反响。

第二年，经当任英国国王爱德华七世的批准，庄士敦又专程将其画像送往孔府。

在"堪称中国的缩影"的威海卫，庄士敦要实现其抱负，为"儒家思想的生命做最后一搏"。（庄士敦语）他经常坐着马车带着帐篷走村串户，调查社情民意，并能用流利的威海方言与百姓交谈。晚上为免打扰村董及村民，常在野地里支起帐篷过夜。他很快就融入了威海卫社会之中，为各界人士所接受、喜爱。村中的大小事都愿找他解决，甚至连夫妻不和、婆媳不睦、邻里纠纷之类的琐事，也都愿找"庄大人"说道说道。

1904年，即庄士敦来威履职的当年，乡绅们便赠送了他歌功颂德的卷轴，誉其为"父母官"。

1930年，当庄士敦以最后一任威海卫最高行政长官身份卸职回国时，威海卫乡绅们按中国传统"君子之交"的说法，又为其奉上一只盛满清水的洁白瓷碗，喻其为官清廉如水、品行高洁。

庄士敦的所作所为虽博得了威海卫各界的口碑，却不受同僚特别是大英殖民部的待见。被视为保守主义者和儒家信徒，甚至被讥讽为"一个愿意生活在野地里的怪人"。

虽然公务繁忙，庄士敦还是尽可能地将精力投入汉学的研习之中。他四处搜集写作素材、考察当地民俗风情、查阅当地史志资料，并勤奋写作。于1910年出版了《华北的狮子和龙》与《LION AND DRAGON INNORTHERN CHINA——威海卫》两部有关威海卫的专著。

庄士敦许多建议不仅得不到英国政府的支持，而且让殖民部厌烦，处处受到压制和讥讽。那么旅行、寄情山水，便成为庄士敦最好的选择了。

1918年的下半年，庄士敦又到中国内地旅行。10月底，他辗转来到了上海。

在上海的街头，庄士敦竟然撞到了改变他的命运，甚至是关乎整个中国历史走向的机遇——与大名鼎鼎的李鸿章的三子李经迈不期而遇。

七八年前，在大清王朝倾覆之际，李经迈曾来威海卫投奔庄士敦避过难，两人早已成为密友了。

在上海的街头不期而遇，双方惊喜不已。李经迈喃喃着：天意，天意呀……老天有意要让先生陪伴我们的天子了……

庄士敦则如堕五里雾里了。

两人约好晚上详谈，庄士敦晚间便来到李经迈的住处。

李经边有点唐突地开口便问：庄士敦先生，你对我们中国的历史怎么看？

庄士敦随口便答：中国的历史当然是世上独一无二绵长悠久的历史，但也不得不承认，两千多年间，中国的政制一直徘徊在皇帝的循环更迭中，而百姓则一直在苦难中受奴役。在这样的旧巢里，的确难以产生真正

庄士敦与泰戈尔、林徽因等

的文明进步的历史。

那么怎么样才能让中国书写文明进步的历史呢？

方法说起来倒也很简单，也是唯一的：让国民成为公民而不是臣民，让每个挺立的公民真正成为国家的主人。

李经迈沉默不语了。

庄士敦继续说：这世上无论哪片地域、哪个族群，都会凭天然的良知接受美好的，给社会、给百姓带来福祉的东西……

李大人，你曾出使过奥地利，并随载涛贝勒前往日本、欧美考察过。你应该了解，一个国家要想文明富强，必须走什么路的。

李经迈突然情不自禁地叫了一声：恐怕没有比先生您更适合做我们皇帝的老师了……

庄士敦瞪大了比白天更惊诧的眼睛！

李经迈接着说：我的意思是，我们要聘请先生您，给我们的皇上当老师，讲授西方的先进文化，以及教授英文。

原本为宣统帝当老师的徐世昌，因要出任民国大总统了，便与人暗中商定，要为虽失去权力，但仍保留帝号的溥仪再挑选一位教授欧洲宪政知识和英文的老师。物色帝师人选的重任，就交给了曾出使国外并去欧美考察过的李经迈。

庄士敦惊喜不已……

1919年2月底，庄士敦终于离开威海卫赴京了，充满传奇色彩地走进了皇宫，成为中国几千年帝王史上第一位和最后一位具有帝师头衔的外国人，并因此而名闻天下。

这一年，溥仪刚好14岁，而庄士敦已45岁。

当庄士敦走进紫禁城的毓庆宫书房后，溥仪站了起来，两人相互鞠了躬，算是行了见面礼。

庄士敦开口了：皇上，我的中国名字叫庄士敦，我的英文名字叫Reginald Flemjng Johnston。我还有个字，叫志道。

溥仪随口便问：你的字是取自《论语》"十志于道"吧？朕也有个字，叫浩然。

庄士敦也是随口便问：皇上的字是取自《孟子》的"吾善养吾浩然之气"吧？这的确是个很好的字。

溥仪一怔，随后两人都开心地笑了，只这么一个回合，便将两人的距离拉近了。

这个性格温和又率真的英国老师，除了拥有欧洲各方面丰富的知识，其渊博的中国学识也令溥仪赞叹不已，很快便得到了溥仪的佩服和喜爱，并赐他二品顶戴、御书房行走等职。

庄士敦不仅全力以赴地向皇帝传授先政知识、西方的先进思想及教授英语，甚至把《新青年》这样的激进刊物也带进宫中，以开阔皇帝的眼界。他为溥仪打开了了解世界的天窗，紫禁城的重重厚墙，再也圈禁不住年轻的皇帝心骛八极，神游万仞了……

1927年，庄士敦重回威海卫并出任行政长官，他发现自己"已经爱上了这里的一切","有一种回家的感觉"。

1930年10月1日,国民政府外交部次长王家桢率领的,由300多人组成的国民政府接收威海卫租界代表团,分乘海琛、镇海两舰,由青岛抵达威海卫。

当天上午10时45分,中英双方举行接收、归还威海卫的仪式。除了双方的官员,威海卫的村董和总董以及工商界和其他一些士绅,都受邀参加了仪式。

庄士敦在他的告别演讲中有一句在威海卫烙下了深深印记的话:"我坚信你们将会得到一位比我能力强的领导人,但绝不会遇到像我那样对威海卫有如此深厚感情的领导人。"

庄士敦回国后,经骆克哈特推荐,担任伦敦大学中文教授并兼任英国外交部顾问。

1934年,庄士敦出版了《紫禁城的黄昏》一书,记述了大清紫禁城的黄昏时期——从民国成立到1924年溥仪出宫这段变故的真实情形,引起了轰动。他在书中写道:"谨以此书献给溥仪皇帝陛下,最真诚地希望溥仪皇帝陛下及其在长城内外的人民,经过这个黄昏和长夜之后,正在迎来一个新的更为幸福的时代曙光。"

1935年,庄士敦最后一次来中国,并到长春造访了溥仪,却婉言谢绝了溥仪的留任邀请。

晚年,庄士敦在爱丁堡购买了一座爱伦岛,为其岛上的居室分别起了"松竹厅""威海卫厅""皇帝厅"等名字,整日把玩溥仪所赐之物,无心世事。

1938年,怀揣着对中国往事的无尽思念,庄士敦走到生命的尽头,时年64岁。

免费法庭

二十多年前的一天，笔者在老威海卫一个传统的天然温泉汤澡堂子里泡澡。冒着硫黄味的汤水蒸腾的热气如缥缈雍厚的雾瘴，一米之外，便看不清对面的人，但听得见大汤池对面两位老人断断续续的对话：

老汉甲：哎，好多事俺也记得清呀……英国毛子刚开免费的大英民医院时，哪个有病的也不敢进呀。说是不收钱，可更没人敢进去看病……

老汉乙：那是，俺爷害痨病几年了，看了多少郎中都不管用，沉得只好在家等死了。俺老爹豁出去了，硬是把俺爷用小车推进了大英民医院……英国的大夫拿起玻璃管子针要往俺爷腔上扎，俺爹吓得不行，要背起俺爷往外跑。俺爷倒说，横竖是个死，就让他扎吧。没承想，大英民医院留下俺爷管吃管住没收一个子儿治了半个月，还真治好了俺爷的痨病……

老汉甲：打俺记事起，俺老爹就在威海湾摇舢板，专门摆渡往来刘公岛和威海卫的英国人。每晚俺老爹数着钱就笑，说英国人又傻又好，格外给的钱比该给的钱还多……

笔者的神经一下子被攫紧：他们回忆的不是当年英租威海卫的往事吗？当笔者悄悄接近了对话的老人，两位老人立时缄口了。

当笔者请求他们多谈谈当年英租威海卫的一些记忆时，两位老人神情顿时习惯性地警觉了，狐疑地瞅瞅笔者，随即便有点紧张地一起爬出了大池子……他们可以在澡堂子里当众裸露身体，却不敢向陌生人裸露他们所亲历的历史——弥漫的雾气将整个大浴池的一切都遮蔽了……

2006 年，当得知威海市档案局多次赴英国国家档案馆，不惜重金收集复印翻译了大量英租威海卫的档案资料时,笔者便一头扎进了档案局,用半个月时间翻阅了大量英租时期的档案、资料……

一卷卷档案如一块块沉重的砖头砸来,将笔者心底的对租界固有的、已钙化了的概念给彻底击碎了……忌讳,让我们对某些历史进行了太多的忌讳、掩饰——但历史却不死,它的真相虽沉默却永生着——一年后,英租威海卫题材的长篇小说《租界!租界》构架訇然落成:一个显赫的大家族、老爷、花儿、少爷、小姐、管家各色人等的命运在租界内裂变沉浮、浴火重生……

还是让我们看看英租威海卫推行新法制几段真实的历史剖面吧——威海卫出现了打官司的新节气:

威海卫没变成英租界前,境内的案件均由文登县衙审理。那时文登县管辖的地盘很大,审理案件的衙门却只有一个,每月也只开庭6天,且审案效率很低,积压的案件自然很多。

百姓要想打官司,不但要忍受猴年马月的时间煎熬,而且还要缴纳10余项昂贵的费用。

《一九〇一年枢密院威海卫法令》,该法令在很大程度上保留中国旧律、习惯判案的基础上,吸收了英国法和香港法,形成了既不同于英国法也不同于中国旧法的独特法律体系。

威海卫租界内设置了初级法庭和威海卫高等法院。高等法院审判长由英国国王直接任命,高级法官由殖民部部长任命,司法审判权由审判长和行政长官共同或独自行使。其实英国很少向威海卫派常驻法官,多由上海英租界皇家最高法官、助理法官甚至是皇家律师兼任。实际上除极少数重大疑案由他们来威审理,绝大多数案件都由地方自行审理。根据枢密院威海卫法令,对民事诉讼,只要不违背英国法原则,往往是按中国法律和风俗习惯形成的民间法来审理。

早先,威海卫租界内各类案件的审理仅由一名文职官员巴顿

(Purdon)负责,租界政府设立司法部后,转由政府秘书审理。庄士敦到威海卫租界政府任秘书后,便推行他的新法制:设立天天办案的免费法庭。

很快,打官司便成了一种时兴的活动。

一天,庄士敦来到了乡下,发现一个老太太趴在两块麦田间的浅沟里,一把一把地扒着土,然后往一边麦田的地边一把一把地按,并发出哭坟般的哀吟。

原来老太太面前这块麦田,是她家的,相邻的麦田,是村里一个财主的。老太太的男人几年前死了,财主欺负她没了男人,每年耕地时,都要向地边的浅沟多耕小半犁。今年入冬,老太太找人重新丈量了自己的地块,结果本来的四亩三分地,只剩下不足四亩二分了。

老太太有四个儿子全都成家又分家单过了,几年前这块地被横着分割为四份,一个儿子一块。如此一来,四个儿子都觉得吃亏的不光是自己,哪个也不想出头得罪财主……

庄士敦让老人家直接到法庭控告那财主。

老人担心告不赢财大气粗的财主。

庄士敦让老人放心,只要老人能证实说的是实情。

没想到老人立马给出了证实的办法:两家都有地契,几亩几分写得清楚。只要丈量一下,不就清清楚楚了吗?

几天过后,老太太揣着地契到法庭控告财主了。财主被传来了,果真就按老人的办法,丈量了双方的土地。结果是老太太的土地少了一分三厘,而财主那边正好多出了一分三厘。法庭当庭做出判决:财主立即退回侵占的土地,并赔偿一分三厘地五年所产的粮食,而且当庭向老太太赔礼道歉。

经此一案,为了方便最底层的民众控告权势者,法庭又在街面上挂出了一些带锁的小木箱;那些不敢公开来法庭控告某些有影响的人或家族的冤屈者,可以将诉状投进这些木箱……

百姓们戏谑：那是挂在墙上的小法庭。

新兴、时兴的打官司活动，让乡里乡亲间的纠纷、争执等，很快便成长、发酵为打官司的材料了。

庄士敦在笔记里不无欣喜地写下：打官司成了村民们颇喜爱的一种活动，人们视去法庭如同去戏院等娱乐场所那样轻松愉快。

原先村人间产生的小纠纷，基本由村董调解息事宁人，现在纷纷变成了打官司。

一位老汉，怀疑邻居偷了他的一捆草，而不惜走上二十多里山路，来法庭控告；

两个本来处得很好的邻居，为了一只碗争执不下，也到法庭打官司了；

打赢了官司的人，回到村上会让人高看一眼。那些在村里一直处于最底层、最不起眼、最受人轻蔑的人，会因一场官司而满面光彩，赢得了一种露脸的、出人头地的荣耀；

更有甚者，看着别人打官司眼红，本来相处很好的邻居甚至是亲戚，偷偷地商量好，捏造出一个争执、纠纷作为案件，双方兴致勃勃来法庭为打官司而打官司了；

挂在墙上的小法庭里，塞进的则是越来越多让司法人员莫名其妙晕头转向的胡说八道……

渐渐地，法庭几乎变成了不散的大集市了。两年之后，新式法庭终于不堪重负了。

庄士敦走访了几个村董，终于找到了症结所在：

推行新法制把法庭的"门槛儿"给锯掉了，村民间产生了点小纠纷，纷纷争先恐后地去打官司，客观上架空了村董的权威。政府走马灯般颁布了多项新法令，村人稍不留神就触犯了。村民们反过来又抱怨村董没跟他们讲清楚，可政府制定、颁布这些新法之前并没跟村董通气，村董对那些新法令哪能条条款款都弄得清？

一位村董跟庄士敦讲了前些天发生的一件令其难堪的事：

那天是个大集日，一老太太捆绑着两只鸡腿，倒提着来集上卖。不想被一个巡捕给拦住了，说老太太倒提鸡违犯了《禁止虐待动物法令》，必须交罚款。老太太不肯交罚款，巡捕便扣下了两只鸡。

老太太哭泣着找到了本村村董。这村董晓得政府刚刚颁布了《禁止虐待动物法令》，但并未细看，便想当然地认为巡捕是挟新法勒索卖鸡的老太太，便带着老太太去找那巡捕，指责他勒索卖鸡的老人，喝令其将那两只鸡还给老太太。

亏得这巡捕认识这村董，对其解释了《禁止虐待动物法令》要如何善待动物的条款。不但拉车耕地的牲畜受了伤、有了病，便不能再让其拉车耕地，还不准捆绑家禽倒提。甚至连山野间的飞禽走兽在孕期、哺乳期也严禁猎杀，否则便是违法。巡捕在依法执法，当众诬陷并干扰巡捕执法可是犯法的……

村董惊得一身冷汗，只好向巡捕道了歉，并掏钱替卖鸡的老人交了罚款。

几个村董又反映了其他方面的问题，最后忧虑地抱怨：等到我们这些村董屁大的事也管不了了，不但你那法庭会挤破了门，村上的乱子也会越来越多。

庄士敦终于深深地醒悟到了自己在推行新法制过程中的失误。

没过几天，华务司便在租界政府大会堂召开了界内村董、总董大会。庄士敦对华务司在推行新法制、颁布新法令等方面操之过急，导致法庭鸡毛蒜皮的诉讼泛滥成灾、村董被架空、乡村政制运转失调等问题做了检讨……

之后庄士敦又宣布了一系列整改方案：要提高、巩固村董在村庄的地位和权威，政府要下放权力，将绝大部分村级事务的处置、管理权归属村董，实行实质性的乡村自治；总董的主要职责是：参与政府决策、对政府的行政进行监督。政府、华务司制定颁布法规、法令前,要与总董、村董进行广泛的沟通、协商……

司法程序也要进行改进、调整:由华务司印制息讼凭单,由各总董负责保管、发放。以后凡一村村民间发生的纠纷、争执,凡是要上法庭诉讼的,必须先于总董处领取息讼凭单,再由村董、总董进行调解。调解成功,此息讼凭单便是纠纷处理完结的凭证,具有法律效力;若调解不成,须在息讼凭单中注明不能和息的理由,还要由村董、总董盖章证明,然后再从总董处领取诉讼状纸,再行写状,还要附加2元诉讼费,一并送交法庭,方可进入诉讼程序,否则法庭不予受理。

公共卫生与免费医院

英国租借威海卫,除了其他原因,还有一个重要因素,便是看中了威海宜人的气候和优越的地理条件。他们认为:"威海卫的主要资本是有益健康的气候……在这个地区,疾病明显地减少。"

骆克哈特就任威海卫行政长官伊始,便将以检疫防疫为重点的公共卫生,作为头等大事来办。第二年,即1903年,租界政府便颁布了英租威海卫后最重要的法令之一——《公共建筑与卫生法令》。

此法令界定的管制范围不仅涉及公共场所,如戏院、市场、工厂、作坊等,而且涉及私人房屋住所,甚至包括了公厕、猪圈、公墓、太平间等处。凡与居住、生活、工作环境相关的方方面面,都做出了卫生管理规定。尤其重视与食品加工相关场所的卫生管理,对肉畜屠宰的卫生要求做出了详细严格的规定。屠宰肉食家畜必须提前24小时通知医官到场检查,符合一系列卫生检疫标准方可屠宰;屠宰3小时之内,必须清理所有垃圾，屠宰场内不得留存血污；未经医官或卫生检查官检疫，所有肉类不得出售；屠宰场地及附属建筑地面每天都要用水冲洗，每年至少要用石灰粉刷4次；卫生检查官每天必须对屠宰场做一次检查；建立了垃圾场，设置了居民垃圾箱，每天用马车清运垃圾，禁止随意倾倒垃圾。雇用了20多名清道夫，每天清扫街道，同时派在押犯人每天冲刷城区排水管道；必须按标准规格改造或新建厕所，厕所的墙体要用砖石砌筑，高度不低于3英尺。地面要用水泥混凝土铺设，厚度不小于4英寸，并要加盖顶盖；运送粪便的车辆必须用密封式木桶，且只能在午夜至清晨6点之间向外运送。

英租威海卫初期，界内医疗卫生工作由公署的综合部管理，至1906年，卫生管理职能从综合部独立出来，专门设立了医官长一职。医官长既为医生，也有着极高的职位，在行政层级上是与正华务司、副华务司并列的高级行政官员，为行政长官直接领导的三大僚属之一，具有很高的政治地位。其职责是管理租界范围内的医生、医院、公共卫生、船舶检疫、卫生防疫等所有卫生事宜。

英租期间，殖民当局在威海卫设立了三处民医院。

1902年，即在爱德华码头一带的商埠区和刘公岛上，各设一处供华人就诊的临时医院。这两处医院开办较早，条件较简陋，以门诊治疗为主。

商埠区临时医院设有15张带支架的病床；刘公岛临时医院称为大英施医局，其遗址至今尚存。这两处医院为威海卫最早的西医医院，更为重要的是，这两处医院均免费诊病治病。

乍一闻听新建的医院诊病治病不收分文，人们惊诧、疑惑不已。但毕竟有的病人经郎中的汤丸膏散摆弄多年，病也治不好；有人被病痛折磨得死去活来却拿不出钱请郎中……终于有大胆的病人豁出去了，哼哼唧唧走进了新式医院。

哈，真是想不到呀，那些药片、药水、扎针……治疗，比郎中开的汤膏丸散之类管用得多，差不多总是能药到病除。能为你治好病，又不用你花一文钱，这等好事竟然是真的——一传十，十传百，有病的人都奔新式医院来了。

1916年，租界南区温泉汤的村民捐献了一块土地，当局在此又建成了一处乡村医院。

这三处医院主要面向当地民众，对改善民众的医疗条件、扭转租借地缺医少药的状况，发挥了重要作用。与中国传统的中医诊病及汤药完全不同的西医、西药，成为西方医学文化传入威海卫最早的载体。

为满足更多的病人就医，租界政府又对商埠区的临时医院进行了改造扩建，增加了医疗设备和药品，也增加了医生、护士，成为可同时接纳60人住院的大医院，也正式定名为大英民医院。而刘公岛上的临时医院，经改造扩建后，则定名为大英施医局。

为西方人及英国海军官兵治病，还有更高级的医院，刘公岛上的皇家海军疗养院，就是专门为他们服务的。那里的设施及医疗水准，也是租界最好最高的。

虽然威海卫建设了三处现代医院，但还是难以从根本上改变乡村的疾病流行状态。当时中国内地流行的伤寒、白喉、猩红热等传染病，在威海卫的农村也不断发生，甚至导致大量病人死亡。

1918年秋末，威海卫爆发了严重流感，死亡了900多人。1919年霍乱流行，威海卫租借地死亡5000多人，个别村庄死亡人口竟占全村人口的一半。在这严重疫情的威胁面前，威海卫殖民当局不断在全境特别是农村地区推行各种防疫措施。

租界公署运用了多种宣传和鼓励手段，向民众灌输公共卫生理念。1909年，医官长管理的医疗部门，印发了一批卫生宣传手册，发放到各村庄、学校。1910年，又向各村庄免费发放了400本预防霍乱的操作指南。1915年，在各学校开设了公共卫生课程，举办卫生科目的考试，并向成绩优良者发放奖金。

对违反公共卫生法令者，则予以惩处。

殖民当局十分重视公共卫生的管理执法，对卫生官员的执法亦有着严格的要求和惩治细则。《公共建筑与卫生法令》还规定："对于操作不力、疏忽职守或违背职责的任何官员，行政长官每次将处以不超过10元的罚款。这些罚金将从他们的薪金中扣除。每次这样的罚款都被记录在登记簿中，该登记簿被称为'渎职簿'。"

对私人行医也进行了严格的管理，必须经医官长管理的医疗部门检验合格，方可凭照行医，否则予以取缔。

天花是当时在威海卫较为流行的疫病，为防治疫病，自1905年始，租界公署每年都推行牛痘接种。百姓虽广受天花之害，但刚开始对接种牛痘却疑虑重重，大多数人逃避、拒绝牛痘接种。租界公署只好加大宣传解释的覆盖面和力度，打消百姓的疑虑，加之免费推广，牛痘接种逐步推行开来。

鼠疫是当时危害性最大的疫情，防疫重点是农村。殖民政府采取了多样、严格的措施，在广大农村推行防疫。相继成立了捕鼠会等灭鼠组织，免费提供捕鼠工具，号召全民捕鼠。为鼓励捕鼠，居民可凭捕获的鼠尾数量，到政府部门领取相应的奖品。

1911年，山东内地发生鼠疫，当疫情扩散至毗邻的烟台地区后，威海殖民当局立即在威海卫与烟台接壤的边界设置防疫岗哨，由巡捕和沿界村董负责看守，严格控制境内外人员的进出流动。所有自烟台进入威海卫的人员，都被带至大英民医院注射防疫针剂，实施强制防疫。同时借鉴其他城市的有效经验，推广中药配方进行防治。

多种手段、多种措施的强制防疫，有效地控制了各种疫病在威海卫租借地的传播。当时，威海卫租界外各种疫情不断发生，但威海卫租界内的疫情程度相对较轻，爆发性的流行也相对较少。当国民政府收回威海卫时,参与接收的国民政府官员朱世全感慨:"这里的卫生状况,尚称满意,凡霍乱、猩红热、喉痧、肠热症等烈性传染病,得以消弭于无形。"

总董制与乡村自治

1902年5月,骆克哈特就任威海卫首任文职行政长官的第五天,就主持召开了威海卫租借地的全体村董大会。

很久以前,威海卫一带每个村子就设有一名村董,负责一村之教化、处理一村之事务,在官府是有名册的。

会议上,骆克哈特首先发布了威海卫租界政府对乡村的管理基调:维持界内乡村组织的传统制度,租界政府继续承认各村董在村子的领导地位;要依重村董维持乡村秩序,推行教化,进行村务管理。政府要对村董实行重新登记,颁发委任状。村董不仅负责征收一村之捐税,而且负责登记一村土地买卖契约和抵押单据,有权处理一村之事务。村董可以从一村之税收以及办理各种契约等工作中,提取一定数额的佣金……

村董制运转几年之后,鉴于村董与政府间出现的阻隔及种种沟通不畅的问题,经多方调研、考量,1905年,庄士敦提出了设置"总董制"的改革方案:将整个威海卫租借地内的300多个村庄划分为26个小区,在原有村董制的基础上,每个小区设总董一名;26个小区又分成南、北两个行政区,各设一区行政长官。

如此,便构架起了威海卫租借地新的行政管理结构:威海卫租借地行政长官——南、北两区区行政长官——26个小区总董——300多个村董。从上到下、层级有序、紧密衔接、金字塔形的统治体系形成了。

这一新的行政区划提出的第二年便全面施行。

南区行政长官公署设在温泉汤，辖17个小区，首任行政长官为庄士敦本人，他在此任职达12年；北区行政公署设在爱德华码头附近，辖9个小区和刘公岛，由华务司兼任行政长官。

各小区设置之初，其总董人选由华务司在本小区内的村董中择优提名，后改为由小区内的村董集体选举产生，并经威海卫行政长官批准，颁发委任状。

小区总董的职责是多方位的：行政上领导本小区的村董，传达官方政令，负责在本小区贯彻殖民政府的统治旨意；经济上负责登记本小区土地房屋买卖契约的签署，维护政府利益；司法上负责调解、仲裁本小区民间发生的矛盾纠纷，对确需进入司法程序的则审发诉讼状纸，抑制混乱的争讼；治安上负责管理本小区治安队伍，维持小区治安。

殖民政府十分重视扶持和培植总董群体，不但每月发放给每位总董5元车马及办公津贴，而且还允许总董从契约登记和状纸销售的收费中，按一定比例提取部分为个人收入。同时，租借地行政长官还设立了名目繁多的荣誉奖项，对有救人危难、赈济灾民、修路办学等善举的总董予以各种褒奖。

每逢新年和英王诞辰，政府都会大摆筵席，款待总董，并特许他们参观停泊在威海湾的英舰，还赋予总董以政府学校奖学金的提名权。政府部门经常征求总董们对乡村治理的政策建议和意见，充分发挥他们咨询辅政的作用。

上述一系列举措，提高了总董们的经济和社会地位，凝聚了他们效忠殖民当局的向心力，增强了他们对政府的责任感。

在村董基础上建立的总董制，保证了威海卫殖民政府在以乡村为主体的租借地内，建起了稳固的统治架构。由总董们管理各小区的基层行政事务，遏制和平息了诸多社会矛盾。总董们起到了上情下达、下情上报的纽带作用，此制也体现出了老牌殖民主义者"以华制华"的老到功夫。

村董楷模

在威海卫租借地创建总董制并任最后一任行政长官的庄士敦,于交还威海卫前最后一次总董会议上,对总董制做了颇为自得的总结:

每区有一总董,作为英政府与各村之媒介,此系本大臣所计划的。此计划延续至今,并未修改,已有二十五年。自从组织总董以来,众位总董及前任总董,与英政府管理威海这种深切适宜的合作,本大臣极表感谢。此种组织的成功,本大臣个人十分满意。

1914年,殖民政府颁布了《选举村董简明章程》,各村村董和小区总董都要经过投票选举产生。村董由享有选举权的村民投票选举,得票率达百分之六十以上才能当选。总董则由小区的村董投票选举——沿袭了几千年宗法制的威海卫乡村的管理规制,被民主的新风给改变了。

但村董候选人是有条件的,必须是"有十亩地以上产业并品行端方公正之人",还须得到百分之六十以上选票方能当选。"若有学问之人则更为合格。"如此,则基本将村董的选举对象限制到乡绅阶层。当选的候选人,还须经行政长官批准、委任,发给"村董执照"方能正式就任村董。华务司还掌握否决选举结果的权力:"无论何村选举之事,倘华务司见有不妥之处,可将该选举作为无效。再相机施行合宜之手续,使之另开一正当选举会。"

村董、总董在各自的村庄、小区实行自我管理,推行教化,维持乡村秩序,显现出高度自治的特色。

租界政府十分注重支持褒奖村董、总董对优秀美好传统道德风尚的维护和发扬,鼓励他们乐善好施,成为良好社会风尚的楷模、带动者。

1905年冬,一艘福建商船从高丽载货返回,行驶至威海卫海西头村北的海面时,遇大风雪触礁,船破人危。时任海西头村董的车硕学,带领村人冒着风雪搭救了该船,并将船员接到家中吃住,并出物出资修好了遇险船只。该船返回福建后,船主王作刚特意写信给威海卫行政长官骆克哈特,表达谢意。骆克哈特大事宣扬了这个典型,并专门在香港定制了"拯人于危"的金字匾,表彰车硕学。第二年,车硕学即被选为港西小区的第一任总董。

村董、总董对乡村治理的最有效手段,是控制了诉讼权,他们运用这种权力遏制、化解了各种矛盾的激化,形成了乡村自治的权威。

新式学校及平民教育

英租32年间,虽还不能说威海卫被完全"西化",但几乎方方面面都接受了"西枝"的嫁接或"西风"的沐化。威海卫教育方面是最早、最明显"西化"之一方面。

英租时期威海卫近代教育的兴起,也可以说是由教会学校而发端。基督教先后在威海卫建立安立甘堂(今威海实验中学处)、讲书堂(今环翠区法院西侧)、乐祉堂(今码头小学处)三处学校;天主教先后建立只收男生的海星学校（今鲸园小学处）、明星女校，其中影响较大的是安立甘堂和明星女校。

安立甘堂又名英中学校，由英国中华圣公会传教士布朗（Browne）于1902年创建，校址位于天后宫西（今实验中学院内）。此校初建时课程设置并不固定，但侧重于英语、打字、应用商学和西方自然科学等实用科目。因该校开创之初规定，入学之生须参加宗教活动，许多学生家长对此顾虑重重，致使此校招生困难。后该校改变了办学方针，按中国传统教育加强了汉语课程，并聘请中国教师讲授经史子集等内容，逐渐打开了局面，得到了社会的认可，很多富庶的家庭和教会信徒的子女进入该校。在他们的带动下，进洋学堂读书，在威海卫渐渐蔚然成风。安立甘堂的师资雄厚，其教师大都是国内外大学毕业，教学质量较高，培养出了一批适应社会需要的新型人才。后来成为我国著名化学家的孙学悟、农民果树专家的陶遵祜等，就是该校那个时期培养的学生。

在安立甘堂原校址发展起来的现威海一中，一直是名声卓著的中学。其百年校庆时的校友名录上，有很多国内外著名人物。如战斗英雄、中国人民解放军原空军司令员王海，全国政协原副主席宋健等，赫然在目。

明星女校由天主教修女们于1908年创建，该校并不是专注文化教育，而是主要向寻常百姓家庭的女孩教授刺绣技艺、花边编织以及纺织等其他实用技术。该校规定，学生以一半的时间学习职业技能，另一半时间学习文化课程。女孩子进该校就读，不仅可学到一定的文化知识，更重要的是可以掌握一门或几门能够谋生的专业技能，这正是威海卫的普通家庭求之不得的，自然受到百姓的青睐。该校逐渐发展为威海卫规模最大的女子学校，其学生毕业后大多成为当时威海纺织业的骨干，该校可谓威海职业学校的发轫。

教会开办的洋学堂，是英租时期威海卫近代教育起步的主要源头，为威海卫的教育带来了新气象。

英租威海卫初期，殖民当局并未对教育事业予以应有的重视。至1904年，才开办了一所皇仁学堂，这也是英租威海卫32年间官办的唯一一所学校。

皇仁学堂开设英语、历史、体操、卫生、地理等新式教育课程，其他课程内容则仍按照中国旧式教育设置。该校校长由政府委任，教员由校长延聘，其管理形制在很大程度上符合近代新式学校模式。在行政长官骆克哈特的指令下，该校重视卫生教育，并开设种树等农林科目。而免费入学免收学费，对学生家长更具吸引力，其招生规模不断扩大，对租借地的初级教育起到了极大的推动作用。至1919年，入该校才分为一部分免费，一部分收取一定学费。

除教会开办的洋学堂以及官办的皇仁学堂，威海卫租借地内的其他新式学校，多以本地绅商为主民众捐资兴办。

1900年，曾任北洋水师提督丁汝昌红笔师爷的威海富绅戚筱田，在卫城城里东街孔庙创办了清泉小学，并自任校董，这是威海卫较早的私立小学堂。后绅商民众相继开办的学校有：位于天后宫东侧的敬业小学、位于北大营东的九华小学、位于今潍县街西的铭新小学等。

在开办新式学堂的潮流中，尤为难得的是民办女子教育的兴起。为宣扬破除缠足陋习，天足会威海分会于1908年在今戚谷疃南开办了淑德女学，学制3年，学费全免。该校确立了"授实以妇女切要之产业，保其天赋之能力，兼德育、智育三者并而教之。使具自治之资格，以为自立之基础"的办学宗旨，彰显鲜明的女权色彩。其课程设置与传统教育大不相同，主要有家政、修身、工艺、国文、数学、格政等。1920年又增设了音乐、习字课程。

淑德女学是威海有史以来第一所女校，具有标志性意义，为提升女性的社会地位做出了重要贡献。其后，又有毓秀女子小学等女校相继创办。

1926年，孙启昌等人借用原"中国军团"的营房做校舍，开办了齐东中学。该校十分注重校制建设，各方面基本具备了新式学校的模式。董事会为学校最高权力机构，由"学望素著能辅助校务之进行者"组成，负责校长的聘任、日常开支费用的筹集、审议审查学校财务、制定和变更学校章程等事务。学校还设置了校务会，由各科主任组成，作为本校议事机关。校务会推举校长总理全校一切事务，之下又设教务课、训育课、实务课、体育课、庶务课，各课设主任总理本课事宜。学校高度重视师资的选聘，所聘老师全为大学毕业生。该校的课程设置涵盖很广，有国文、英语、自然、地理、数学、历史、公民、商业大全、商业英文、打字、演说以及图书、国画、健身、体育等。该校还十分重视学生的职业技能培训，在第三学年，开设职业科，"欲于本校毕业后就业者，可选习之"。学有所成的学生毕业后，能够直接就业，受到社会的欢迎。

由于招生规模不断扩大，该校于1928年向租借地政府申请，要求在威海湾南岸的金线顶一带，拨官地建设新校舍，并给予一定资金扶持。时任行政长官庄士敦同意拨给土地，并应允资助5000元，但要求校方募集到相应的款项后才可拨付。得知消息后，威海绅商鼎力相助，在很短时间内就向该校捐款近2万元。新校舍很快建成，1929年8月14日，学校在新校址正式开学，更名为威海中学，后发展为今天的威海二中。

英租威海卫后，各国商人纷至沓来，一批洋商、洋行在威海卫落地。随后，教士、医生、工程师等外籍人士也相继而来。一部分洋商在经营商业贸易的同时，将目光投向社会领域，参与社会活动，兴办教育事业。第一家进入威海卫租借地的外资洋行——康来洋行的创办者邓肯·克拉克便是其中之一。

邓肯·克拉克在威海卫租借地的商界，有着举足轻重的影响。其所经营的康来洋行业务广泛，除为殖民政府进行官方采购外，还涉足旅游、水上公共交通、餐饮、房地产业等。邓肯·克拉克本人在威海卫的各项市政和社团活动中也很活跃，不仅是殖民政府顾问团的重要成员，而且在一些俱乐部、娱乐场等社团中担任重要职务。1904年，邓肯·克拉克投资，在刘公岛上创办国王学校。该校为家境贫寒但天资高的乡村男童，提供免费的新式教育，培养出了一批实用人才。

在大英威海卫租借地工作、居住的洋人多了，为其学龄子女开办的学校应运而生。1901年，英国人比尔即在刘公岛上开办了一所为欧洲人服务的寄宿制男校。该校教师全部从英国聘请，教学管理也完全照搬英国模式，课程设置与英国国内一致。1903年，比尔从上海争取到一笔捐款和贷款，在今威海市区环海路黄泥沟村南建成一座新式教学楼。新校舍背山面海环境优美设施完备，曾被认为是远东最优秀的欧式学校。该校学生维持在50名左右，全部为欧洲人子弟。

1923年9月16日，威海商埠商会成立了平民教育会，由界内知名人士谷铭训出任会长，绅商李翼之、刘韵笙担任副会长。教员由"热心教育的人担任，尽义务教授，亦可酌量情形津贴几元车马费以酬劳苦"。

平民教育会乍一成立，即募捐筹建平民夜校。大部分平民夜校设在学校、公会公所和庙宇之内，招收12岁以上50岁以下的农民、工人入学就读。不但免费施教，而且提供免费学习用具，其办学经费全由社会捐助。教材采用全国学会刊行的《平民千字课》。学生毕业时发给文凭和文字磁牌一枚，毕业后仍按月送阅千字报一份。平民夜校首期开办20处，招生551名。1926年扩大至26处，并开设了多处女校。平民夜校旨在通过推行平民教育以改造社会、教育救国，成为威海社会教育的开端。

西式体育与足球

英租之后,西方近代体育项目,便迅速又广泛地传入威海卫。

至20世纪初,大多数在欧洲大陆及英国流行的体育活动,都渐渐风行于威海卫,成为威海卫近代体育运动发展的源头。

威海卫西化的诸多体育活动中,尤以球类活动最为兴盛。如足球、网球、高尔夫球、马球、板球、篮球、棒球、曲棍球、墙球、台球等。鼎盛时期,威海卫各种球类运动的场所应有尽有、比比皆是,各种球类比赛也走马灯般令人目不暇接。其中,最有特色且活动频繁的几种球类活动,当属板球、高尔夫球、足球和网球。

板球起源于英国,在英伦三岛极为流行,号称"英国国球"。英租期间,暑期来威海卫疗养的英国海军官兵,把他们的板球带来了,很快便在威海卫成为时尚的运动项目。

至1930年,中国收回威海卫后,英国续租了刘公岛10年,但板球运动在刘公岛上不仅方兴未艾,岛上原有的板球场地且远不能满足日益扩大的需求。于是,英国海军当局向国民政府威海卫管理公署交涉,要增辟板球场。经中方同意,英于1934年在刘公岛东部辟建了新的板球场。该球场虽名为"国际娱乐场",向各国公众开放,但其日常管理、使用申请等,均为英国驻刘公岛海军当局掌控。

早在1902年,威海卫租借地的英国军政当局,即在刘公岛成立了威海卫高尔夫球俱乐部。同年,在刘公岛修建的九洞草坪高尔夫球场投入使用。其后,又在陆地和岛上先后修建了多处高尔夫球场。但这种贵族化的运动,也只有外侨和极少数"高等"华人才能参与,球场也限制中国人随意进入。普通的威海卫当地民众除了做球童、仆役事务者外，只能在远处看个稀奇了。

据现有史料记载，威海卫是高尔夫球运动传入中国最早的地区。这项运动在威海开展之早、时间之长，在中国高尔夫球运动史上是不多见的。

英租威海卫不久，足球便在威海卫风靡。在威海的外国侨民、英军官兵和威海卫的机关、学校等，相继纷纷成立足球队并展开名目繁多的比赛——威海卫成为中国最早开展足球运动的城区之一。

小小的威海卫，当时竟至少建有六处足球场，其中刘公岛上就有三处。在各种体育比赛活动中，足球赛事最为频繁，几乎天天都有足球赛，堪称当时威海卫的第一运动。足球迷遍地皆是，一些商家也乐于为足球活动慷慨解囊。

那些在足球场上专门负责为洋人捡球的球童，已熟谙了足球比赛的规则和裁判用英语，有的甚至可以充当临时裁判。他们会像模像样地伸手高喊"汉得报"（手球）；"奥赛得儿"（出界）……

参与踢球的威海人多为学生、商行职员或外国机构雇员，其中涌现出了很多足球人才。这些人之后或外出求学、经商，或因洋行迁址、军队移防而迁往香港、上海、北京、天津、青岛等地，很快便成为当地足球队的主力，因此也让威海足球声名远播。

网球在威海卫成为拥有运动场地最多的球类项目，西方人的办公处和住所旁，几乎全都建有网球场，光是刘公岛上，网球场便有近10处，而且还有3处女子专用网球场。威海卫租界埠际网球比赛也频繁举行。

英租带人的各种西方体育运动项目在威海卫的兴起，引发了当地民众的参与热情；英国人在运动场上展示的强健体魄，更刺激了当地人要与之同场较量的欲望——外国人能行我们怎么就不行？——他们想方设法参与各种体育训练，在强壮身体提高运动水准后，他们便时常组织各种运动队，与西方人同场竞赛，乃至屡创佳绩。不少人的球类技艺甚至达到了相

参加远东运动会的威海卫代表队

当高的水准,令西方人不得不刮目相看。

1898年5月24日,英国皇家海军在刘公岛举行接管威海卫租借地的仪式。身材魁梧威风凛凛的英国水兵仪仗队,与神情萎靡的大清水兵仪仗队,形成了鲜明的对比。这场面深深地刺痛了大清"通济"舰年轻的见习驾驶官张伯苓的心——此人即后来创办了南开大学大名鼎鼎的张伯苓!

张伯苓16岁考入天津水师学堂,当他以优异成绩毕业后,却赶上了北洋海军全军覆没——因无舰船可上,他竟然被赋闲了——急切切要驾舰一雪甲午之耻的张伯苓,真真是报国无门了。

张伯苓怎么也没想到,吊诡的现实竟将他派上了续演下一折悲剧跑龙套的角色——昨天(5月23日)他驾"通济"舰载来的朝廷大员,续演的悲剧情节是:一只手接收被日本兵占据了三年之久的刘公岛,而另一只手则要将刘公岛连同整个威海卫再租借给大英帝国!

刘公岛上两天"国帜三易"的屈辱,令张伯苓悲愤又无奈,却激发了他的警醒:自强之道,端在教育,中华振兴,旨在造一代新人;强国必先强种,强种必先强身!——教育救国的宏愿在张伯苓的心中铸成!之后他不但创办了"日新月异，允公允能"的南开大学，而且成为国民体育强身的倡导者，被誉为"中国奥运第一人"！

威海卫的新式学堂受西方近代教育的影响，大多注重学生的体育锻炼，引进了较为完善的近代体育教学制度，对威海体育的近代化和本土化，起到了积极的促进作用。

威海卫的华商阶层，几乎天天与洋人打交道。他们大都不仅接受了西方近代体育，而且积极倡导、推动当地体育活动的开展，热衷于发起成立各种体育社团，并赞助各种体育赛事，成为威海近代体育运动发展的有力推动者。

至20世纪20年代，威海卫举办的大大小小各种运动会如火如荼，并开始走向国际体坛。1927年，威海卫派代表团参加了在上海举办的第8届远东运动会预选赛，虽然选手们最终被淘汰，但仍为威海的体育史画上了重重的一笔。

1930年10月1日，英国终于将租借地威海卫归还于中国（刘公岛被续租了10年）。

The
Biography
of
Weihai

威海传

第九章 从威海卫出洋的"一战"华工

近 15 万之众华工到欧洲助战协约国，无论对中国还是对欧洲而言，都是前所未有的，对东西方的文化交融，也产生了更深更广的意义。

一方面，华工通过与欧洲社会的直面接触，促进了欧洲人对华人的认识，同时也传播了中国的文化；另一方面，受西方文明的影响、熏陶，华工们的思想观念、自身素质等方面都发生了一定的变化。他们归国后自然挟带了"西风"，对国内的各方面也产生了种种影响。由此来看，赴欧华工堪称"东西方文明的传播者"。

一战期间法、英来华招工

1914年8月，第一次世界大战爆发，战争愈演愈烈。英法联军兵员锐减，战勤劳动力短缺日益严重，后勤补给困难加剧。英法联军要挽回颓势，就必须补充兵力特别是大量战勤人员。但后方却难以补充新兵和足够的战勤人员，英、法的军政长官们忧心如焚却又束手无策。

时任英国军需大臣的劳合·乔治，求救的目光在全球巡视，终于聚焦在了东方的英租地威海卫——有没有可能从威海卫招募赴欧战场的战勤劳工？

在这之前，中华民国大总统府秘书长兼交通银行总理梁士诒，就曾向大总统袁世凯提出过，中国应以"以工代兵"的方式，派劳工赴欧洲战场，助英法联军作战，以争得战后更大的国际空间。

法国国内人工资源同样严重匮乏，招募华工便是其较早考虑的方案之一，后因内部分歧，招募华工的方案才被搁置。然而几个月过去之后，严峻的现实逼迫法国军方必须再次考虑向中国求援。

中国"以工代兵"的参战方案，对法方来说真可谓雪中送炭了。

1915年12月1日，法国军方任命退役少校陶履德为法国国防部代表，组成招工团立即赴中国招募工人。

为配合法国在华招募华工又避免授德国以口实，梁士诒等设立了惠民总公司承揽招工具体事宜。如此，所招募的赴欧参战华工，在形式上，便成为法国公司与中国公司的民间劳务输出业务了。

1916年5月14日，惠民天津公司与陶履德的招工团签订了在华招工合同。经过两个月的紧张工作，第一批招募的华工由天津出发，同年8月

英国在华招工的策划者罗伯逊中校

24日抵达法国……

除了惠民公司,在中国为法国承担招募华工的商家,还有上海的兴业洋行、道信洋行,广州沙面的志利洋行,香港的利民公司等。此外,巴黎招工局还曾托付留法俭学会义务招募华工。此会发起人之一李广安亲自到云南、广西等地招募赴欧华工,但招募人数较少。

英国除调遣军队赴法国参战,还抽调人员到法国从事战勤保障事务。面对愈来愈严峻的战争态势,英国方面更是兵力吃紧,特别是难以征调足够的后续人员赴法从事战勤保障。

其实中国在向法国提出中国可以"以工代兵"方式参战的方案之前,已将此方案向英国方面提出了,然而英国一开始却对此方案深具别样顾忌、戒心——

英国驻华公使朱尔典发给英国外交部的报告中,对中国"以工代兵"方案做出了评价:"在我看来,中国新一代政治家致力于中国(在国际社会中的)平等地位及战后拥有更多的发言权。如果这一目标不能保证,他们是不会同意其同胞驰援欧洲战场的……"

索姆河一战,英国元气大伤,处境相当危急了。

然而,法国军队在战场上的形势,却渐渐好于英国军队——首批中国助战华工的输入,是其扭转战争局势的重要原因之一。

于是乎,英国不得不改变初衷——国防大臣劳合·乔治原则上同意了

"在法国及其他战区使用华工",并计划在中国招募"四万至五万华工"。

此时中国依然是中立国,英国陆军部从稳妥的角度出发,提议以中国香港为华工招募基地。当英外交部将这一指令正式传到英驻华公使馆之后,公使朱尔典与军事参赞罗伯逊,便为此展开了紧张的工作。

罗伯逊查到了1904年英方在威海卫招募赴南非劳工的相关档案资料、考量了威海卫各方面情况后,便否定了在香港设立华工招募基地的意见,而提出了在威海卫设立招募赴欧战场华工的强烈建议:威海卫同样是我们的租界,在此地建立华工招募基地,不但同样能避开中国为中立国不便派员赴欧洲助战的问题,另外,威海卫公署与山东的官员交往密切,在山东各地招募华工不会出现问题和麻烦。更重要的是,威海卫及山东一带的男人身体壮硕,可以在艰难的环境里胜任工作,以往在这里招募的劳工的表现,是极好的证明……

朱尔典翻看着以往在威海卫招募劳工的相关档案资料,不仅同意了罗伯逊的方案,而且有了更多的联想:若在威海卫设立华工招工局,还可以为伦敦节省一大笔费用。有关档案详细记载,以前"中国军团"使用威海卫北大营,一次便可容纳近千人。仅凭这一点,请求在威海卫设立华工招募基地伦敦也会同意的……

罗伯逊笑了:如能在威海卫设立招工局,我们不必像法国那样通过中介公司,可由我们直接办理招工事宜,不是又可省去一大笔费用吗?

朱尔典连连叫好:罗伯逊中校,应该说你已经为我们大英立了一大功!

次日,驻华公使朱尔典,将建议在威海卫设立华工招募基地的电报发往伦敦,并列举了在威海卫设立招募基地的优势;再次日,伦敦回电:同意朱尔典公使在威海卫设立招募华工基地的方案!

四万余华工自威海卫"出洋"

1916年9月,威海卫行政公署接收到一道道来自伦敦及北京公使馆催办在威海卫招收华工的指令:为效忠大英国王陛下,威海卫政府应全力协助军方招募赴欧参战劳工……

时任威海卫行政长官骆克哈特马不停蹄地忙开了,为建立华工招募基地做着各种准备……

10月8日,威海卫爱德华港的德胜码头。在欢迎的军乐声中,一艘军舰缓缓停靠在了码头,英军陆军部代表约翰逊·波恩,与英驻北京公使馆军事参赞罗伯逊中校走下了舷梯——他们此行的使命是来威海卫督办招募赴欧华工!

利用原来"中国军团"使用的营房和当年由南非德兰士瓦在华招工时建造的苦力营设施,"大英威海卫政府招工局"和"华工待发所"正式在威海卫成立并挂牌营业了……

"华工待发所"负责办理赴欧华工的具体事务,设有出发处、检察署、医院、厨房、浴室等设施。

招募华工的工作迅速展开……

在威海卫的招募赴欧华工事宜,除由波恩负责的招工机构直接办理外,还委托或利用当地的仁记洋行、公利洋行等商家代为承招。1916年10月至1917年4月,经仁记洋行招募的华工有数千名之多。

另外,在威的英国教会组织亦涉足代招华工之事,在整个招募活动中发挥的作用不容小觑。

在威海卫的招募行动中,除了招募人员的口头宣传外,还发放过盖有

华工招工之所（当地人称为"苦力营"）

大英威海华务司之印章的传单 布告。招工传单上简单开列了英国招工章程，对做工之事、做工地点、工资待遇、合同期限等均有说明。

招工布告之措辞颇具鼓动性和诱惑力：此次"英国肯出重资招募华工"，"能使贫困之地变为富足，贫困之工人既可生财，其家属又能享福"，"甚盼华人切勿妄听谣言，自误生计"。

各地招募的华工抵达威海卫后，即进入华工待发所，享受这里"舒适的条件和良好的食物"。接下来，即行办理相关手续。

华工定时作息，有资料记载：这种"有纪律，有秩序"的生活，加之良好的伙食、宽松合适的衣服、清洁的环境等，迅速改善着华工的"精神"与"体质"，使之与应募时之憔悴污浊截然不同。应募者应募时留辫者居其多数，后由华工自行发起捐集奖金，奖励剪辫者。于是，去辫者甚为踊跃。华工在待发所每隔10日可领取一元零用钱，作日常花销。

华工出洋前，每人发给一套行李等物品，包括雨衣、冬衣、夏季衫裤、袜子等，并可领到20元的津贴。本来贫穷的华工，手里陡然有了这么多钱，有人便靡费过度。为防止此现象的发生，后改发5元至华工手

背井离乡下西洋

中,其余15元则交付其家属或其指定领受人。

大英初期在中国招募的赴欧华工,皆在威海卫集结,并自威海卫出洋。第一批1000多名华工于1917年1月18日启程出洋。一个月后,又自威海卫运送出第二批华工。自威海卫运送出几批华工之后,1917年3月,英国又决定将青岛作为直接运送华工出洋的港口。自此,青岛又成为英国第二个招募华工出洋基地,所招募华工源源不断地被输送出洋。

据统计,至1918年,在不足3年的时间内,法、英两国相继在中国招募了约14万多名赴欧华工。其中英国招募人数约为10万名,法国招募人数为4万名至5万名。而由威海卫输送出洋的华工达4万多名。

一战结束后,英国殖民部曾致电时任威海卫行政长官骆克哈特:"此次由威海卫方面招募之华工,工作成绩极为优秀,英政府得中华人民如许助力,尤为感谢也。"

的确,一战期间赴欧的华工为英法联军的胜利做出了巨大的贡献,甚至对维护整个世界和平都有着不可磨灭的历史功绩……

华工血泪洒西洋

法、英招募的一批批赴欧华工上了出洋的轮船启程了，家乡和亲人渐行渐远。前面茫茫大海滚滚翻卷的波浪，预示着等待他们的将是艰难的行程、沉重艰苦的劳役、恶劣的环境，甚而还有遇袭、染病等亡命之险……

华工赴欧的航线，初期为南下印度洋，经苏伊士运河与地中海，或绕道好望角抵达法国。在德国发动无限制潜艇战之后，则改为东行路线：取道太平洋，经加拿大（或巴拿马运河），再渡大西洋到达法国。虽然后一路线行程较短，但其航程仍需40天左右。如此漫长的旅途，其间的种种痛苦、危险遭遇等可想而知。

华工多为首次出海，大都会出现晕船反应。尤其是遭遇狂风巨浪，华工们"目为之眩，头为之晕"，呕吐者甚多。故而有人抱怨感慨道："设余一旦返故乡，誓必终身蛰居乡里，以事耕种，悠悠岁月，决不慕此虚荣，而受此痛苦。"

华工居住的客舱是低等的，"即货舱平日原弗搭客者，亦为工人下榻之地"。舱内搭置了马槽型的卧铺，由于人多拥挤，加之不少人晕船呕吐，空气、卫生状况极其恶劣，令华工苦不堪言。不仅如此，在饮食供应上，账房及厨司还会再行盘剥。为了"舞弊分肥"，狡猾的账房与厨司在饭食上"势必不给足量"，故意让工人饥饿，以便向他们另行出售食物。本应敞开供应的茶水，因厨司"宁贪小利"，也人为地故意制造短缺，以便他们"以开水售人"。

晕船之苦再加上种种疾病，致使许多华工身染沉疴而病逝海途。更令华工们难以接受的是，这些死者往往被毫无尊严地投入大海。这大大有违

华工招工之所（当地人呼为"苦力营"）

中国传统的殡葬风俗，引起华工们的强烈不满。为了让死者"入土为安"，即有华工"偷藏尸体"。被查出后甚至有人向船长"跪地求情"，要求保留尸体到岸后入土安葬，但仍被冷酷拒绝。无奈之下，华工们只能在悼念与默哀中海葬同胞了。

在敌方潜艇横行的太平洋或地中海海域，死亡的危险如影随形，焦虑、恐惧无时无刻不笼罩着华工。每每念及"万一遇险，家莫闻知，犹以为乘风破浪正在前行"之凄惨情形，更是朝夕难安。

凡此种种，华工们如在地狱里潜行，人人都祈念着安全抵岸，"以登法国大陆为升天堂"。

1917年2月17日，运送华工的亚多士号（Athos）邮轮遭袭沉没，华工遇难者多达543人。

据中华民国侨工事务局披露，欧战期间，光是遭德国潜艇袭击而死亡的华工计752人。

华工历尽劫波到达法国后，要先进入马赛或努瓦耶勒的齐集所，经重新编队，然后再分派至各地工作。其中，英国招募的华工主要集中在法国

华工劳作（一）

北部与东北部地段，部分华工曾被派往比利时服役。

在中国未正式对德宣战之前，法招华工大多先用于法国内地的普通工厂或军工厂，后又用于战区的军工厂。中国宣布参战之后，华工则被用于战区或法内地的军事工程。

英国招募的华工则大多被直接投放到了前线战场，少数有娴熟手艺的华工，如铁匠、木匠等，发挥其特长被派作旧业；大多数普通华工，则从事装卸搬运物资、砍伐树木、挖掘战壕、清扫战场和开采矿山等重体力工作。

华工虽然没有被派直接参与战斗，但他们所做的工作大都与战事相关，而且这些劳役多是法、英、美等国士兵不愿为之的苦力。如搬运子弹箱，"一二百斤重的子弹箱，全靠手搬肩扛"。为华工提供的医疗条件极差，华工们的小病小伤大多只能忍受硬挺了。如挖掘战壕，虽遇雨雪天气，仍要坚持作业。轮班休息时，不少华工只能依着战壕站立而睡。凡此种种，华工们"有泪往肚里咽"，其隐忍的品性、承受苦难的耐力令西人为之动容。

华工劳作（二）

华工虽不直接参战，但不少华工身处战地，枪林弹雨同样威胁着他们的生命。华工赴欧战场计3年时间，沉重艰苦的劳役与恶劣的环境，令他们"困苦咸尝，艰辛毕遇"。他们辛勤耐劳、隐忍负重、百折不挠的品格和精神，赢得了世人的高度赞扬。法国总司令福煦（Ferdinand Foch）称赞华工"是第一流的工人，也是出色士兵的材料"。

然而，华工们优秀的精神品质仍难以支撑起其应有的地位和尊严，他们依然饱受了种种"难以忍受的民族歧视"。

中国加入协约国之后，欧战战场的华工便是履行中国参战的义务，理应受到与其他协约国参战人员同等的对待，但实际情况却令人愤慨。其他参战国的兵士，到协约国助战，享受的是"宾主"的礼遇，而华工则被当成"殖民地的苦力（coolie）"对待。

在工资和生活待遇方面，华工与英法士兵、工人相差悬殊。曾在法国DORE木工厂工作的华工陈宝玉回忆说，英国木工的技术和操作能力虽远不及华工，但他们的工资却高出华工很多。而且英国工人的食宿是条件比华人好得多的单设，而华工则常常食不果腹。华工生病，须经英国医生批

华工表情

准方可休假。各类咖啡馆和酒馆，也不准华工随便进入。更有甚者，英国人的厕所，也禁止华工入内，否则就要受到惩罚。法招华工的待遇要略高于英招华工，但往往也会有"不良"之处。

长期遭受下等待遇和歧视，亦唤醒了华工的民族自尊心与爱国意识。战争结束后，英国军方在比利时发起了一次国际运动会，华工组织了12队约6000人踊跃参加。待抵运动场地后，当华工们发现飘扬的列国国旗中，竟没有中国国旗，华工参赛队伍立即退出比赛以示抗议。

不仅种种苦难、艰辛，让华工们备受煎熬，根据最近学者的研究，至少有3000名为协约国助战的华工献出了宝贵的生命。

在华工死亡数字中，直接死于战火袭击的占了很大的比例。

1917年11月15日，德军战机轰炸比利时波普林格（Poperinghe）的一个华工营地，13名华工当即遇难。在战地清理中，亦有不少华工因触及地雷和其他战时未爆弹药而伤亡。华工的死亡数字还包括乘船赴欧途中遭潜艇袭击的亡者、服役期间死于工伤事故者、染病而亡者等。

在法国、比利时，葬有华工尸骨的墓地多达数十处。华工坟墓最多的一处，位于法国索姆省（Same）的努瓦耶勒（Noyelles-sur-mer），它与加来省（Pas-de-Calais）的鲁明根（Ruminghem）墓地，是法国仅有的两处带有"中国"字样的华工墓地（Chinese Cemetery）。该墓地总共竖立了800余个墓碑。墓地拥有一个"中式"的拱形门台，上方镌刻着"千古"二字；两旁门柱刻有时任中国驻英公使施肇基撰写的门联："我欲多植松楸生长远为东土荫，是亦同庚袍泽勋劳宜媲国殇名。"

为了纪念死难的同胞，大批华工在归国前在昂德瑞克（Audruicq）墓地举办了一个追悼大会。会场扎起了彩色的牌坊，横额为"流芳千古"，挽联为："血洒欧西壮世运，魂返祖国挽神州。"

华工们多为生计而来欧洲，那么多人却不幸客死他乡。"欲求生活而反丧失其生命"，怎不令人悲叹不已！尤有甚者，那些尸骨无存、没有留下姓名的死难者，更是永远消逝在了历史的尘封之中。

契机

14万多名华工在欧洲战场、后方从事各种工作近3年的时间，客观上提供了一个东方人与西方人，东方文化与西方文化接触、融通的平台。同时，华工们得遇了一个更大的契机——大规模地接受了在法的中国精英们的文化授教，形成了中国大批低层平民在国外接受中国精英教育的特殊的文化现象。

华工赴欧助战，并非简单的出洋打工，背后寄予着当时中国一批社会精英的高度期望。蔡元培、李流等人就是这批精英的代表。早在第一次世界大战爆发之前，这批精英就已经开始倡导、鼓励并付诸实施中国学子去西方"勤工俭学"的构想。在他们的视域中，改良中国社会必须"首重教育","欲输世界文明于国内,必以留学泰西为要图"。

当得知法国来华招工后,他们便积极地推动、努力地配合筹划。一方面,他们根据实际考察献议中国政府规范招工事务;另一方面,他们中有的人亦直接参与了法国的华工招募。

1916年3月,蔡元培等人还在巴黎发起了华法教育会。该组织虽名为致力于中法文化交流,但其成立的直接动机,却在于向大批行将到法的华工普及教育。其中的华工青年会,由英国与北美的基督教青年会创设,以"德、智、体"三育为宗旨,为赴法华工提供各项服务。该会招募的干事中就包括了众多中国留学生精英,如蒋廷黻、李权时、全绍文、晏阳初、傅若愚、傅葆琛等。这些人中有的甚至放下自己的学业,专门义务为华工服务,其奉献精神令人钦佩!正是得益于他们"煞费苦心"的经营,青年会对华工进行了广泛覆盖的教育,产生了极深的影响力。"凡有华工的地方,差不多都有青年会的踪迹。"

华工翻译群,更是为华工与洋人的沟通互动创造了条件。

一战期间的华工翻译,是一个不小的群体,仅英招华工译员就达400余人。其中有夏奇峰、戴步云、张静愚、张荣森等,他们大多为来自中国各大高校如约翰、沪江、南洋、金陵、清华、北大等。这些翻译们具有较高的知识素养与宽阔的视野,亦不失为中国社会的精英分子。在翻译服务期间,他们本身与华工一起工作、生活,建立了密切的互动关系。

社会上层的精英与底层的劳工,在中国国内,客观上有着悬殊的差别。而在异国他乡,"赴欧华工"这一特殊群体,却有了与精英接触、接受他们教育的机会,客观上构架了劳工群体与社会精英互动的平台。

赴欧华工不但大多来自穷苦乡村,而且大多也是穷苦乡村中的穷苦者,在国内根本无入学受教的机会,自然知识匮乏,蒙昧于世事。如何兴办华工教育,快速提高华工们的基础知识,是最迫切、首要的任务。华工青年会采用多种方式、施展各种办法对华工施教，卓有成效成绩斐然。

其一，开班办学为华工授课。开办的班别或教授的科目以汉文、法文、英文最为普遍，间或也有历史、地理、简字、注音字母等科。比如大院青年会教授的科目有简字、地理、历史以及英法文等；比利时华工青年会教授的有地理、算学、英文、汉文与简字。这些班别或科目的教学工作系由青年会干事、译员以及个别接受过教育的华工等担任。

青年会专门编写了适用于华工的基础教材。最初，华工识字用的教材为董景安编写的《六百字编》。但教材系文言，并不适合初学字者使用。为此，华工青年会总部特请傅葆琛干事仿照《六百字编》，重新选择比较常用的600字，分门别类，以华工乐于接受的形式，联成五字一句的韵言，编成《通俗六百字韵言》。其后，傅氏又编写了一本涉及各种常识的《通俗新知识课本》，作为后续教材。各处教员还根据实际情况，选用或编写了其他教材。

一些会务较发达的青年会，每当华工完成学业后，还会召开隆重的毕业礼或休业礼。1919年4月15日，大院青年会的注音字母师范班举行了第一次毕业典礼，12个华工学员都领到了毕业文凭。1919年8月24日，大院青年会又举行了第二次华工"简字课"及"六百字编"毕业典礼，由校长高承恩颁发毕业、修业两种证书及优胜队各种奖品。1919年12月7日，岗城青年会举办了第一次华工国文毕业典礼，由巴黎总会韩慕儒先生为学员颁发毕业证书；法国人罗兰向华工分赠本校奖品数种……

第102队的华工，为感谢青年会干事，特意作了一篇祝词，其中写道："汉文算术，指导颇详；注音地理，日就月将；吾侪虽愚，进步非常。"这几句祝词既印证了华工们对青年会教学的认可，亦印证了华工们学业的非常之进步。

其二，创办多种报刊，对华工施以持续的文化素质涵养。其中以1919年1月15日在法国创办的《华工周报》最具影响。一周年间，该报共刊发了45期。先后由晏阳初、傅若愚、陆士寅担任主编。虽然每期报纸不过数页，但其编印过程却极为复杂。巴黎既无中国印书局，又无中国印字机器，创办者费尽心力，才使报纸得以出版。

《华工周报》包含了论说、欧美近闻、祖国近讯、华工近况、笑谈、简字教本等内容。其中"论说"部分旨在"提高华工的思想素质，培养华工的爱国意识"。如第2期刊载的《华工当顾国体》一文写道："人有脸面，国亦有脸"，"一人的体面不可丢，一国的体面岂可丢呢？""所以国体不可不顾"。华工要顾全国体，则有五件事情不应当行："不可骂人，不可自斗，不可赌钱，不可窃物，不可狎邪。"文章最后还告诫华工："法国是诸君的客地，既是做客，则行事不能随心所欲，放纵自己。如此不但是顾国体，亦实在是顾邦交。一己为轻，国家为重，请诸君大家勉励勉励。"

为增加与华工的互动，《华工周报》特向华工开辟了有奖征文园地。这种征文比赛方式，对于华工"交换知识、交换思想"颇为有益，极大地提高了华工学习文化知识的积极性。

《华工周报》对华工所起到的教育效果也是颇为显著的。诚如华工写给《华工周报》的周年祝词那样："开办一载，颇具成效；德智体育，三大纲要；培养性德，贯输真道，交换知识，启发心窍；欧风美雨，记录登告；文字浅显，意义深奥"。

华工归国后，《华工周报》对华工的影响仍在持续，并产生了显著的效果。

1924年2月，一位归国华工，到北京城拜访美国学人富路得。先摆出了他自法国带回且珍藏的《华工周报》。而后又演示了受此报的启发，数年来孜孜不倦研发的一台机器。

经富路得的两位工程师友人鉴定，此机器除一些部位须改进，其总体设计合理又先进，显示出了较高的创造性。此一例证，足见《华工周报》对华工影响之深远。

其三，举办演讲，勉励华工。青年会经常为华工举办演讲，演讲者，不仅有本处华工队的青年会干事，巴黎总青年会的干事亦常常到各处演说。在《华工周报》第29期刊载的《华工近况》中，一则名为"接替有人"的消息记有："本会演讲部干事全绍武先生服务期满，已于8月15日由马赛搭船回国。接其任者，为从前在利哈夫的罗世琦先生。罗君，山东人，道德高尚，才识优长。将来往各处演说，必能造福同胞。"由此可知，总青年会中亦有专为华工演讲的干事。

除了对华工知识层面的教育，青年会对华工的德育、体育、群育等方面也颇为注重。华法教育会在华工即将到达法国之际，便首先设立了华工学校，并招募了二十余名教师。蔡元培还专门为教师们编写了华工学校讲义，并亲自讲授，以为转授华工的准备。而部分华工翻译则组织华工成立了补习班，于工暇时教授功课，华工从中也获得了不少助益。

当在法的中国社会精英着力通过创办教育等形式影响华工的同时，华工也在某种程度上影响了这些精英。诚如晏阳初所言："欧战我参加服务华工，等于是自己在受教育"，"与其说我们到法国教育工人，还不如说工人教育了我们"。曾任青年会干事的傅葆琛，后来亦曾提到，"华工教育不只是华工的教育，也是为华工办教育的人的教育"。

受华工的影响，中国社会精英对华工乃至中国的"劳工群体"有了新的认识与定位。1918年11月16日，蔡元培在北京天安门庆祝协约国胜利大会上做了题为《劳工神圣》的演讲：此次世界大战"我们四万万同胞，直接加入的，除了在法国的十五万华工，还有什么人？！"透过这一事例，蔡元培进一步强调了更广大劳工的价值——"此后的世界，全是劳工的世界"。

曾任翻译职务的顾杏卿回忆称："华工之在祖国，国人皆以下等阶级视之，欧洲白人亦以苦力呼之，然华工爱国之心实未尝较受有高等教育者稍逊。"

晏阳初通过为华工服务的经历，获得了两大珍贵发现："中国诚朴农民智慧高、能力强，只可惜缺乏读书求知的机会；中国高级知识分子，竟是这样愚昧无知，完全不认识自己多数同胞的'苦'与'力'。"晏阳初因此成了苦力贫民的"崇拜者"。

东西方文明的传播者

东方西方天涯相隔、文化的差异、交流的匮乏，致使欧洲社会对中国人真实的生活相当陌生。当黄皮肤的华工浩浩荡荡踏上欧洲大陆时，当地民众甚至颇为"诧怪"。

近15万之众华工到欧洲助战协约国，无论对中国还是对欧洲而言，都是前所未有的，对东西方的文化交融，也产生了更深更广的意义。

一方面，华工通过与欧洲社会的直面接触，促进了欧洲人对华人的认识，同时也传播了中国的文化；另一方面，受西方文明的影响、熏陶，华工们的思想观念、自身素质等方面都发生了一定的变化。他们归国后自然挟带了"西风"，对国内的各方面也产生了种种影响。由此来看，赴欧华工堪称"东西方文明的传播者"。

大规模的华工通过与欧洲人全面的接触，加深了东西方民族的相互了解，一定程度上消除了欧洲人对华人道听途说的片面认知，塑造了新的"华人形象"。

在与华工的日常交际中，欧洲当地人不无惊喜地发现，哈，原来东方的中国人"举止有礼，毫无粗鲁之态度"。这些略显木讷的黄皮肤人也乐于与当地人接触，他们经常拿营所中发的烟、酒、糖果等，邀当地人同享。如此这般，华工们逐渐赢得了当地人的尊重。在与当地人广泛的接触、交流、交融中，华工们与他们也建立了深厚的情谊。

华工们从事的大都是艰辛的工作，但他们勤奋耐劳，甘于吃苦。同时他们还非常喜欢与欧洲人谈笑，令欧洲人"突以为奇"，打破了他们认为中华民族是"不知诙谐的民族"这孤陋固化的概念。

总体而言，欧洲人对华工的印象甚佳，英、法人常诙谐地称华工为"世界上最快乐的儿童"。

华工融入协约国的战地服务及其他各方面工作与生活之中，自然而然地要推崇、传播中国文化。比如，在节庆日，当地会举办一些"中式"的文艺演出，吸引了众多欧洲人观看。在中国的传统节日春节期间，华工们在昂德瑞克自发地组织、举办了一场中式文艺活动。演出了中国的京剧、梆子、评戏、杂耍、舞狮、龙灯等节目，令当地人赞赏不已。尽管演出的水平不见得有多高，但东方文化的魅力已令他们为之着迷。

除了节庆日，平日华工们亦常组织小型演出，许多华工队甚至专门成立了自己的戏曲演出班子。如岗城五凤楼煤铁厂的华工，就成立了一个名为"同乐园"的戏曲班，每逢星期三、星期六晚上排演新旧戏剧。前去观赏的当地人非常多，该处的华工总办暨法国工头亦常常涉足其间。

华工们利用精湛的工匠手艺制作的"炮弹壳工艺品"，则成为传播中国文化的另一种载体。闲暇时，不少华工会锯裁炮弹壳，再镌以花纹，经打磨制成笔筒，出售给当地人。其价格按尺寸大小、花样之新奇、花纹之疏密而定。"贱者五六佛朗，贵者10数佛朗"。在欧服役期间，华工们制作了大量这样的笔筒，成为抢手的艺术品，深受当地人欢迎。这些艺术品包含了丰富的中国文化元素，如雕刻的龙凤、仙鹤、诗文等。欧洲人欣赏的同时，也在接受中国文化的熏陶。

可以说，华工赴欧助战为中国走向世界打开了一扇窗，在一定程度上展示了中国文化。

华工出国赴欧——离欧返国，客观上造成了一定程度上的东西方文化

西方与东方

的双向交融———一战结束后,除部分因各种原因留在法国,大多数则陆续返回中国。长达三年的这一去一回,众华工于欧洲传播中国文化的同时,不可避免地与西方文明接触、融通,自觉不自觉、主动被动地在一定程度上被濡染。其思想观念、自身素质甚至生活方式等,自然会发生一定的潜移默化。他们归国,无疑会带回、传播这种变化,在周围产生不同程度的影响。1918年4月出版的《中国学生月刊》甚至预言,归国华工将会成为传播欧洲文明的最有力和有效的桥梁。

华工们将自己在西方的见闻讲述给身边的人时,其言谈举止、处事做派对周边的人产生影响时,的确在某种程度和意义上传播了西方的文化、文明。有的华工还会向乡亲传授简单的外语、介绍一些西方的娱乐活动、西方人的处事方式和生活习惯。凡此种种,华工们归国后于各自的乡村及其他所到之处,荡起了持续的西方涟漪,让更多的人对西方文明有了或多或少的认知。

华工归国所带回的物品,可谓西方文明的物质载体。如手摇电影机、瑞士表、留声机、法国风光图片、见闻录,等等。这些物品不仅直

精英言语：劳工神圣

接展现了西方的物质文明，更重要的是开阔了中国闭塞的村人的视野，让他们有了一些对西方文明直接的感知。凡华工所带回的留声机，不但在本村，在周围的村庄也引起轰动，乡亲们会争先恐后地前来欣赏聆听。华工带回来的手摇电影机产生的效应更是不得了，每当放映，围观者真可谓人山人海。所放电影的内容涉及商品广告、汽车、火车、机器制造等方面，让黄土地上世世代代的庄稼人感受到了西方文明的巨大魅力和强烈的冲击。

华工所带回来的法国风光照片，也被广为传阅，为人们了解西方打开了一个直观的窗口。华工所撰写的西方见闻录，展现了华工参战的经历以及西方社会的方方面面，让读者对西方文明有了更多的了解。如华工孙干所写的西方见闻录，内容涉及了英、法等西方各国社会、经济、教育、卫生、生活等各个方面。归国华工带回的这些西方文明的物质载体、所记述的西方见闻录等，对传播西方文明确乎起到了最为直接的作用。

更有甚者，有的归国华工甚至将一些对西方的认识、感悟、思想付诸实践。华工孙干本来就是抱着考察西方教育的目的出洋的，归国之后，竟仿照法国的乡村教育模式，在家乡博山建立起第一所乡村女子学校——"和尚坊"女子小学。华工们类似这般采他山之石以攻玉的实践，无疑在更深层次上传播了西方的文明。

华工的贡献

近15万华工赴欧，以其血肉之躯助协约国赢得了第一次世界大战，同时也为中国换取了战胜国的地位。

然而，一战华工的巨大贡献，在一战结束后长达70余年的时间内，没有得到应有的认可，一战华工的参战历史，也被曾经的战胜国们不同程度地集体遗忘。而中国本身则因政权更迭等原因，将华工参与一战视为北洋政府的软弱无能，也基本采取了选择性遗忘。

进入20世纪80年代后，在滞法华工和法国华人社团的不断争取与努力下，法国开始转变对一战华工参战这段历史的态度，华工的地位逐步得到认可。法国政府对华工逐步提高的评价，引起了国内学者的关注。尘封多年的这段历史，渐渐被拂去了尘埃。进入21世纪，东西方社会对一战华工所做出的贡献，终于给予了明确的肯定和赞誉。

2009年，中国中央电视台《探索·发现》栏目制作的电视专题片《华工军团》，开篇即提到：一战华工与北京、上海的青年一样，同是五四运动的先驱者。

第一次世界大战结束后，战胜的协约国集团决定在法国巴黎召开和平会议。中国作为协约国的正式成员，也派外交总长陆征祥率团出席了会议。

中国作为战胜国，对战事的主要贡献虽不在直接参与军事打击，而为协约国战勤方面直接服务的近15万名华工，其功劳当然不容忽视。借用白蕉的话说："所谓参战，而实际有功，足为国家稍争体面者，确为华工。"怎奈各国报告战事贡献时，中国代表团一时却找不到参战华工的实际材料以资报告。为此，中国代表团便急急地找到了晏阳初本人。晏阳初深知兹事体大，马上着手收集了华工所得奖品、奖状、当时的照片、战地伤亡的记载、华工几次在英法军队危急之时冲上前线，助其打退德军而得到的大批铁十字章等物证和文图资料等，提供给了中国代表团。

这些实物和资料足以证明，近15万名华工为大战所做的艰苦卓绝的贡献甚至流血牺牲，也使中国代表在巴黎和会上有了理直气壮的发言权。

众所周知，巴黎和会的结果，是无视中国的合法权益以及华工的巨大贡献，无理拒绝了中国代表团提出的一些正当要求，甚至将德国战前在山东的一切特权转交给日本。消息传回国内，引发了中国现代史上具有划时代意义的五四运动。在某种意义上而言，一战华工对五四运动的爆发起到了间接的诱发作用。

而在和会举行期间，众多华工更是表现出了极高的爱国热情，并付诸实际行动。1919年6月27日，也就是和约签字的头一日，旅法华工万余人纷纷集议，向各专使请求拒绝签字。和约签字当日，旅法华工等集合至三万余人奔走呼告。同时，华工还曾将专使寓所包围，以至专使不能赴会签字。凡此种种，充分表现了华工的觉醒和高涨的爱国精神，对中国代表团拒签合约产生了更为直接的推动作用。

中国拒签合约，为山东问题在日后华盛顿会议上的重新提出与解决提供了机会。

一战结束之后，有3000多名华工因各种原因留在了法国，开创了中法关系史上华人成规模移民法国的先例。

第一次世界大战结束70周年之际，在滞法华工和华人社团的不断呼吁要求下，1988年法国政府公布了有关华工的档案，并在里昂车站附近的毛里斯德尼街口广场镶立了一块华工纪念铜牌。当时主持仪式的法国邮电部部长基莱斯说:"这是对遗忘的补偿。"时任巴黎市市长的希拉克(Jacques Chirac)致函华裔融入法国促进会,对华工评价:"任何人都不会忘记这些远道而来、在一场残酷的战争中与法兰西共命运的勇士,他们以他们的灵魂和肉体捍卫了我国的领土、理念和自由。"

时隔10年之后,在"一战"结束80周年之际,法国政府又在巴黎13区华人社区的布迪古花园里,为当年参战的华工立起了一块石碑。上面用中、法两种文字写道:"纪念在第一次世界大战中为法国捐躯的中国劳工和战士。1914—1918。"

2002年清明节,法国北部的诺来特华工墓园,举行了第一次大规模公祭活动,隆重悼念"一战"期间为法英做出牺牲和巨大贡献的中国劳工。

努耶市市长雷托卡尔·米歇尔在公祭仪式上讲道:诺莱特墓园是"中法两国人民友好的象征"。要借此机会"表达对那些在第一次世界大战中为法国遇难的中国孩子们的敬意和感谢"。

公祭仪式还宣读了时任法国总统希拉克、总理若斯潘的信件。希拉克表示,他要向用自己的生命为法国和人类理性原则的胜利做出贡献的华工致以崇高的敬意:"他们的勇气和精神令人钦佩,法国人民永远不会忘记他们。"法国总理若斯潘的信中则提到:华工"远离祖国来到法国,与英国盟军一起保卫我们的国家,捍卫她的自由,表现了极大的献身精神。我向他们表示崇高的敬意"。

2008年11月,法国再次举行了隆重的仪式、活动,缅怀在第一次世界大战中为法捐躯的华工。在活动中,法国国务秘书博克尔表示,当年的西方列强将德国战前在山东的一切特权转交给日本,是不公正的。这也是法国官方第一次对外承认一战后不公正地对待了中国。

不但法国,比利时的西部地区也是一战期间华工集中服役的地方。

2010年4月至8月,位于比利时伊珀尔市的佛兰德战地博物馆,办了"以铲代枪"华工与欧战特展。以各种实物、图书、影像等,展示了一战期间华工为协约国做出的贡献。

2010年5月,佛兰德战地博物馆又联合法国奥巴尔海岸——滨海大学共同举办了一战华工国际学术会议。会议期间,伊珀尔市还举行了Menin门华工纪念会,公开悼念那些没有墓碑的华工先烈。此外,波普林格市亦在此期间举行了华工纪念碑及雕塑揭幕仪式。中国驻比利时使馆临时代办陈小明在致辞中表示:华工"用自己的血肉之躯铺下了中比友谊的基石,成为中比友好交往和比利时华人社会的先驱"。

The
Biography
of
Weihai

威海 传

香港从警

第十章

在近一个世纪的岁月里,威海卫警察作为香港警队的中坚,为香港社会稳定和多元文化建设建立了卓越功勋,也为香港与内地的各方面合作交流做出了特殊的贡献。

聚焦威海卫

1922年，香港。

时至3月中旬，人们还没从飓风暴雨般的海员大罢工中缓过来，萧瑟、萧条之气，依然笼罩着整个香港。

历时五十六天的海员大罢工甫一平息，香港警察总监胡乐甫，即向港督报告了处置大罢工中警队自身暴露出的诸多严峻问题，特别建议：必须马上增强警力，并对警员的组成结构进行调整……

在处置香港海员大罢工的各个节点上，香港总督斯徒拔以惯常的强硬姿态处之，激发了更激烈的反弹，酿成了港岛社会大面积的震荡、骚乱乃至瘫痪……

警方在处置大罢工中显露的种种问题，同样给了斯徒拔切肤之痛——胡乐甫的建议与他产生了共鸣——必须加强警力，必须对警员的结构进行调整，建立起足够强大的、效忠的警察队伍；警署必须迅速拿出以最低的成本招募素质好、保证效忠的新警员的具体方案……

警察总监胡乐甫马上于警署召开会议商讨新警员的招募地。

一个个方案被提出，但经争辩、论证，又被否决……

最后，胡乐甫提出了一个方案：我们何不到我们的威海卫招募新警察？！

——香港警员的结构调整，走到了一个变化的历史节点上——

此时的威海卫的确是他们英国的租借地。

胡乐甫本人多年前曾以招工代理的身份驻扎在山东的芝罘（烟台），招募过赴南非金矿工作的劳工。也多次行走于芝罘与威海卫之间，并从威海卫招募过劳工，对威海卫人各方面的素质极为赞赏。

胡乐甫以自己的亲历及可靠的资料，简要介绍了在几个历史节点上，威海卫人身份变化之后的优秀表现。从而论证了从威海卫招募新警员的可行性：

1. 在威海卫变成大英租借地一年之后的1899年，我们便在威海卫组建了"中国雇佣军团"。其中威海卫籍的士兵，在执行日常任务和参加战斗中，都有着忠诚又英勇的表现。

2. 1904年，英国即在威海卫招募了2000多名华工，赴南非德兰士瓦金矿做工。1907年，又在威海卫招募劳工赴海参崴、苏门答腊等地做工。当时的英国驻华公使朱尔典（Jordan），高度评价威海卫华工在世界各地的表现：他们不仅能耐严寒，而且强壮能干，山东是最好的招募地区……

3. 威海卫租界组建巡捕队（警队）时，从当时的"中国军团"抽调了部分威海卫籍的士兵充任巡捕。特别是"中国军团"解散后，有更多威海卫籍士兵就地改行当了巡捕。他们在从警中廉洁效忠、公正执法，有着很好的口碑。

4. 第一次世界大战期间，英、法两国在中国招募了近15万名华工赴欧洲战场，从事战勤事务。从威海卫招募、转运的华工达50000多人，威海卫成为一战期间最大的华工输出地。英国殖民部部长曾专门致电当时的威海卫行政长官骆克哈特："从威海卫招募的华工军团，对战争发挥了巨大作用……"

共识达成了——从威海卫招募新警察！

港督斯徒拔，同意从威海卫招募新警员，并要胡乐甫亲自带队去威海卫招募第一批新警员。

威海卫有训练"中国军团"士兵和一战赴欧劳工的设施和经验，新招募的警员就地进行训练，还可以节省一大笔财政支出——共识达成了！

遥远的威海卫的青壮汉子们，他们可感知到，这一刻，决定了你们当中的一部分人，命运和人生的轨迹将发生根本的改变……

胡乐甫亲临威海卫招募警察

1922年春夏之交的一天。

威海卫的爱德华港码头跟平常也没什么不同，但这一天却在威海卫以及香港的警察史上都刻下了印记。

威海卫行政长官勃兰特（A.P.Blunt）等站在码头，迎接前来威海卫招募警察的香港警察总监胡乐甫一行。

这之前，勃兰特与胡乐甫频繁地书电往来：要英国归还租借地威海卫的呼声一浪高过一浪，在威海卫的归属风雨飘摇之际，从整个威海卫优秀青年中优中选优地大量招募赴港警察，便是将威海卫年轻人中的精华萃取了。这对大英来说意义巨大又深远。

招募赴港警察的会议随后召开。

香港方面：警察总监胡乐甫及随员全部与会。

威海卫方面：行政长官勃兰特、威海卫警方、正华务司等政府官员、地方商会及社团代表参加会议。

勃兰特将胡乐甫一行来威海卫招募警察的意图及威海卫政府应做的配合工作，简明扼要地做了说明。

胡乐甫的发言直奔主题：此次他带队来威海卫就是要在威海卫招募赴港警察，具体要求大致有以下几点。

1.招募对象：此次招募的对象为年龄在二十岁至二十五岁、身高不低于5尺6寸、身体强壮、品格优秀的威海卫地方男性。文化程度、婚否暂不设限。

2.时间要求：会后即展开招募工作。由当地政府发布消息并发动适龄人员报名。经各项检测初选入围者，将集中在威海卫的北大营进行为期6个月的集中培训。考核合格者明年初即赴香港就职。

3．薪金和待遇：新招募的合格警察到香港就职后，年薪不低于320香港银圆。此薪金在香港也算是较高的，其他各种奖金和补助金另计。

4．任期：新招募的警察在香港的任期为三年，期满后表现优秀者可继续聘用。

5．组织程序：自招募开始、集结训练，一直到赴香港就职，全过程由香港警方与威海卫政府负责。务请各位协力同心，圆满完成招募工作。

6．为什么要到威海卫招募警察：威海卫人忠义敦厚、体格壮硕，在"中国军团"中、在赴外劳务中、在一战赴欧战场上都有着优秀的表现。威海卫成为我大英租界的二十多年来，威海卫人拥戴且效忠政府，堪称租界之典范。完全有理由相信，从威海卫招募的警察会在香港胜任职责，并有优异的表现……

胡乐甫的主要随员布克助理督察，又就招募警察的一些具体事宜做了详细说明。他本人将在警察的招募、训练全过程中驻守威海卫。

布克于第一次世界大战之前加入香港警队，一战期间曾回英国参与赴欧华工的管理，并在华工队升至少校军衔。

随后，威海卫行政长官署又召开了由威海卫26个小区总董参加的招募赴港警察工作的发动、启动会议。

首批威海卫籍警察赴港

1923年3月20日清晨。香港，维多利亚港薄雾袅袅弥漫——"呜"——"贵州"号轮船汽笛长鸣，驶进了港湾。

"贵州"号此次航程的起点是遥远的威海卫海湾，终点是香港的维多利亚港。此次航程非同寻常，对香港的警察史、对威海卫的历史，都是新的标示……

一簇簇身着香港警服的新警察迫不及待地从各个仓门拥出，挤满了船舷的甲板——他们是香港自威海卫招募的第一批警察。

半年多前，他们经历了太多难以尽述的折磨、纠结，又通过了层层筛选，才变成了现在身着香港警服的他们。

他们的参警大致可分为下列三种情况：

一、五分之三的人愿意当香港警察，其家庭亦支持，顺风顺水地报考了香港警察；

二、五分之一的人本身虽想当香港警察，其家庭却阻挠，历尽纠葛、纠缠、折腾，才挣脱了千丝万缕的羁绊，而报考了香港警察；

三、五分之一的人由于这样那样的顾忌、羁绊，不想或难以脱身到香港当警察，而经村董、亲友等苦口婆心软缠硬磨的规劝，才报考了香港警察。

片刻之后，他们便在码头上集合为整齐威风的四列小队。

自1922年夏他们被招募入围后，便集结在威海卫的"北大营"，接受严格的训练：起床、列队、行走、站立、跑步、摸爬滚打、擒拿、格斗、射击……一道道、一层层、一级级的训练、考核淘汰，他们才变成了现在的他们。

领队在队伍前讲话并下达了指令：

"一、你们是香港警队第一批自威海卫招募，并在威海卫经过了半年严格训练，通过你们个人的努力达到了录取标准的警察——欢迎你们安全抵港！

二、长途海上之旅大家辛苦了——今天白天休息，晚上香港警署总监将宴请你们！各位尽可开怀畅饮——但不准喝醉！

三、晚宴之后你们要好好休息，明天有重要任务——上午10时港督要检阅威海卫第一批入港的警察队伍——各位要抖起精神接受检阅！

四、明天受阅之后，各位就要奔赴各自分配的岗位就任——祝各位在各自的警位上努力勤勉工作、升职愉快！"

1923年3月21日，第一批自威海卫招募的新警察接受了香港总督斯徒拔的检阅。

22日，香港的《中国邮报》和《香港电讯报》等报纸，都对此事进行了报道。

《香港电讯报》刊发了如下报道：

新警察分遣队　来自威海卫的新兵

华警威海卫分遣队周二乘"贵州"号抵达。昨日总督阁下在内维尔上尉的陪同下，在九龙对其检阅。新兵们身着制服——卡其布衬衫和宽松短裤、打着绑腿、头戴阔边帽，一派飒爽英姿。他们携带步枪刺刀，大约五十人，士官五名。士兵们体格高大，他们是来自威海卫的第一批警察新兵，将驻守在新界的四个地方——凹头、青山、平洲、落马洲，被接替的三十一位印度警察将返回香港执勤。分遣队有三名随行译员。

昨天在蓝烟囱货仓码头（Holt's Wharf）对面内森路街角处进行了列队检阅。新兵们的操练表演颇为出色。当时出席检阅仪式的有总督阁下，陪同人员有警察总监胡乐甫、伯林汉姆（Burlingham）和布斯（Booth）先生，总督察麦克唐纳（McDonald），警官肯特（Kent）、福克斯（Fox）和安格斯（Angus）及其他人。分遣队乐队由身着猩红紧身上衣和蓝裤子的印度人组成。检阅完毕，士兵们向火车站进发，乘车奔赴岗位。

再回过头来看看,这第一批赴港的新警察在威海卫的招募过程吧。

胡乐甫离开威海卫后,威海卫招募香港警察的工作由布克助理督察和在威海卫临时转招的香港警察姜仁毓负责。

姜仁毓原为威海卫租借地的警察,一战期间曾赴欧做过华工翻译,能说一口流利的英语,各方面在威海卫警队均出类拔萃。胡乐甫来威后,将其挑选为助手。胡乐甫离开威海卫前,又将其聘为香港正式警察,协助布克助理督察在威海卫负责香港警察的招募、训练工作。

第一批应招的青年集合在北大营,布克和姜仁毓共同坐镇主考,报考青年必须先过目测和口试这第一道"筛子"。

对报考青年的文化程度并不设限,哪怕大字不识一个,只要身体形貌好、品行好就能过关。

所谓口试,除了提问一些最基本、简单的社会、生活常识之外,更多的则是对报考者对家庭和社会的责任心、处事待人的态度等的盘问、考查。

这看似简单的第一关,却淘汰掉了不少报考者。有的人并不知道自己的破绽和漏洞出在哪,稀里糊涂便被淘汰了。

午饭时分,姜仁毓在去往餐厅的甬路上,被一个穿长衫的人拦住——姜仁毓熟识此人,是商埠区一家商行的掌柜。

这掌柜迅速地将一个信封塞到了姜仁毓手中,说是一封信,便匆匆离去。

姜仁毓急急地打开信封一看:里面竟是一张50块大洋的银票,也的确有张请姜仁毓关照的信。

原来这掌柜的侄子也报考了警察,送上这些钱,请姜仁毓关照其顺利过关。

快走到餐厅时,又有一个青年挡住了姜仁毓的去路,质问为什么在口

鲁（威）警英姿

试这一关把他给撸了？

姜仁毓记得清楚，口试时他问这青年：你家饭桌上要是只有一个饽饽，你吃多少？你家其他人吃多少？

小伙子回答：一年里俺家也吃不了几回饽饽。要是只有一个饽饽，俺妈总是先掰一半给俺，剩下的那半再分给俺爹和俺三个妹妹，俺妈自己一点也不吃……

这青年当场便被淘汰掉了，想不到他不知愧疚竟跑来质问。姜仁毓便对其一番训教。

小伙子这才感到了愧疚，表示以后有了好吃的，一定先让着爹妈和妹妹。他临走时心有不甘随口说道："那，那俺村的戚务农去年分家时，为争一口大缸，把他爹的鼻子都打出血了，他怎么就过了关？"

那个戚务农因身高出众又强壮，所以姜仁毓对他印象也特别深。口试时无论问什么，那个戚务农也对答得体，不但让他顺利过了关，而且还以为他是佼佼者呢。闻听小伙子说出这一节，姜仁毓惊诧不已："你说的可是真的？"

"这俺能胡说吗？不信你找俺村村董问问……"

姜仁毓急急地找到布克，将遇到的这两起事件一一陈述，没料到这第一关，就存在这么多隐患、纰漏。

布克也深感事态严重，二人决定，即刻暂停一切检测。然后便急急地奔行政长官勃兰特的办公室而去……

第二天，行政长官公署便召开了紧急会议：政府有关部门、小区总董、各村村董全部参加了会议，专题研究解决招募香港警察中出现的问题。

戚务农村的村董承认，去年因分家争一口大缸，戚务农的确把他爹打了。这次戚务农报考港警，因多人说情，村董碍于情面才给他登记注册了。

勃兰特要求各村董要引以为戒，对报名者要予以初步筛选，有劣迹、品行不端者不予登记造册，已经登记造册的现在马上报告，予以除名。如在检测过程中再发现有劣迹、品行不端者混入，则要追究村董的责任。

随后，那个向姜仁毓行贿的掌柜，也当众对自己的行贿行为进行了检讨……

会议制定了三条措施：

一、各位村董回村后马上召开已报名的青年和家长的会议，公布纪律，严禁任何人以任何方式，在香港警察招募的过程中说情、行贿。如有胆敢违犯者，立即取消其报考资格，并令其当众做出检讨，严重者交由司法处治。

二、由各村村董、小区总董负责，对本村、本小区应考青年的人品、德行进行一次广泛深入的了解，并要为他们出具书面鉴定。凡发现品行不端、有劣迹者，即可会同警察招募小姐，取消其报考资格。

三、为保证赴港从警者奉公守法忠于职守，凡通过体检者，需找出赴港后的担保人,并出具大洋五十元作抵押金。待在香港工作期满后再返还。家庭困难者可申请由政府贷款。

查找当年的相关资料,找到了一份阮家口村村董的担保书,特复原如下:

第　号

具保状人阮家口村阮学谟实保得阮培盛在香港大英国家充当巡捕长年保其认真办事不敢在外招摇撞骗假公济私倘有不法情事由保人承担恐后无凭特具大洋伍拾圆保状为证。

民国拾九年阳五月二十一日
保状人阮家口村董阮学谟押

此保书的担保人虽为村董,但当时并无规定非村董担保不可,村中只要是拥有二十亩田地的体面的成年人,均可做担保人。

以上几条措施落实之后,北大营的检测随即又启动了。

目测、口试之后,要在大英民医院对报考者进行体检——这些报考的青年从未脱得一丝不挂让人检查,何况是接受洋人的检查。大多数人感到特别难为情,十分抵触,可再怎么难为情,这一关又逃避不了,为了能当上警察,也只好硬着头皮豁上了。

个别青年说什么也不肯脱光衣服过裸检这一关,竟然放弃了,骂骂咧咧地跑回家了:俺宁肯不当这警察,也不脱光腚给你洋人看。

每一道检测都会淘汰掉一部分人,一道道严格的检测筛选,一道比一道的筛眼小。据传说,多年后在香港招考威海卫警察,还有一道特别的检测:应试者须把双手伸出,让考官触摸。同样条件下,手掌较粗糙者获得通过的机会会大大增加。因考官倾向挑选干过更多重活、在田地里胼手胝足吃过更多苦的年轻人。

到最后,有五十名应征青年正式入围第一批香港警察大名单,接受下一步的集中训练,另有十几名则列入备选的预备队名单。在训练中被淘汰的入围者,则由预备队员顶替。

值得一提的是,那位向姜仁毓行贿的掌柜的侄子,最后顺利地通过了道道检测,竟然考中了。

姜仁毓与布克经深入调查得知,那行贿的掌柜的侄子对叔叔的行贿事前并不知情。村人对其为人也颇有好评,而且村董信誓旦旦地保证其品行皆优是个好青年。

如此,布克和姜仁毓研究决定,准予这青年参加检测。不想,这青年一路顺利过关。

香港威警的管理与待遇

一批按一批的威海卫人应招到香港当警察,至1924年,招募至香港的威海籍警员已达275人,约占当时香港警员的五分之一。

自威海招募的警员在香港从警后,被警队冠以"威海卫警察"的番号(俗称"鲁警"),其管理自成体系。

1926年,香港警队依籍贯,将警员分成不同组别,以在警员的编章编号前分别加英文字母来区别。其中,A组代表欧洲籍警员、B组为印度籍警员、C组代表本地的广东籍警员、D组代表威海卫籍警员。

1923年,威海卫警队中有21名警员被转招至香港警队。

1950年至1953年,香港的威海籍警员总数达千余名,成为威海籍警员人数最多的时期。

自威海卫招募的警员,若被招募者在威海卫完成训练,则自录用之日起发给全份薪金,赴港船费也由港方支给。警员的薪金依职级、岗位不同以港元分别计算。督察年薪最高,为港币900元,新差的年薪最低,为港币216元。其中,一等警察与二等警察的年薪可按资历逐年递增,增额均为每年12元。薪金之外,香港警方还为威海卫警察设有特别津贴、方言津贴与服务有功津贴及年功津贴。其中特别津贴主要给予"护航勇"(水警),额度为每年24元。方言津贴主要为鼓励威海卫警察学习、掌握在港执行警务所需的各类语言。按照英语、广东语、客家语等共分8级。最高的为高级英文,每月津贴4元,最低的为第一级客家语,每月5毫。服务有功及年功津贴分为4等,最高的第一等功牌每年津贴120元,最低的第四等功牌每年津贴30元。由于被视为海外雇员,威海卫警察还享有海外津贴。

曾任香港特别行政区第四任行政长官的梁振英,其父梁忠恩即1928年自威海卫被招募至香港的警察。当时梁忠恩跟大多数威海卫警察一样,其月薪往往不敷家用,梁振英童年时便不得不与家人一起做手工,以至成就了香港"穷人的孩子早当家"的典范。

梁振英的祖籍为现威海经济技术开发区桥头镇的柴里村。在1368—1398年,有梁氏人家由蓬莱东迁到威海的兴子顶山脚下筑屋舍而居,并以柴棒广筑藩篱卫护村庄,"柴里"村名由此而来。现柴里村有270多户人家,有600多名常住村民。梁姓自古时起就是柴里村大姓,如今,村中90%的村民都姓梁。

威海卫梁氏曾于1924年编修过一套《梁氏家乘》《梁氏族谱》,共计12册,第6册上记有梁振英祖父梁葆珣、父亲梁忠恩(族名:梁泽元)的名字。

按梁氏族谱算,梁振英为威海卫梁氏第十七世孙。

梁葆珣育有三子:梁启元、梁钦元、梁泽元(即梁忠恩,梁振英之父)。

1928年，梁忠恩自威海卫被招募为香港警察入港从警，并在香港定居。

1954年8月，梁振英在香港出生。那时，梁忠恩一家在西营盘西边街的警察宿舍居住，后来才搬到荷李活道警察宿舍，住603号房。梁振英的姐姐和妹妹后来都在警察子弟学校读书。

其实梁忠恩一家在西营盘警察宿舍居住时，梁振英便于1960年，早早就入读荷李活道警察子弟学校了。

授勋

那时，梁振英一家五口人只靠父亲梁忠恩300多元的年薪金过日子，生活相当拮据。

幼小的梁振英过早地深深品味到了生活的艰辛，就读荷李活道警察子弟学校一年多之后，他每天便不再乘坐电车，而是步行往返家中与学校，而愿意步行上学，为的是节省每次一毫子的电车费。

按照规定，警察退休时，就必须搬出荷李活道警察宿舍，并不得申请其他公房居住。这就意味着，一旦梁忠恩退休，一家人则必须自费解决住处。而梁忠恩的薪金也只能勉强维持一家生活开销，再怎么精打细算节衣缩食，要想在退休前积攒下购买自己住房所需之资是不太现实的。

梁振英的母亲终于找到了为一家胶花厂手工加工胶花和玩具的营生。母亲将做胶花和玩具的物料领回家，发动全家一起加工制作胶花和玩具……

每天放学回家做完作业之后，梁振英与姐姐妹妹都要全力以赴地加工胶花和玩具，而母亲往往会不顾疲倦加工到深夜。

如此这般，一个月下来竟能挣到300多元的加工费。随着加工熟练程度、技术的不断提高，收入也相应地越来越多了。穷人的孩子早当家——10岁左右的梁振英已经能够独自去胶花厂背回原料、送交成品了。就这样，靠一家人的打拼，4年之后，终于在梁忠恩退休之前，梁家购买了自家的住房。

梁振英曾对采访他的记者回忆当年全家加工胶花的情景："我家中的木箱里至今还收藏着母亲当年留下的那袋塑料花。这袋塑料花已成为我们家的传家宝，现在，我还经常拿出来给自己的孩子看……"

威海卫警察于3年合同期满时，经批准可继续任职3年。凡继续任职者，之后每当任职满3年，可享受3个月足薪假期，回乡探亲者可获旅行津贴；凡娶妻者，经香港政府允许携眷来港，则提供最多四人免费船票；凡去世者，在港家眷由政府发给3人为限的船费回威海卫；凡供职不足10年因病告退者，照其服役年数每一年给予一个月薪金；凡供职满10年继续留任者，如其告退时，经香港理藩院批准，可获发长俸。但除因病告退外，凡供职未满15年或未及45岁者，均不得享受长俸。

为照顾生活习惯之不同，早期，警方在威海卫警察驻守的警署内，均配有专门厨房，供其使用。威海卫警察大多自选伙头负责采购食材，并雇专门厨师为其烹饪。

港警威龙

早期赴港的威海卫警察，大多被派往新界边陲地区驻守，后逐步调入交通部、冲锋队。身材高大、强壮，吃苦耐劳的威海卫警察受到交通部、冲锋队的青睐。

1927年，香港警方成立冲锋队，以应对突发骚乱、紧急事故、重大罪案及自然灾害。也担负押款、押解犯人和街头巡逻等重要任务，为当时警队最精锐之部队——威海卫警察成为冲锋队警员组成的首选！至第二次世界大战爆发前，交通部、冲锋队的警员几乎全部为威海卫警察！

香港的外籍人士对身材魁梧、品行端正的威海卫警察极有好感，所以担负欧洲人聚居区及重要商业区警务的，主要也是威海卫警察；甚而港督府、立法局、邮政局、公共饮水源等重要部门和要害公共设施，也首选威海卫警察担任警卫。

威海卫警察还一度承担商船的护航重任，时称"护航勇"。海上贸易是香港经济的生命线，为防止海盗袭扰、打击海盗，保障香港海运的通畅，港英当局只得为往来商船提供护航。早期，护航的任务主要由英军承担。

至1930年，护航任务便转由香港警方负责，警方组建了一支专门护航的警队，由一些大型轮船公司包租其警员常驻商船，以防海盗抢掠。此警种主要由印度籍警员和威海卫警察组成，威海卫警察主要护卫英籍商船。

威海卫警察凭着良好的身体素质、甘于吃苦的精神、勇于献身的无畏斗志，在一些重要岗位、特别警种中，做出了令香港各界称道的卓越贡献，堪称"港警威龙"！

20世纪50年代前后进入香港警界的威海卫籍警察，大多受过教育，其中不乏来自京津知名学堂的高中毕业生，不少人在警界各警种中脱颖而出。如原籍威海谷家疃的谷迅昭，在上海完成高中学业，1949年去香港，1952年考入香港的威海卫警察队。自警校毕业后，因擅长美术绘画而在交通部发挥了特长。参与设计并选定香港第一条斑马线，由他设计的交通车牌，曾获英国专利，沿用至今。1951年考入威海卫警察的杨国威，则

港警谷迅昭先生的思乡之作

有"警队神枪手"之称,曾多次代表香港参加亚运会及奥运会射击比赛。类似的出类拔萃的威海卫警察不胜枚举。

威海卫警察的职务升迁,照《香港警察部北籍华警服务规则》"按照其服务年期、品行端方、通晓方言及学识而定"。但二战之前,威海卫警察虽为香港各重要部门主要警员,却少有职务升迁的机会。祖籍威海南竹岛的姜仁毓和祖籍威海城里的柏华礼二人,则是少有的例外。原为威海卫租借地警察的姜仁毓,在威海卫即被胡乐甫直接聘为香港警察后,协助布克助理督察在威海卫负责香港警察的招募,1924年去香港警队供职,后成为威海卫警察中第一位擢升督察者。香港沦陷于日军之手期间,姜仁毓不畏强暴仍勉力维护治安,并出色地管理威海卫警察,受到了各界赞誉。柏华礼1939年赴港从警,因为人仗义、工作出色,有着极高的声望,后成为当年香港警队最有实权的十二个总警长中唯一的威海人。

1956年后,威海卫警察职级晋升困难的局面才有所改观。不仅出现了警司级以上的高级警官,任职总督察级的也为数不少,任高级督察及督察者则更多。威海籍的高级警司高俊,初入警队时,就是一面工作,一面到夜校求学，最终于1967年考获大律师资格，成为香港警员的出色典范。曾任警署警长的吴传忠，为威海田村人，从警前在香港纱厂做过工，又学过飞机、汽车修理，1955年考入威海卫警察。服役警队35年中，任职于多个警务部门，先后68次获得不同级别的褒奖。后长期供职于军装部，由其参与设计的新式警服，获国际好评。1982年至1984年，吴传忠任香港基层警务人员维权组织员佐级协会主席，在与管理层沟通、维护基层警员权益方面，付出良多、成绩卓著。

威风港行

威海卫警察的后代，大多也加入香港警队服役，一家数代服役于警队的现象并不鲜见。

原籍威海靖子村的谷庆玉，1947年赴港从警，长期在警校任车辆驾驶教练。同为威海籍的太太则在警务处做电话接线员。后女儿亦供职纪律部队的入境事务处，儿子从警后任警署署长。威海卫警察的第二代戚本忠，1957年生于香港，在加拿大完成高中至研究生学业。1982年考入香港警队，长期从事刑事情报工作，后擢升为警务处刑事部警司。1998年至2002年，任香港特首荣誉副官。

威海卫警察的后代，加入香港其他纪律部队服役的也不在少数，且大多表现优异。于香港消防处退役的高级消防官宋修民，1949年由在香港做护航警的父亲接到香港。1963年考入消防处，20世纪90年代初起历任香港规模最大的消防区——海务暨离岛区指挥官、高级消防区区长。1995

威海卫警察欢送同事退休（中排左五为港首梁振英先生之父梁忠恩）

年退休后，又受聘主掌香港新机场消防事务，并参与了香港新机场建设的全过程。

原籍威海城里的丛培军，1949年随父举家迁往香港。其父随后考入威海卫警察，长期供职于交通部。丛培军成年后加入香港惩教署，后任该署助理署长，成为首长级高级公务员，也是目前所知的香港纪律部队中级别最高的威海籍人士。

威海人赴港从警，给两地历史留下了厚重的篇章。当警察或到其他纪律部队服役，也是早期香港的威海籍移民重要、主要的谋生之道。当代威海籍港胞，绝大部分与警察有着千丝万缕的联系。在近一个世纪的岁月里，威海卫警察作为香港警队的中坚，为香港社会稳定和多元文化建设建立了卓越功勋，也为香港与内地的各方面合作交流做出了特殊的贡献。

The
Biography
of
Weihai

威海 传

第十一章

与世界共舞

——"走遍四海,还是威海"。

自由港与外贸

英租威海卫后，很多西方商人也相继涌进了威海卫。西方商人们当然希望利用英国对威海卫租借地的统治权，开埠兴商，攫取商业利益。英国政府与大清政府签订的《租威海卫专条》开头就明确表示："中国政府将山东省之威海卫及附近之海面租与英国政府。以为英国在华北得有水师合宜之处，并为多能保护英商在北洋之贸易。"

利用在殖民地的政治优势，开放自由港，办洋行，搞贸易，赚大钱，这是英国和欧洲的商人们在世界各殖民地惯用的经贸套路。

其实早在1862年，清政府就在威海卫设立了海关厘卡，行使国家对进出口货物和交通工具进行监管、征收关税的主权。但旧时的威海卫几乎没有什么对外经济往来，"除了把咸鱼卖到台湾，从国外买些糖、烟草、纸张和木材外，也没有什么进出口贸易"。

英租威海卫后，殖民政府着即便将威海卫辟为自由贸易港，宣布对所有国家开放，进出口货物免征关税。殖民当局专门在码头设立了码头费稽核所，1925年后改称验货局，负责进出口船舶管理，征收船钞。

自由贸易港"一般商人，以进出口货，可以不纳关税，只缴少数船钞，较诸在青岛烟台起卸者，成本较轻，故舍彼就此，争相在威办货"。大量的外国商户纷纷来威海卫开办洋行。主要是英国的，其他外商遍及德国、丹麦、美、法、俄、日、意、比、匈、印、朝等10多个国家。外地的华商也大量进入威海卫，除了山东的，东北地区、京津地区和华南广东等地也有华商进入。不少外地商号在威海卫开设分号，也有威海卫商号到香港、天津、大连等处开设分号。

当时出口的货物,"实以农产物为大宗,其中尤以花生为最多"。英商泰茂洋行组织操纵的花生同业公会,1922年就拥有98个会员,差不多垄断了整个威海卫的花生贸易。1928年,花生和花生仁、花生油的出口额占到了威海港出口货物总额的58.26%。极大地刺激了威海卫花生种植业的发展,1928年的花生种植面积达到了4万亩,约占整个农作物播种面积的1/6。直到现在,花生依然是威海地区出口的主要作物品种。

威海卫大宗出口的货物还有咸鱼、虾米、海盐等海产品,带动了当地渔业和海产品加工业的发展。据1929年统计,在威海卫租借地内注册发给捕鱼许可证的渔船,本地的为227艘,租借地之外的则多达1139艘,海捕业得到了空前的发展。

那时,除了冰镇,没什么其他的对海产品的保鲜措施,要将鲜海产品大批量地保鲜往销,是不可能的。所以威海卫外销的海产品主要为晒干、腌渍品。于是乎,专门从事收购、晒干、腌渍海产品的渔行也随之增多,海产品加工业逐渐发展壮大。到1930年,威海卫此类渔行已发展到50多家。

进口贸易主要是转口的货物,主要有布匹、棉纱、大米、面粉、纸烟、煤炭、煤油、皮革制品等。这些货物主要是从欧洲和美国、日本、南洋、香港等地输入。大量外国外地货物进出港口,刺激威海卫的海运业迅速扩展。1902年,进出威海港的船舶只有146艘,货物运输吨位也仅为15.18万吨。到1928年,进出威海港的船舶达1017艘,货物运输吨位达114.01万吨。商船的国别遍及欧、美、亚近20个国家和地区。殖民当局船钞收入也从1903年的区区1000多元,猛增到1929年的21万多元,剧增100多倍,航运税费成为威海卫殖民当局最主要的财政来源。

贸易最兴盛时期,区区几平方公里的威海卫新城区就有商号近千家,其中爱德华码头周边商埠区的商号就多达700多家。

外资始入

英租威海卫,带动了外国资本向威海卫的输入,其主要形式是在威海卫开办洋行。外资洋行得到了殖民当局的大力扶持,获得很多特权,形成了极为特殊的经济地位。

威海卫开办的第一家洋行,是由英国人邓肯·克拉克1898年在刘公岛开办的康来洋行。此人1856年出生于苏格兰,曾在上海和烟台的海关工作,因救助英国商船"斯坦非尔德"号的海难乘客,曾获英女王授予的"维多利亚勋章"。英国甫租威海卫,他便看到了巨大的商机,随即辞去海关工作,举家迁威开办了康来洋行。

康来洋行早先从事与殖民当局和驻威英国海军舰队有关的商务,而且是英国香港邮政总局在威海卫的独家代理。后向旅馆、旅游、食品和进出口贸易等领域扩展。其旗下的爱德华港区的国王饭店(也称皇家饭店)和刘公岛上的康来饭店,分别是陆上和岛上规模最大、档次最高的饭店。前者曾被称为远东最好的饭店,后者房屋至今尚存。在刘公岛上,该洋行还拥有一处日产能力达1.8万瓶的汽水厂和每小时产面包454公斤的面包房。

后期康来洋行在陆地和岛上都建有专用码头,经营游艇、驳船、供水船业务。其贸易主营大宗物资进出口,是威海卫最大的煤炭和洋货批发商。另外,该洋行在房地产和教育上也有投资,其投资并涉及市政、体育、文化等多项事业。多领域的商业成功,使邓肯·克拉克成为威海卫商界巨头,不仅为殖民当局顾问团成员,还在各种俱乐部、社团担任重要职务,在租借地举足轻重显赫一时。

1930年，邓肯·克拉克年迈回国，康来洋行停业。两个饭店分别交给长子和次子管理。1941年年底，两个饭店均遭日军查封。1945年，日军撤离威海卫时，炮击焚毁了国王饭店。

英租时期威海卫另一声名显赫的洋行是欧内斯特·克拉克开办的泰茂洋行。该洋行在上海、香港都有行号，行政长官每年向殖民部上交的威海卫经济状况年报，都由该行编制，该行充当了当局经济代言的角色。该行还替殖民当局管理很多经济事务：通过代理英商汇丰银行在威海卫的金融业务，负责存储殖民政府征收的各项税款；为在威的英国官方机构、教会、商行、学校和游客开办汇兑和存储业务；受殖民当局的委托，代理官方的房地产事项；组织花生出口商号建立花生同业公会，控制了威海卫出口量最大的商品的管理权；组织驳船商号成立驳船公司，统一调度，统一收费，控制了进出口货物的装卸；代理英商太古公司的轮船航运业务，威海往返于香港、上海、天津的太古轮船航班都由其控制。

泰茂洋行还是当时威海卫最大的房地产商，租借地早期的重要建筑，大多由该行的房产公司承建。该行还在市区海滨和半月湾修建了12栋避暑别墅洋房，出租给西方商户或游客。在半月湾建造的7栋避暑洋房至今完好，因其如七颗星座排列，故当地百姓称其为"七星楼"。

1918年建造的泰茂洋行写字楼，是当时商埠区最高大最气派的建筑，至今仍矗立在原爱德华码头边上。太平洋战争爆发后，侵占威海卫的日军包围了泰茂洋行，收缴了洋行全部现金、物资，并拘押公司职员，软禁了病中的欧内斯特·克拉克。

由于英租威海卫没有确定的租期，这一先天不足，阻碍了香港及外国的产业资本的输入。较之众多商家蓬勃热火的商业资本和金融资本的输入，实体产业资本对威海卫的输入则寡淡冷寂得多，唯在采矿业的投入颇具规模。自1898年起，英方相关人员即开始在威调查矿藏，并向殖民政府提交了《威海卫英国租借地矿产资源报告》：租借地内蕴藏着"质地极佳、储量丰富"的金矿。英资控股的威海卫金矿有限公司于1902年正式成立,并于当年在落家埠金字岭开矿采金。该公司注册资本60万美元。工程技术人员多为日本人和韩国人,雇用当地矿工400余人,年产矿砂一万吨,经粗选后由海上运往美国旧金山等地。1903年当局向商家发放了73个地质勘探许可证。英商开设的和记洋行、德商开设的万丰洋行和丹麦人开设的宝隆洋行等,都有资本注入采矿业,但均未形成规模。

1906年,由于资金投入不足,威海卫金矿有限公司破产。

与外城联谊

威海地处胶东半岛之最东端,三面环海。自古以来,威海人便以舟为马,越海放洋,与诸多国家友好往来交往货物贸易,形成了特有的"四海意识"。进入改革开放新时期,威海更是以海洋一般的气度、开放的胸襟,加强了与世界各地友好交往。

地级市设立伊始,在中国与韩国还没有建立正式外交关系的境况下,威海便"破冰"开通"金桥"轮与韩国仁川的通航。往来的"金桥"轮不仅搭起中外两座城市友谊交往的金色桥梁,而且推动了两年后中韩两国的正式建交。

如果把中外城市的友好交往视若钻石、徽章,那么在威海市对外交往的大图板上,则嵌满了与国外诸多城市缔结友好城市熠熠生辉的钻石和徽章:

1985年9月,以主席吉姆·潘宁顿为团长的英中了解协会代表团一行5人访问威海,转达了英国彻特纳姆市市长彼得·皮耐尔致威海市长的信,信中表达了与威海缔结友好城市的愿望。1986年7月,威海市政府代表团访问了彻特纳姆市,探讨了两市在经济技术和文化教育等方面的合作交流。

1986年9月23日,中国人民对外友好协会,正式批准威海市与彻特纳姆市缔结友好城市关系。之后,两市政府代表团互访达12次,加强了合作,增进了友谊,取得了一系列的实质性成果。

1987年秋,美中友协圣塔·巴巴拉市分会主席多萝西娅·科里尔一行16人访问威海,威海各方面都给访问团留下了极美好的印象。之后,圣市市长席勒·洛奇女士便两次致函威海市市长,明确提出要与威海市结为友好城市的愿望。1991年9月,美中友协圣市分会会长及两位副会长前往中国驻洛杉矶总领馆,再一次提出与威海结好的愿望,并希望给予支持。

美国的圣塔·巴巴拉市对中国威海市如此情有独钟,并非只因现在的威海的光鲜,这其中还有着深深的历史渊源。一百年前,一拨拨中国人揣着发财梦漂洋过海到美国,其中不少人参与了当时美国圣塔·巴巴拉市的铁路建设。1887年,圣塔·巴巴拉市的铁路开通后,参加筑路的部分中国工人便留此定居。至19世纪70—90年代,在圣塔·巴巴拉市居住的中国人,约占当时该市人口的百分之十。这些华人世代传承着勤俭、善良、内敛等优秀品质,赢得了世代圣塔·巴巴拉市当地人的赞誉。

这些华人中最著名的当属金洲先生,他以极高的天文学识,预测并于1923年6月29日预报:圣塔·巴巴拉市将在两年后的今天发生大地震。因预报准确,而著名当地。

1994年12月1日,威海市与圣塔·巴巴拉市签署了《中华人民共和国威海市和美利坚合众国圣塔·巴巴拉市缔结友好城市关系协议书》。结好以来,两市积极开展了大量友好交往及实质性的经贸、水产苗种引进等活动。

1992年5月18日,威海市与日本宇部市,正式签署了《中华人民共和国威海市和日本国宇部市缔结友好城市关系协议书》，并在威海市环翠楼公园共同种植了象征友谊的松柏。

结好之后，两市除进行经常性友好互访，举办洽谈会、东亚投资论坛、东北亚经济合作论坛、国际（威海）人居节、"宇部节"等重要活动外，还在加强环保和城市建设方面开展了深度合作。

威海市与韩国全罗南道丽水市，有着悠久的友好交往历史，虽因政治原因而中断，但那些友好往来的过去却铭刻在两地的记忆之中。1990年9月，中韩第一条海上客货轮航线开通之后，两市便抓住契机，展开了多方面的交流与合作，合作领域涉及水产、电子、海运、教育、旅游等几十个项目。

1995年2月27日，威海市与丽水市签署了《中华人民共和国威海市和大韩民国丽水市缔结友好城市关系协议书》。结好之后，不但两市政府、议会及民间的交往活动频繁。近年来，在大型经贸、文化活动等方面的合作也是硕果累累。

1990年9月，索契市苏维埃执行委员会副主席柯尔鲍夫·尼古拉·伊万诺维奇访华期间，主动邀请威海市相关方面负责人到北京会谈两市结好事宜。1996年10月18日，威海市与索契市签署了《中华人民共和国威海市和俄罗斯联邦共和国索契市缔结友好城市关系协议书》。两市结好后，双方定期互访，在经济、技术、文化等领域里开展了广泛的交流与合作。

1993年10月28日，意大利比拉市与威海市签署了《中华人民共和国威海市和意大利共和国比拉市缔结友好城市关系协议书》。

1999年7月30日，威海市与新西兰蒂马鲁市签署了《中华人民共和国威海市和新西兰共和国蒂马鲁市缔结友好城市关系协议书》。新西兰总理谢普雷女士专门致电表示祝贺。

2005年7月，在威海市举办"东亚投资论坛"期间，蒂马鲁市《先驱报》摄影记者约翰比赛特举行了个人摄影展；不久，他又在新西兰举办了"威海风情摄影展"，引起了很好的反响。

随着威海市对外开放的举措和力度越来越大，与之缔结友好关系的国外城市已达十几个。因地缘相近，人缘相亲，威海与韩国的京畿道富川市、京畿道华城市、首尔龙山区、全罗北道群山市也互为友好合作城市。威海与韩国城市间的文化交流经贸合作，始终是威海对外开放、合作、贸易最大的平台。

2012年6月初，韩国丽水市向威海市在建的乐天世纪城韩乐坊项目捐赠了一批物资，主要是用于修建韩乐坊丽水门的瓦片及牌匾。总计20000余片的瓦片，每片均有韩国国花木槿花的图案，而"丽水门"三个字则由丽水市市长金忠锡亲笔题字。

威海之地，古有新罗坊，今有韩乐坊，茫茫海道隔不断两岸深情厚谊的交往，民心念兹在兹。

现今威海有韩乐坊，也有欧乐坊。连年来在海边、在英租时期的别墅和其他建筑周围，时见三三俩俩或成群结队的欧洲人徜徉、流连忘返，形成海滨城市又一道独特风景。这些人中，大多为当年英租时期在威海生活和工作过的英国军政和商界人士的后代，甚而有在威海出生者。他们来威海寻找先辈的足迹，也缅怀、追忆黑白老照片记录下的在沙滩上、在别墅前游戏的童年。

有人触发了一个虽不惊天动地却动人心弦的故事——

英国人乔治·菲利普·詹宁士，其父是当年英租时期威海卫有名的"老詹子"。1913年8月23日，詹宁士出生于威海的刘公岛，并在威海卫生活了17年。威海卫归还中国后，詹宁士随父母回到英格兰，曾参加过诺曼底登陆战役。詹宁士念念不忘出生地，自言"熟悉那里（威海卫）的每一个村庄，每一条大街小巷"。1984年他随英国旅游团重回威海——当他颤巍着双手推开故居小别墅的栅栏院门后，便激动地跑到小别墅的墙根下，跪在地上从墙根的一个小洞中掏出几片打磨了的瓦片——他儿时与当地儿童玩"跳房"游戏时的玩具，每次玩完后他就将其藏在这个墙洞中——抚摸着这些瓦片，70多岁的詹宁士禁不住孩童般嘤嘤泣哭了……那几片瓦片想必更加激动，60多年之后不但重见了天日，且又回归了当年的主人手中……

人居范例

威海——以其优美的生态化海滨旅游城市形象彰显于世。如果说三面环海、气候宜人等是得天独厚、是天赐，那么威海的洁净卫生、优美的城市风貌，则是靠威海人辛勤的双手打造、打扮的——"卫生""洁净"已然成为威海的一张靓丽名片。

近年来，威海的绿化美化水平、各项环境质量指标，均处于全国领先水平，是我国第一个国家卫生城市、首批国家环保模范城市和中国优秀旅游城市、国家园林城市、国家文明城市。是中国著名的"三海一门"（"三海一门"是中国四个著名的最适宜人居住的海滨城市，包括广西北海、广东珠海、山东威海和福建厦门）之一。

——"走遍四海，还是威海"。

这句广告语洋溢甚至炫耀着威海人满满的自信，近年来越叫越响，其影响力在国内外越来越大。就其自然环境、秀美风貌，威海也的确堪为这样的颜值担当。

1991年至1998年间，威海市按照"小、巧、秀、雅"的思路，着力塑造了威海山、海、城、林融为一体的城市风貌。

1996年，威海市被联合国授予"全球改善人类居住环境100佳范例"

城市；2000年又被评为"迪拜国际改善居住环境最佳范例"城市。

2003年10月，世界人居日庆典暨联合国人居奖颁发仪式在巴西里约热内卢市举行。中国山东省威海市由于在"改善人居和城市环境方面的突出贡献"，获得2003年度"联合国人居奖"。威海市成为全球2003年度唯一以城市名义获得联合国人居奖的城市。

2004年9月，威海市举办了全球第一个以人居为主题的节日——中国威海国际人居节。人居节以"人居·环境与发展"为主题，突出人与自然和谐共存与发展。联合国副秘书长、人居署主任安娜·蒂贝琼卡女士出席首届人居节开幕式时说："这既是威海的第一个人居节日，也是世界上以人居为主题的第一个节日，是威海人民的一个创举。"

国际建筑师协会主席路易斯·考克斯（Louise Cox）女士说："人居节的主题鲜明、立意深远、内涵丰富，从诸多人居指标考量，威海的人居环境都是最完美的，是最适合人类居住的。"

2016年11月15日，人民大会堂，威海这座城市被授予中国环境保护领域最高社会性奖项——第九届中华环境奖奖牌。

2017年5月4日，国务院批准《威海市城市总体规划（2011—2020年）》，威海作为山东半岛区域中心城市，重要的海洋产业基地和滨海旅游城市，逐步建设成为经济繁荣、和谐宜居、生态良好、富有活力、特色鲜明的现代化城市……

至2018年，威海市已成功举办了九届国际人居节。"人居节"这一品牌节会，得到国内外越来越广泛的赞誉。

2018年6月12日，习近平总书记视察威海时，提出"威海要向精致城市方向发展"。以此为引领，威海大力推进城市国际化，提升城市品质内涵，推动城乡区域协调发展，着力打造"精致城市·幸福威海"靓丽名片。

2019年8月14日，威海市委书记王鲁明考察了当地的一些文化、博物、非遗等馆舍，希望相关行业的人才继续做好艺术、工艺的传承创新，创作更多艺术作品，开发相关文创产品，展现"精致城市·幸福威海"的文化魅力。

与环境和谐发展相得益彰，由生态城市到宜居城市，再提升至精致城市——威海这条美丽的美人鱼，撩开风姿绰约的面纱，日益彰显更迷人的都市气质。

2017年山东省空气质量报告：威海"蓝天白云，繁星闪烁"天数达到362天，比全省平均天数多86.6天，为全省"蓝天白云，繁星闪烁"天数最多的城市。且为全省唯一全年未出现重污染天气的城市。环境空气质量综合指数，威海亦为全省最好。

碧海蓝天，青山翠黛，海风清爽，哪怕炎炎夏日，即使威海市区，夜晚也会有习习丝丝惬意的海风抚慰。威海市区周边的国际海水浴场、金海滩海水浴场、葡萄滩海水浴场、半月湾海水浴场、逍遥湾国际海水浴场、那香海国际海滨浴场……像一颗颗璀璨的明珠，镶嵌在市区周边美丽的海岸线上。更值得一提的是，这些设施完善的海水浴场均不收费，其管理条规处处彰显着公益宗旨，让市民享有随时免费亲海的权利。

The
Biography
of
Weihai

威海 传

第十二章

耕渔牧海

毫无疑问，是大海赋予了威海人大海一样宽阔的胸怀及直率豪爽、坦诚正直、忠信质朴、敢作敢为、无畏无惧、勇于担当的性格特征。

海洋滋养的城市

威海市位于山东半岛最东端,北、东、南三面环海。海岸线长达985.9公里,约占全国的6%。沿海有大小港湾30多处,岬角20多处,天然小渔港上百个。

威海海域,为黄海和渤海鱼虾春来冬去洄游的必经之路。近海又是多种鱼产卵繁育、生长栖息的优良场所。其北、东、南三面濒临渤海渔场、烟威渔场、石岛渔场、连青石渔场、青海渔场等北方各主要大渔场。

境内各县方志和各种文献,对丰富的渔业资源,多有较详细的记载。如明代威海卫贡生王悦《威海赋》中,对威海海域的各种海产品有着详细的记录。

乾隆七年(1742)《威海卫志》卷四《食货》所记主要海产鱼类,比明代又增加了数种。

民国年间,大津人郭岚生的《烟台威海游记》亦盛赞"威海鱼类繁盛","所产鱼类以刀鱼、黄花鱼、大纲鱼、白鳞鱼、鲐鱼、鲫鱼、鲇鱼为大宗,而刀鱼、黄花鱼尤多"。

民国《牟平县志》卷五《渔业》有其南部乳山海产种类记:

南海以刀鱼为大宗,次则黄花、鲨鱼、鲅鱼、铜鱼、老板、偏口、人头、加吉和鲐鱼等。特产为对虾、桃花虾、西施舌及石花菜。

威海境内尤以荣成市渔业资源最丰富,渔捕业最发达。道光二十年(1840)《荣成县志》卷三《食货》谓:"海族荣成最盛,虽老渔莫能尽识。"

石岛摊晒鱼干的街道

古代的文登县辖区,包括威海卫和荣成全境及乳山部分地区,故文登历代方志记载的海鱼种类与上述各地大同小异。所不同的是,光绪二十三年(1897)《文登县志》卷十三《土产》不仅详尽记载了海鱼种类,还对每种鱼的体形特征、鳞皮颜色、骨刺多少、生活习性、栖息海域、加工食用方法和口味美恶等一一详述,并对各种海鱼的异名别称做了详细的考辨。

除了鱼虾资源外,威海地区沿海贝类资源亦很丰富,其中以牡蛎最有名。荣成成山牡蛎大者如碗口。文登桑岛牡蛎"其美甲于一郡",肉味清美,号称绝品。得益于独特的海域条件和气候环境,乳山牡蛎以其个体大、肥度高、肉质好、味鲜美而名声大振。2008年11月,"乳山牡蛎"获国家工商总局审批通过并公告,成为地理标志商标。随着牡蛎养殖规模的不断扩大,乳山已成为远近闻名的"牡蛎之乡"。

威海地区海域所产鲍、蛏、蛤蜊等种类错杂,更是不可胜数。

毫不夸张地说,威海是海洋滋养的城市。特别是在饮食方面,千百年来,是海产品支撑了威海人的餐桌。现今,威海地区的大小饭店,除火锅等个别的之外,唱主角的菜肴是海鲜。即使是生活艰难的年代,哪怕是穷困的人家,餐桌上往往也有一碗虾酱。

外地客人来威海,威海人最高规格的接待、最引以为傲的,便是以各种海鲜款待客人。威海人外出或在外地工作,其魂牵梦萦的一个重要内

船行业兴盛地方商贸

容,便是威海当地的海鲜。时常听到外出而回的威海人感叹:急着赶回来就是想吃咱的鱼虾、蛤蜊。

并非夜郎自大,也不是王婆卖瓜,更无关什么地域歧视——威海近海的海产品其品质的确鲜美。这也并非威海人的自夸,凡外地来威海品尝海鲜的人,包括南方那些海产丰富地区的人,大多有同感。当然,这也并非威海人的什么特殊功劳所致,而是威海近海所处的纬度及特别的水质决定的。只能说威海之海得天独厚,生活在威海这片区域的人有天赐之口福,他们应该感谢的是大海的厚爱和特别的馈赠。

威海是全国著名的渔业大市,海洋渔业资源极为丰富,渔业生产历史悠久,积淀了深厚的具有地域特色的渔捕文化。

要了解一方水土,读再翔实的有关这方水土的志书史料记载,也抵不过在这方水土上亲睹亲历来得真切、感受得深挚。

笔者生于文登长于文登,忆想儿时及早年目睹、经历的当地海产之丰富、丰盛的两节场景,非但历历在目,甚而有点惊悚,简直要怀疑那些亲眼看见、亲身经历的场景是不是梦境——这毫不夸张玄虚——也许读者看

海边渔市（一）

后也会生出点惊悚之感。

其一，那还是 50 多年前笔者七八岁时，在村中时常见的场景：夏季里，时常看到生产队的马车，自南海边的小渔码头拉回一筐筐的虾爬子，即虾蛄。不同的地区又称爬虾、虾虎、皮带虾、虾婆、虾公、琵琶虾、皮皮虾。此外还有我们当地称为"丑鱼"的鲅鳙鱼。这种鱼口大而宽，牙尖锐，上眶骨凸起为骨嵴，样子的确有点丑。

——拉回这些虾蛄和丑鱼做什么？笔者断定，没有几个读者会猜到这些鱼虾派什么用场——不卖关子了，看看下面的场景吧：

马车拉着一筐筐的虾蛄和丑鱼，竟然直接来到了田地头的沤粪场！一筐筐的鱼虾竟然倾倒在一摊摊已备好的厚土上。然后，那些老汉及妇女，将一桶桶水洒上，再急急地用铁锹将虾蛄、鲅鳙鱼和泥土翻拌在一起，之后再垒起一个个大土堆。用不了几天的发酵，这一个个大土堆就变成优质的、肥力强悍的肥料。用村上人的话说，这叫"沤腥粪"。

当然，马车拉回的这些虾蛄和丑鱼等已不新鲜了，而且当年海边的人视虾蛄和丑鱼为极低档的海物，即使鲜活的虾蛄，也不过几分钱一

海边渔市（二）

斤。而丑鱼再怎么新鲜，那时威海沿海几乎没人食用鲜货，而只是将其晒成鱼干。可当年村人的餐桌上佐以下饭的"盐就"（威海方言，意为菜肴），却简陋到令人咂舌。一般人家通常只是顿顿一小盆萝卜条、一碗虾酱而已。尽管那些用来"沤腥粪"的鱼虾已不新鲜了，但以其当"盐就"，总比萝卜条、虾酱要好得多，更何况沿海本就有食用"臭鱼烂虾"一说。可那时没有哪个人将生产队"沤腥粪"的鱼虾带回家当"盐就"。村人几乎全然不理会"沤腥粪"喂庄稼的材料比喂他们自己的"盐就"奢侈得多，反而天经地义地认为喂庄稼的肥料再好也是应该的。由此可见他们对土地、对庄稼的感情朴素、真挚、厚重到了何等地步，尽管土地是生产队的。另外，"沤腥粪"的臭鱼烂虾再怎么便宜也是生产队花钱买的，也是集体的东西。那年月，哪怕是目不识丁的公社社员，在各种雷霆般政治波涛的洗礼和熏陶下，也锻造出了极度敏感的政治神经。对集体的一草一木都有着高度的敬畏，断然不会动将集体的东西顺回自家的私念。

其二，那是笔者10岁出头时亲眼看到的一幕：那天我到海边的亲戚家玩耍，午后时分，突然听到村街上有人呼号："青鱼抢滩了！青鱼抢滩了！"一时间这村子就炸了锅，只见男女老少，带着筐子、篓子、铁耙、簸箕、密包（用细草绳编结的扣眼极小的大网包）纷纷向村南的海边涌去。

随着亲戚跑到海边的沙滩，笔者被眼前的场景惊呆了：已有不少人站在海边，用筐子、铁耙之类的器具，自潮水中向身后的沙滩发疯地拨拉，一簇簇如翻飞的匕首般闪着青白寒光的物体在沙滩上跳跃……

青鱼抢滩

近前，才发现，他们自海中拨拉出的竟是一团团的青鱼。不一刻，他们的身后就堆起了一堆——天哪，远处的潮浪掀起的竟然是青白相间的青鱼潮！可谓排山倒海而来。笔者敢断言，没有经历过的人，恐怕做梦也不会梦到这般景象吧。

随着拥来的人越来越多，海滩上隆起了越来越多的青鱼冢。

看了这两节场景，读者不会觉得笔者说的当年威海的海产之丰令人惊悚是玄虚了吧？恐怕读者比笔者还惊悚了吧。

不知青鱼如此无边无际地结群"抢滩"现象有什么科学解释，但有一点可以肯定，那时威海海域的青鱼资源实在太过丰富了。如今，据说威海近海的青鱼市价高达每斤几千元，但即使如此昂贵，也是有价无货。

猎海历史

目前，威海地区已发现的新石器时代人类居住遗址有近40处，多分布在沿海一带，环绕了威海地区整个海岸线。从文化堆积看，已属家族或村落居民长期生活的固定居址。遗址中多见成堆的贝壳、鱼骨、石网坠、陶网坠等。这足以证明，在距今五六千年的新石器时代，威海沿海不仅已有人类活动，而且向海洋觅食已经是当时生民重要的生存方式。威海地区渔捕业的兴起，是从远古沿海居民向海洋寻觅食物发端的。1984年荣成泊于松郭家发掘出商周时期以前的独木舟，则进一步证明，当时威海沿海居民除了在浅海滩涂采集海物外，已经能够驾船到海上捕鱼，甚至已经开始了早期的航海活动。

威海地区沿海早期的渔捕业，从古代典籍中亦可略见端倪。《尚书·禹贡》记天下九州贡赋中，青州东部嵎夷、莱夷所在的胶东半岛一带，为九州中唯一以各种海产品为贡赋的地区。足以证明夏代时，今威海及胶东半岛各地，海上捕捞业不仅已经兴起，且领先其他海区。

春秋时，齐国据山海，擅渔盐之利，一度称霸天下。当时威海及齐属其他沿海各地的渔、盐业的兴起，无疑是齐国富强的重要基础。

自古以来，威海各种史料屡见捕获巨鱼。

每获巨鱼，便是当地沿海居民的狂欢节。割其肉按户分发，支大锅熬其脂为灯油。其巨骨则用做筑屋的大梁。就连秦始皇东巡成山，一路上不也曾引弓弩射海中大鱼吗？至元代时，攻南宋，征高丽，其水军主力，多来自文、荣、乳三县渔户，更证明了当地渔捕业和航海业之发达。

早年，笔者于文登沿海渔村，时常看到渔家用巨鱼骨做的猪圈门。

威海市城区北部有一处街心花园，因鲸鱼骨而改名为"鲸园"。此处原是海滩渔船的锚地，是坞口的一部分，1898年至1930年开辟为公园，名坞口花园。

1916年1月10日，在现威海市环翠区的皂埠嘴沙滩上，发现一条巨大的搁浅而亡的鲸鱼。有建筑艺术修养的人，看上了两根巨大的鲸颚骨，便将其搬到了坞口花园的东门，对成"人"字形，成了极具艺术品位的公园东门。公园南北以水泥为方柱的门上，则各横一块鲸鱼骨。鲸骨让花园有了独特的风格和品位，不仅当地百姓围而观之，外地游客也慕名而来一睹稀奇，此园遂更名为"鲸园"。因此花园呈三角形，当地又俗称其"三角花园"。

1931年重新修建鲸园。据《民国二十三年威海卫行政区管理公署年报》记载，当时，占地面积约26亩，园内有收回威海卫纪念塔，设鲸鱼骨门三座。至1966年因拓宽周围道路，鱼骨门才被拆除。

明清至近现代，是威海沿海捕捞业发展最快的时期。特别是自乾隆三年（1738）取消捕鱼船筏税后，当地的渔业生产更是日趋繁盛。

王悦的《威海赋》记载了明代威海海边的渔捕场景："居民渔户，棹楫乘舟，撒网索于水底，兢泛海以沉浮。橹声呕哑，渔歌众讴，鳞跳鱼跃，戏浪优游。时呼邪而齐力，掣巨罟于沙洲，但见暴鳃折鬣，其积如丘……"

清代，荣成滨海渔家的海捕则是另一番景象："隆冬彻夜结绳，早春剖冰击鲜。惊蛰以后登筏出海，动经四五十里，或一二百里。论潮汐，不分昼夜晦明阴晴，履牛革，衣狗皮，食糗粮，泛泛于云涛雪浪之中。"能出海一二百里，证明当时荣成的渔捕活动已经可走出近海，发展到远海和深层水域捕捞的阶段。

后期，由于柞蚕丝所织渔网逐渐代替棉线、葛线渔网，出现了可供三四十人在滩岸共同协力拖拉的大型网具，使海鱼捕捞能力大增。乾隆七年（1742）《威海卫志》卷四《食货》记载：惊蛰以后，谷雨以前的青鱼汛期，一网获鱼"或至数十万"。每逢春季鱼汛期，荣成南部沿海亦是商旅云集，以船贩鱼而去。

古时，威海近海的捕钓多乘木筏出海。由于渔户越来越多，砍伐耗用原木自然愈来愈多，导致境内近海山区原本"葱郁弥望"的松林"屡败于海筏"。加之间有对松树危害极大的"松狗"为害，至清中期后，威海已是"蜀山童童，木价不啻倍蓰"。到19世纪末，赴远海捕捞的大风帆船，已可配备十三四名渔民，网具达七八十张，载鱼量可达5万斤。

至20世纪20年代之后，威海地区开始出现以柴油机为动力的机动渔船，其载重量为30吨—70吨。海上捕捞开始走向远洋，捕鱼量也随之年年大增。至20世纪30年代前后，光是威海卫，年获鱼量已达900万斤。文、荣、乳三县总捕鱼量高达2760万斤。但20世纪30年代末，日军入侵威海地区后，不断大批征用渔轮供其役使，加之民用工业遭到摧残，渔需物资奇缺，导致渔业生产急剧衰落。至20世纪40年代中期，威海卫一地能出海的渔船仅为20世纪30年代初的1/4。

改革开放的新时期以来，威海地区的海洋与渔业经济迅猛、长足发展。据《威海年鉴》资料，近年，全市海洋与渔业系统紧紧围绕"海洋强市建设"战略部署，积极谋划海洋经济发展大局，推动海洋与渔业新旧动能转换。2017年，全市实现海洋生产总值达1307.54亿元，占全年地区生产总值的37.6%；实现水产品总产量257.37万吨；实现渔业经济总产值1398亿元。

2017年，威海市获批国家"十三五"第二批海洋经济创新发展示范城市。威海市海洋经济创新发展将聚焦产业链协同创新和产业孵化集聚创新，重点支持海洋生物、海洋高端装备两大产业发展，实现海洋战略性新兴产业规模壮大、技术突破、机制创新，打造国际化海洋科技成果转移转化示范区、国家海洋经济全域化发展先行区、国家海洋战略性新兴产业发展的新增长极、国家海洋产业绿色发展高地。

威海海域出产的著名的海参"威海刺参",入选"2017中国百强农产品区域公用品牌"。"2017中国水产品品牌大会"公布"2017最具影响力水产品企业品牌",威海市的好当家、宇王、泰祥、华信、海之宝、浦源、蓝润7个品牌入选,占山东全省的41.2%、全国的8.8%。

2017年12月4—7日,美国国务院海洋和国际环境科学事务办公室、美国环保署、美国国家海洋与大气局等机构,一行5人组成考察团,到威海对海洋垃圾防治工作进行实地考察。美代表团对威海海洋环境保护工作取得的成绩给予高度评价。威海市海洋与渔业局和纽约市环境保护局签署《海洋垃圾防治"伙伴城市"合作谅解备忘录》。

煮海为盐

传说,古时的夙沙氏发明了煮海水为盐的方法。他的古老部落长期生活在山东半岛,因为首创煮海为盐,遂被后世尊为"盐宗"。

公元前7世纪,齐国管仲"兴盐铁之利",在扬州的盐宗庙里,管仲与夙沙氏一起享受供奉。

威海煮海为盐的历史,与邻近地区大致相似,可以溯推至夏代以前。

威海先民开辟草莱,在境内留下了不少石器时代的文化遗址,这也可间接证明用盐的历史。

两汉时期,威海境内的海盐制作,仍以煮海水为盐为主。盐为稀缺资源,自然有着巨大利润空间。"盐制经历了民营、官营的反复较量。总体而言,西汉中期开始实行的盐业官营政策一直延续到东汉初期,自东汉和帝始,实行盐业民营征税政策,一直到东汉末年。"

《汉书·地理志》记载，武帝元狩三年（前120），在产盐的郡县设盐官，"东莱郡有五县设盐官"。其时威海境内的古县昌阳，也设有盐官，管辖境内盐灶。据不完全统计，清初威海区域的荣成、文登环海共有煮盐灶舍59处。

自昌阳设盐官，威海境内盐业生产一直由官府行使管辖。之后设置的盐课大使、盐场公署、盐务局，名称不同，但与千年以前的盐官相比，其职能大概类似。

古时煮盐用的盐锅，体深，口面大，之下盘有十数个灶门，同时烧火，待烧至一定火候，用搋碎的皂角和粟米糠，"投入其中搅和，盐即顷刻结成"。"盖皂角结盐，犹石膏之结腐也。"今日威海市环翠区张村西北，黄埠港东岸，有四个村子，村名中都有一个"皂"字，皆因架灶煮海炼盐而得地名。

有资料记载，古时海盐采制非常辛苦，采制者极易受伤落下残疾。"自汉代起，被判刑的人多流放海边煮盐服刑，定籍盐户。"盐为国家垄断商品，私自采制，其惩罚刑律甚严。根据情节轻重，决"臀杖""脊杖"，甚至"处死"。

"明代签民为灶，隶属灶籍，即登记为专业盐民，户称灶户，人称灶丁，并由政府发给煎盐执照——锅牌。灶户凭锅牌及煎锅口数向国家无偿领取一定数量的土地，称为灶地。"灶地"用以蓄柴薪者称草场地，用以煎盐者称滩地"。灶户"既隶灶籍，父子相承，世代相袭，不得弃灶归农，私逃者治以重罪，直至判死刑"。

从传说的"夙沙氏煮海为盐"，一直到清同治年间，威海都盛行煮盐。"清政府当时推行票额制度，按照各地人口的数量来拟定产盐量"，满足日常生活用盐尚显局促，而当时海边海鲜腌制需要大量用盐，致使盐产供不应求。"往往造成灶户坐地起价，盐价腾涨"。而当时辽东用晒盐法所产的盐，粒大，无苦味，方便运输，价格也低廉，深受腌制海产品的渔民和盐商欢迎。但辽盐进入威海,触动了本地官府和灶户的利益,经常引发有关贩盐的诉讼官司,威海官方"力图拒辽盐于境外"。

清咸丰元年(1851),荣成龙须岛人、贡生李廷爵如常买辽盐,共"二十石,合一万一千斤",备当年春夏间腌制咸鱼使用。时任荣成知县王锡麟闻知,以贩卖私盐,侵犯"票地禁令"为由,将李廷爵及多名相关人员捉拿,并上书山东学政,革去李廷爵的贡生功名。

李廷爵不服,"逐级上控,直至进京投诉",历时七年终获胜讼,也为家乡沿海父老使用辽盐争得了合法地位。

经过"李廷爵盐案",辽盐合法进入威海本地,平抑了盐价,缓解了民间用盐的紧张。同时也促使本地灶民改变祖宗传下来的煮盐法,"易煎为晒",即将以前的火灶煮盐,改为大面积的海水晒盐,从而推动了本地产盐法的大变革。

进入民国时期,威海制盐业受市场刺激,开滩晒盐发展较快,逐渐出现许多晒盐的滩场。1933年《中国盐政实录》载:荣成、文登境内,环海建有大泊子、慕家、神道、崖头等盐滩20余处,列山东省第3位。

1934年春天,威海境内皂河北村农民张立三,因倒卖私盐,被盐警打伤致死,激起民愤,引发了之后威海南乡百姓广泛参与的群体性哄抢食盐事件。

1934年端午节之前的三五天,威海卫、文登、荣成、牟平等地,民间秘密传起"五月端午抢咸盐"的消息。百姓们本来就对政府的盐务管理不满,加上张立三被盐警打伤致死引发了民愤,这暗传的消息便如同一篇檄文,鼓动得百姓摩拳擦掌要为食盐与盐警干一场了。

到了端午节拂晓,抢盐大战爆发了——威海南乡的百姓如潮水般从四面八方涌向鹿道口盐场。到了盐场,随即与盐警发生了激烈冲突……

杨家滩、盐滩等盐场周围的百姓,亦同时扑向这些盐场哄抢食盐。一时间,真可谓万人空巷向盐场了。

官府得知消息也回天无力了。仅三天时间，鹿道口、杨家滩、盐滩等盐场被抢走食盐 3 万多斤。

这群起的抢盐事件却找不到组织者，总不能将参与抢盐的百姓悉数抓走。时任威海专员徐东藩只好采取比较温和的方式，要平息此事件。

怎奈树欲静而风不止，当时南京政府财政部，指令徐东藩要弥补抢盐事件造成的损失；汪精卫亦电召徐东藩进京，命其弹压事件的为首者。

由于专员徐东藩的强力抵制，参与抢盐的百姓没受到什么过分的惩罚。只是给予了参与抢盐的各村坊长、村董以停职或记过处理，并责令村董约束乡民，不得再有此类事件发生。

烈火烹油，晶盐入锅，毕剥崩裂的声音，正表明小小盐粒也有其暴烈的性情。

海捕文化

威海地区世世代代沿袭、发展的海上捕捞作业，孕育、积淀、发展、形成了具有深厚威海地域特色的渔捕文化。这种鲜明海洋特色的文化，不仅在威海沿海渔村代代传承，而且以其强大的感染力，对威海境内各地都产生了极为深远的影响，并由此形成了整个威海区域特质鲜明的海洋文化。

毫无疑问，是大海赋予了威海人大海一样宽阔的胸怀及直率豪爽、坦诚正直、忠信质朴、敢作敢为、无畏无惧、勇于担当的性格特征。

祖祖辈辈于海上搏风击浪，自然而然淬炼出勇于开拓、敢于探索、冒险进取的精神。改革开放新时期以来，威海人之所以敢为人先、勇于搏击改革开放的潮头，取得了令世人瞩目的骄人硕果，大海赋予他们的海洋性格，可能是获得这一切的最根本原因。

大海不仅铸就了渔民的品性，传统的、源远流长的、丰厚的渔捕文化，对整个威海地区民众的生活习俗、民间文化艺术等方方面面的影响，也是源远流长显而易见的。

威海地区沿海，特别是荣成市海边渔家的海草房，原本只是海边渔村独有的传统习俗民居，后来逐渐由沿海普及到距海几十里的山区农村，几乎随处可见海草苫顶的民居，演变为威海传统民居最主要的组成部分。

食重海味，这一沿海渔民的饮食习俗，经千百年浸染，早已成为整个威海地区居民共同的饮食取向和特色。那些过去不易经常买到新鲜海物的山村居民，也养成了家家每年必腌一缸咸鱼的习俗。

在威海民间文化、艺术活动中，渔捕文化更是不可或缺，以致成为主题。如威海的民间剪纸，其题材大多与海相关，各种鱼类造型、捕鱼劳动场面，都是渔家、农家最喜欢剪贴的内容之一。而民间文艺表演活动，如年节扮耍、庙会扮耍等，划旱船和扮演各种海族舞等，都是主要的表演节目。

威海沿海渔家最为重视的，则是海神信仰与祭祀。

境内渔民奉为海神的主要有龙王、海神娘娘以及鲸鱼、海鳖等海生动物。龙王是渔民最崇信的海神，因其"统领水族"，故渔民祈盼海上丰收、海上安全必首拜龙王。威海境内沿海渔村、港湾、孤岛大都有龙王庙。明清时期建于刘公岛的龙王庙规模最大，有前后殿和东西厢，庙前并建有戏楼。

每当鱼汛过后，渔民会集资请戏酬谢神庥，人神同乐。

威海自古有传说，鲸鱼是龙王的保驾大臣。海上作业遇见鲸鱼群谓之"过龙兵"。常年的海上捕捞作业，与鲸鱼无数次的接触，让渔民得出了经验，凡有鲸鱼出现的海域，必有大量其他鱼群活动。故鲸鱼又被渔民视为龙王派来的，能给渔民带来丰收的"赶鱼郎"。

巨型海鳖（海龟）之类，则被渔民称为"老人家""老帅""老爷子"等。据说大海鳖善于变化，能带来祥和也能引起祸端。所以渔民对此类海物敬畏有加，不敢有丝毫亵渎。

海神祭祀分为每年春季渔业生产开始时的祭海、节日的庙会祭祀和海上作业中的祭祀三种。

所谓春季祭海，其实也是一年渔业生产的开工仪式，一般在谷雨节前后举行。这是渔民最为重视的祭祀仪式，其气势比过大年还要隆重得多。明清时期，威海渔民多于清明节以豕、酒祭海神庙，后来逐渐演变成谷雨祭海神，其规模更盛大。主要以祭龙王、海神娘娘为主。

节日祭祀多在春节期间。大年初一早晨，渔民要先到龙王庙焚香纸拜祭，然后再回家开始节日的其他活动。也有初一在娘娘庙举行一番仪式，请海神娘娘回家过年的。而与海神信仰有关的庙会，多以这些神的生日为会期，开展大规模的祭祀活动。

威海沿海渔民视六月十三为龙王诞辰之日，故境内龙王庙会多在这天举行。海神娘娘的生日则为三月二十三日，时值谷雨节前后，故娘娘庙会多在谷雨节举行，与春季祭海合一。

海上捕捞作业中的祭祀，则是在一些特殊情况下进行的。如渔船突遇风暴等险情时，全船人就会焚香跪求娘娘搭救。在渔船作业或航行中遇到"过龙兵"的鲸群，渔船不但要迅速避让，而且渔民还要在船上焚香纸，并向海中倾倒大米、馒头，为龙兵添粮草。渔船禁忌捕捞大海鳖，偶有误捕则必以最快的速度将其解网放生，同时要焚香以求其恕谅。渔船下锚时，为防伤及大海鳖，要先高喊几声"给——锚——啦！"稍停片刻，给大海鳖以躲避的时间后，再将锚抛入海中。

虽然现今的渔业生产工具、生产方式都发生了巨大变化。但由于海上作业本身所具有的风险性仍然存在，更因为习俗使然，自古形成的渔家俗规、禁忌和对海神的信仰、祭祀等，至今仍被渔民们遵循和传承。

当年卖鱼的场面

境内沿海渔民在几千年的渔业生产和日常生活中,出于对变幻莫测的大海、对不可知神秘的自然威力的敬畏,形成了一些沿袭成俗的行为及语言规矩和禁忌。这些规矩和禁忌虽无明确文字条文,却是渔家严格自觉遵守的准则。

即使现在,当外地观光客到沿海游玩,导游也会提前向他们介绍须遵守的渔家规俗,嘱其入乡随俗,以免发生什么不愉快。

威海的渔家规俗,与渔船海上捕捞作业方面相关的较多。如父子、兄弟不同船,登船不喝酒,船不离圈,潜水时须由娘舅在船上把握救生绳,系裤腰带必扎活扣,对船老大绝对服从,等等。

扶危救难是威海地区自古相传的良俗,海上作业的渔民尤重此德。海上有难必相救助,是渔家共同遵守的规约。无论何船何人海上遭遇危难,只要按渔家约定俗成的方式发出求救信号,附近的渔船必会全力相救,冒再大的危险也在所不辞。更值得称道的是,这种救助完全是无偿的,海上挣命的人有共识:"救别人,也是救自己。"

世世代代靠海吃海的渔家,对赖以生产、生活的海上资源,也形成了精心养护的传统。在鱼卵孵化、鱼苗初成的夏季，渔家会自觉地停止一切海上捕捞作业。荣成的沿海一带，旧时便形成了更严格的渔家规约：自夏至到秋季鱼汛来临的几个月中，任何渔船都不会出海。当地渔家称之为"歇伏""养海"。海上捕捞还有"捉大放小"的俗规，近海潜水捕捞，对所捞海参、扇贝的大小标准，历来亦有约定俗成之法：所出售干扇贝每斤不得超过85粒；干海参每斤不得超过40个头。不达标的即使误捕，也会当即放归海中。

渔家生活中的禁忌，则分语言和行为两大类。

威海沿海地区最普遍的是忌讳说"碎""翻""扣""空""煮"等字，遇到需用这些字表达时，则必改换其他字代替。如碗碎了，则说碗"撕"了；将物品翻过来，则称"划"过来、"转"过来、"面"过来；煮饺子，则称"下"饺子。因"帆"与"翻"同音，所以渔家称"帆船"为"风船"；船桅上的"布帆"则称"篷"；船上做饭多烧煤，因"煤"与"霉"同音，为求吉利，渔家称"煤"为"扎子"。

行为禁忌方面主要有：船上吃饭，忌吃完饭后将筷子横放碗上；船上放置碗、盆、瓢等器物，绝不允许翻扣；海上放网期间，不许剃头，也不许说剃头之类的话；严禁在船头大小便；忌妇女上船，更忌妇女跨越渔船和渔网，等等。

The
Biography
of
Weihai

威海 传

第十三章

温泉

威海境内温泉多含有硫化物、锌、铜、铁等丰富的矿物质及其他微量元素，并含有大量阳离子、阴离子和硫化氢、二氧化碳等气体。这样的温泉对人体可起到良好的保健作用，尤其对风湿病、关节炎、皮肤病，有极好的治疗作用。

遍地温泉

整个威海地区，温泉资源非常丰富，几乎遍地温泉，古来便声名远播。

威海历史悠长，较有名的温泉有8处：乳山的"小汤"；文登的"七里汤""呼雷汤""汤村汤"和"大英汤"；环翠区的"宝泉汤""温泉汤"和"洪水澜汤"。其他的小温泉则不胜枚举，称之为遍地温泉毫不为过。一个数字就很说明问题：总面积只有5797平方公里的威海市，境内温泉竟占山东全省温泉总数的50%。2010年12月29日，国土资源部将威海命名为"中国温泉之乡"。

相关地理资料显示，威海境内众多温泉的成因，与其特殊的地理构造有关。威海市域自南部的乳山市至北端的环翠区，是一个大背斜地形结构，温泉多出露在背斜的一翼。而境内又有多条北西向、北东向断裂带。断裂带的长期持续活动，使地表水沿裂缝深入地下，遇热则上升，溢出地表。地热田的出露条件是高角度的断裂复合部位。故此，温泉一般出现在低洼之地或者海边河边甚至海中、河中。

威海的地方史籍，记载了当地一些温泉的历史。位于乳山市区东北50里处的小汤，唐代孙姓于此建村时，就有"汤上村"之称。后又有汤后疃、汤东疃、汤南疃多个村落出现。位于文登城区西7里的七里汤，古称"灵水长春"，元代山东副使王贡易其名为"如意汤"。文登城区东南15里的呼雷汤，最早的记载见于明代，该汤之西有汤神庙。位于威海城区卫城之东门外（今宝泉路）之汤，古称"汤泉"，又称"地狱泉"。清代《威海卫志》记载："汤泉，在卫东北五十步，泉热如火。近海，卤水

当年的温泉

来浸……至今潜移海中，水犹热如故。"光绪《文登县志》载，"温泉寨"因温泉而得名。

威海温泉有三个显著特点。

一是水温高。境内温泉水温大多在50℃以上。早期有史料记载，七里汤水温高达80℃。

二是泉源旺。呼雷汤，正是因温泉水上涌时发出的轰隆声而得名。20世纪60年代，温泉汤的温泉眼上涌水柱则高达一米多。涌水量最大的温泉为七里汤，每小时可达40多立方米。大英汤次之，每小时达18立方米。

三是水质优良。境内温泉多含有硫化物、锌、铜、铁等丰富的矿物质及其他微量元素，并含有大量阳离子、阴离子和硫化氢、二氧化碳等气体。这样的温泉对人体可起到良好的保健作用，尤其对风湿病、关节炎、皮肤病，有极好的治疗作用。宝泉汤是境内唯一的海水温泉，含矿化物较高，对人的神经、消化、骨骼、心血管等方面的疾病有显著的治疗作用。温泉汤则是唯一一处可以直接饮用的温泉。《文登县志》载："四面寒水而此处独温。水流不滞，浮垢尽去，清若镜，甘如醴。凡汤皆有磺气，饮之辄作恶,唯此汤可饮……"冬季,温泉汤村多用此水饮牲畜,因而有了远近闻名的歇后语:温泉汤的驴喝热水——灌(惯)个病。

温泉神话

威海如此多的优质温泉,自然吸引了古往今来众多文人墨客的关注,也激发了他们歌赋吟咏的雅兴,为威海温泉留下了很多宝贵的文学作品。

对温泉的成因,古时自然难以有科学的解释,却成就了当地温泉成因美妙的神话和传说,让温泉变得更加神奇美妙。

威海民间"在很久很久以前"便流传着一个神话故事:很久很久以前的一个初春,八仙于蓬莱渡海之前,曾来威海一带仙游。三月三日游至威海的正棋山下时,正遇山会。张果老见远处山会人头攒动好不热闹,便撇下其他七仙,独自跑到庙会上看热闹了。偏遇山会上有人在摆棋局,张果老便忍不住与其对弈。不想对方棋艺高超,下了半天张果老竟难以取胜。

在正棋山下的五渚河边游玩的七仙,左等右等不见张果老归来,不免有些烦躁。吕洞宾的额头竟冒了细汗,看着身边清澈河水,叹一声:"真想跳进这河中洗个澡呀。"

韩湘子拦住了吕洞宾:"这初春时节河水还太凉,要是这河水能变热,我也想下河洗个痛快。"

一旁的铁拐李笑了:"这有何难?我让这河水变热就是了。"说着,他拿着宝葫芦在河中灌满了水,又掏出火镰、火石,将火绒点燃。用火绒稍稍燎了燎宝葫芦,便有热气咕咕冒了出来。然后又将宝葫芦中的热水倒进河里,不想整条河顿时变得热气腾腾了。众仙全乐了,纷纷脱衣要下河洗个痛快。

何仙姑急了："众仙且慢，该让我先下河沐浴才是，你们是不是暂回避一下？"

众仙觉得何仙姑说得有理，理应让女仙先沐浴，便整好衣物要回避了。

不想，在庙会上输了棋的张果老满头大汗跑了过来。浑身燥热又恼羞不已的他见河水热气腾腾，便不管三七二十一，跳入河中扑腾着洗开了。

何仙姑只好笑笑："那今日众仙就在此沐浴吧，咱说好，明日是我的沐浴日。"

这则神话不仅解释了温泉是如何生成的，而且制定了同一个温泉汤男、女分别洗浴的日子。因三月三是单日，从此，威海的露天温泉汤"男单女双"分别洗浴的习俗便沿袭了下来。

呼雷汤的成因，则是更感人的传说。

传说很久很久以前的某年，文登一带发瘟疫。青龙河畔有位赛姓老药师，见村寨众多百姓染病，便不顾年迈，上山采药为百姓治病。一次爬上一座高山采药，不慎自悬崖跌落。突然，山谷间飘来一白衣仙姑，搭救了垂危的老药师，并送一宝锅给老药师，谓之曰：只需加水将此锅烧沸，便有取之不尽专治瘟疫的汤药。老药师将此宝锅带回，依仙姑之嘱烧锅，果有汤药取之不尽。药师将汤药免费送给周围患病百姓，百姓喝了这神汤药，果然病愈。

附近有一大恶霸，闻听老药师得宝锅，想霸占宝锅以其汤药发大财，便带家丁来抢。老药师闻讯抱着宝锅往山上跑，一路大呼仙姑救护却并无回应。

原来得知仙姑将宝锅赠送人间，玉帝大怒，已将仙姑锁入天牢。那恶霸带家丁追来，将老药师逼到了悬崖。老药师无路可逃，为不使宝锅落入恶霸之手，仰天长啸一声：俺与宝锅同毁！遂抱着宝锅跳下了悬崖。

天牢中的仙姑闻听老药师最后那绝命一呼，却不能出天牢救助，只得施法力凿开山洞，降下洪流，将老药师及恶霸、家丁俱冲入青龙河中。

青龙河中之青龙感老药师之义举，遂将其接至龙宫复活。老药师虽居龙宫，仍念念不忘染病乡亲，天天煮药济世。从此，青龙河畔便有隆隆热汤涌出，其声如呼雷，"呼雷汤"之名遂传至今。

还有类似的神话故事、传说：吕洞宾在昆嵛山掘出冷、热二泉，谓"福禄兄妹"二仙童；在文登的汤泊掘出汤泊温泉。

汤神庙里供奉的男女两尊塑像，即为"福哥"和"禄妹"两位仙童。

威海地区的温泉汤，几乎都有类似的神话传说。

自古以来，威海的女孩子普遍皮肤膏润细嫩白里透红，据说是得益于遍地温泉的滋养。

温泉的开发

文登的七里汤、呼雷汤开发历史较早。威海城区内的温泉开发时间较晚，其余大部分自然汤池，在很长的历史时间则保持着天然状态。

七里汤是威海境内开发时间最早的汤池。据此汤池畔残碑记载，早在明代，这里就修建了男女浴池。清康熙辛丑年（1721）重修，浴池以大石砌之。1916年，"就旧有官汤，建瓦屋三间，外两间为浴池，内一间为休息室"。

王毓升《文登温泉游览记》载：1932年将"官民两池重新翻修，砌洋灰池，布洋灰台……官池改称内池，民池改称外池，设一年近古稀老翁看管"。

呼雷汤何时初建浴池没有记载，但留存有光绪九年（1883）重修浴池时的碑刻。重修的浴池，"瓦亭四间，围以石墙，高约八尺，门在东南角。

中分三池，东池最热，长约一丈五尺，宽约一丈；中池，长约一丈三尺，宽约六尺；西池较凉，长约一丈二尺，宽约五尺五寸，水深约二尺……秋冬之际，夜则乞丐借宿于亭中，昼则妇女濯蔬于池外"。

《环翠区志》记：洪水岚汤的开发始于清代。清同治年间，附近居民在老汤西半里许，穿凿方池，周围砌以石墙。池长一丈六尺，宽约四尺……因池内既有温泉源也有凉水源，温度颇低，只有40℃。秋冬沐浴时，以柴草池边烧之，立时蒸气腾腾。

威海城区的温泉开发利用始于1895年。其实城区温泉很早就被发现，但由于该泉出于海潮线内和"潜移海中""不便甃池"，难以利用。古时，当地百姓对怪异的温泉甚至还有几分忌惮，称其为"地狱泉"。1895年日军占威海卫，对该温泉取水样化验后得出结论：该泉清澈无异味，属弱盐泉，既可食用也可洗浴。于是便在卫城东门外数十步的小丘上修建浴池，专供驻威日本军人洗浴。英国国家档案馆的《日本人经营威海卫温泉报告》载：日军的药剂师大岩已三，还用盐泉和面研制出了一种煎饼，其味道与德国的加儿儿斯煎饼相似，故将其命名为"威海加儿儿斯煎饼"。

英国租借威海卫后，对当地的温泉产生了极大的兴趣。1902年，殖民政府与日本商人Kobashi签订协议，在原址重修高档浴堂，其建造和装修费用由政府和租户各承担一半。浴堂由日本人设计，从日本进口材料，聘请日本工匠施工。浴堂分两大区域，一是专供欧洲人使用的洋人汤，二是供华人使用的华人汤。洋人汤内设三种浴堂，华人汤为四等混浴。一、二、三等浴堂内部装饰豪华，卫生整洁，浴后可在华丽的日式房屋内遥望海上仙境。此浴堂很受西方人青睐，并成为吸引外国游客的一大旅游热点。殖民政府也将温泉浴列为接待高等客人的高档礼遇。1905年7月，山东巡抚杨士骧访问威海卫时，威海卫行政长官骆克哈特与政府秘书庄士敦专门请杨士骧洗温泉浴。此浴堂一直由日本人Kobashi经营。1915年租约到期后，由华人刘曰智承包经营。

自日本人在威海卫修建浴堂后，中国人也极力仿效，在威海卫一带建起了多处浴池。刘希宗在卫城东门外，建"源泉汤浴池"。浴池设有四间厢房，二三十个床位。1928年，又以源泉汤为基础，新建两层铁盖楼，内设男女大浴池各一个，盆池10个，共有床位50余张，改名宝泉汤。1935年，当地人又在附近建"新生池"。该浴池建有两层新式大楼，其内器具精致，环境幽美雅洁，成为与宝泉汤齐名的规模浴池。在此期间，还有中兴池、新新池等浴池建成使用。1934年，建于海滨三层高楼的威海宾馆，首次将温泉引至宾馆房间。

浴俗

笔者少时一直居文登的乡村，那年代寒冷的时节里，也只有过大年前，才得以到距村六七里的"汤村店"村的汤池洗回澡。

那时到汤池洗一次澡大概需两毛钱，可一般的农家也不是轻易肯破费这两毛钱的。每到大年将近，较贫困的人家也只能让女儿去洗一次澡了。

早年，威海地区大多的天然汤泉是没人收费的。汤泉附近的百姓，尽可随便去泡汤泉。久而久之，各个汤泉附近的人们形成了不尽相同的洗浴习俗。原本简单的洗浴行为，渐渐被注入了丰富多彩的文化内涵。

早年，每至元宵节，著名的呼雷汤就变成了"女人汤"，专为女人开放三天。王毓升《文登温泉游览记》载："附近妇女前往沐浴者，扶老媪，抱幼女，携媳妇，伴邻侣，红红绿绿，熙熙攘攘……一时途为之塞，目为之眩。"专为女人开放的三天洗浴日，也成了女人们的狂欢节。"举动大方者，赤身露体，一丝不挂；或高耸起乳峰，或鼓胀其腹部，或箕踞于池畔，或仰卧于水滨。凡所谈裸体美、曲线美、正面美、侧面美者，无不毕现于同性之前,以逞一快……"

而此时汤池外的祭汤神活动更是热闹非凡。扭秧歌、跑花灯、踩高跷、赛纸马……纷纷会集于汤之左右前后,以祭汤神。"而资比赛者,竟日不绝。笙管并奏,锣鼓齐鸣,大有乐而忘返之势。"

文登另一著名温泉七里汤,最热闹的时间则是谷雨节,汤池外人满为患。因当地历来有"谷雨节,走百病"之说,每逢谷雨节,七里汤周围的百姓,特别是妇女,哪怕距汤很远,也要起大早赶来七里汤洗浴。《文登温泉游览记》对此有着细致的描写:"来浴者络绎于道,以人数之拥挤,女汤难容,男汤也需让与。"与呼雷汤相同的是,谷雨节七里汤也有赛会、演剧等群众性娱乐活动。"多则五日,少则三日。"这几天汤泉前总是"人山人海,几无托足之区。一来一往,颇费拥推之苦"。特别是那些妇女,在拥挤之中"脱落衣服者有之,遗孩童者有之,归后小产者亦有之"。拥挤的人群中掺杂了各色人等。"肩担小贩,南唤北呼,好色之徒,东驰西走。诚或观也,信可乐也。"

卫城东南处的温泉汤,虽无固定的大型洗浴节日,却以其独特洗浴习俗——天体浴,远近闻名。

温泉汤,处于河床中,古时当地人只好避开汛期,因陋就简,开掘了个大沙坑形成了"沙坑汤池"。池外无遮无挡,距两侧之路只有十几米的距离,池中浴者尽暴露在过路人眼中。然而此处的洗浴形成了风俗:浴者毫不理会是否有旁观者,也不管旁观者是男是女,均旁若无人地自顾洗浴嬉笑,视裸体为天然,并不以为耻。男人裸体洗浴,女子也会视而不见地在池旁洗衣服,这也折射出了当地人的纯朴无邪。

这里的洗浴时间,也有约定俗成之规。旧时,女人只有逢农历指"初一、初六"或"尾数一、六"的晚上,才能来此洗浴,而其他时间男人可随便来洗浴。

随着女人们要求与男人平分洗浴时间的呼声越来越高涨,男人们占用

温泉洗浴者

汤池大部分时间的旧规有所改变，但也仅限于晚上：单日晚上，汤池归男人；双日晚上，汤池归女人，白天汤池则仍由男人占用。即便是双日，到天落黑了，有的男人仍泡在汤池不肯离开，女人只得用手段轰赶赖在池中的男人了。久而久之，这种轰赶赖在池中男人的行为形成了一个专用术语，谓之"赶池子"。遇上那赖皮赖脸怎么轰也轰不走的"黏"池男人，泼辣的妇女会使出最后的撒手锏——直接跳进池子——这一招够狠，任再怎么赖皮赖脸的男人也招架不住，只得爬出汤池仓皇而逃了。

英租威海卫时期，殖民政府对新建的温泉浴堂制定了一套严格的洗浴规则。英国家档案馆所存浴堂承包者刘曰智与政府签订的《刘曰智承包合同书》中，有着详细的规定：娼妓不得进浴堂洗浴；凡进入浴堂者须守规矩，若有张狂无耻之徒赤身乱跑或与人争吵、酒后滋闹，浴堂承包者必须禀报，若不禀报则受处罚；浴堂内不得经营任何酒类，洗浴者也不得携酒来饮等。

浴堂承包者当然须遵守政府的管理规定，但刘曰智对某些条款也颇有怨言："岂能进女先问是不是妓女？"对管理条款上对饮酒者和酒类的严格控制，刘曰智也提出了建议："应缓前例，准其在汤池东面原有招待浴人之处售卖酒饭茶食。"他还提出浴堂内应"允许其承办歌唱戏耍等活动，以适浴人之意；辟出一屋供传教士利用浴客休息之时传道"。

英租威海卫五六年之后，随着西方医疗卫生理念的植入，威海卫城区的人重干净、讲卫生的习惯逐步养成。去浴池也讲究穿戴了，视进浴堂如同进公园、逛商铺，其穿戴要比较好、比较体面。浴堂入口处招揽浴客的侍者，对穿戴体面的顾客，会"先生""客爷"不绝于口地迎接。

浴客进了里边的相应铺位，会有侍者拿一根顶端有铜叉的长竹竿，将浴客脱下的衣服叉起，挑挂到铺位上高处的墙上。读者看出如此挂衣服的妙处了吗？蹿进铺位的小偷，再怎么跳也是够不到衣服的，你总不能在众目睽睽之下带着长竹竿到浴堂行窃吧？而浴客要取衣服时，会由侍者用竹竿为其挑下。

两个相邻的铺位间，设有一个红漆小木桌。浴客浴后可躺在铺位上喝茶休息，这种浴后小憩也演变为一种社会交际，哪怕是不相识的人，也愿相互搭讪。不少人就是在浴堂的小憩中结交成了朋友，甚至谈成了生意。

不少威海城区人养成了早起奔浴堂的习惯。夏季 4 点来钟，冬季 6 点来钟便进浴堂，为的是赶上"头锅水"。这习惯至今不少人仍沿袭，特别是一些老人。

遍地温泉，实在是大自然对威海这片区域的特别馈赠。现今，旧时那些天然的温泉汤大多改造得富丽堂皇，收费也越来越高，人们在享受高档洗浴的同时，也失去了过去那种简朴的自然浴之感。

The
Biography
of
Weihai

威海 传

第十四章
传统技艺

威海著称于世的，当然是山海形胜、秀美风景、宜人气候。但威海传统技艺生产的几种精美的工艺品，亦蜚声海内外，久负盛名，可谓威海人勤劳智慧的结晶。

锡镶

早在清末、民国年间，威海卫锡镶即享誉海内外，远销欧美及东南亚各国。其产品主要为镶陶、镶瓷两大类。所谓镶陶，是以江苏宜兴紫砂茶具为基料，将锡制饰件镶嵌其上；所谓镶瓷，则是把锡制饰件镶嵌于山东绿釉、蓝釉、红釉等陶瓷茶具上。除锡镶茶具外，又有锡镶酒具、烟具、碗、盘等，种类繁多，美不胜收。

锡镶茶具为纯手工制品，所镶饰件以纯锡为原料，经冶炼提纯、铸制、锻打、镂雕后，焊接成图案镶嵌于各种茶具之上，经打磨抛光而成。其镶饰部位讲究、饰件图案精美，是锡镶高度艺术化的集中体现。如茶壶的镶饰，多在壶嘴、壶盖、壶身、壶颈等四个部位精心布局，镶饰的图案则以所饰部位之不同而异。壶盖所饰多为"五蝠（福）捧寿""喜鹊登梅"等传统喜庆图案。而壶盖中间的气孔处，则别出心裁地压铸上一枚"光绪通宝"铜钱，以增其古色古香之韵味。壶身所饰多为"苍龙戏珠""龙凤呈祥""松鹤延年""八仙过海"等传统吉祥图案，构图繁复，典雅精巧。壶嘴、壶颈处，所镶图案则力求简洁、小巧，或只镶无图案之锡件，起点缀作用。四组饰件，布局合理得当，疏密有致，图案或繁或简，均雕镂清晰，打磨精细，造型逼真，生动传神。那些经镶饰的陶、瓷器具，件件都是高贵典雅的艺术珍品，极具观赏、收藏和实用价值。

威海锡镶发祥于清光绪年间，其源头则始于明清时期小炉匠的铜镶。旧时，普通家庭碗盘碎了，大都会找走村串街的小炉匠锔了再用。茶壶更为贵重，破损了更是必锔。茶壶最易受损处是壶嘴、壶盖。若打上锔子，

锡镶兴盛地戚谷疃（英租时期）

不仅观之不雅，且给人以不洁之感。于是一些巧匠别出心裁，采用镶嵌法，把铜片卷成壶嘴状套在壶嘴上，包住断裂破损部位，然后用锡焊将其固定。为求美观，又逐渐在镶饰的铜件上增加纹饰。不仅使破损之器完好如新，而且更平添了几分高雅华贵之气，大有化腐朽为神奇之功效。因铜质较硬、熔点高，不易加工，清光绪末年，威海卫的一些铜锡铺作坊便将铜镶改为锡镶。随着锡镶技艺的提高，所镶部位美感大增，于是便发展到在完好的新茶具上镶饰锡件，以增茶壶的美感和艺术品位。且由原来只镶壶嘴、壶盖，进一步发展用锡雕图案镶饰整套、整体茶具。其工艺益精，威海卫之锡镶业由是兴起。

威海锡镶在英租威海卫时期及威海卫回归后的前几年最为兴盛。主要作坊有：谷宝和、谷宝年兄弟分别经营的"老合成""新合成"锡镶坊；柏玉秀开办的"合盛"；李西川开办的"同庆顺"；孙吉柱兄弟开办的"宜昌信"；宋玉亭开办的"德裕"等锡镶坊。各坊家生产的精美锡镶工艺品，不仅销往上海、香港等国内各地，而且深受来威游览的欧美人喜爱。当年住在威海卫的英国人，也纷纷将其作为珍贵艺术品收藏和馈赠亲友。当时威海为自由港，各国商船可自由往来，威海锡镶产品得以销往世界许多国家和地区。至今，在英国、法国、澳大利亚等国的博物馆和许多居民家中，仍可见保存完好的当年威海卫生产的锡镶产品。

1938年日军侵占威海后，锡镶业横遭摧残，店铺纷纷倒闭，名噪一时的威海锡镶工艺品从此销声匿迹。直到1984年，原"新合成"名匠谷氏后人，重振旧业，集资开办了威海锡镶工艺品厂，终于使失传了近半个世纪的威海卫锡镶工艺重放光彩。

绣花

威海卫绣花，是威海传统民间刺绣工艺与近代外来花边工艺相结合演变而成的一种独特风格的"雕绣"。这一中西合璧的工艺，肇始于清末光绪年间。其精美的绣品，自民国初年即享誉海外，一直是威海大宗出口的工艺品。

威海的传统民间刺绣，有着悠久的历史和广泛深厚的群众基础。旧时威海区域乡间的女子，自小必学刺绣，成年妇女几乎人人皆谙练刺绣技艺。民众日常生活和一些礼俗活动中，处处可见各种刺绣饰品。如装饰家居的门帘花、窗帘花，美化服饰的绣衣、鞋花、鞋垫花、帽花、兜肚花，以及枕头花、手巾花等，都出自民间绣女之手。

19世纪80年代，英国人詹姆士、马茂兰夫妇在山东传教时，将欧洲编织、刺绣工艺带到威海等地，并组织乡间妇女按外来工艺织花边和绣花，产品由经销商收购。威海刺绣开始进入商品生产阶段。在中西结合的基础上，逐渐发展出了一种威海独有的绣花新品种——麻布雕绣。

初传威海的外来绣花工艺，只是在麻布上做局部简单刺绣，然后把编织好的整块花边镶到刺绣的麻布上，谓之"镶绣"。其花边用纯线编织而成，叫"纯花边"，也叫"满工花边"。而威海传统民间刺绣则与之大不相同，不仅绣工技法多种多样，而且花边织作中的"编、结、织、缠"等多种技法也兼容其中。更神奇的是，只用绣花针和剪刀，即可直接在绣布上编织出各种花边。

麻布雕绣，融中西刺绣工艺之所长，合编织与刺绣为一体，其绣品不仅各部分图案风格和结构更加协调和谐，而且也充分突出了镶绣层次分明、浮雕感强的特点。在各种麻布雕绣品中，尤以"满工扣锁"最为著名，绣织工艺也最为复杂，囊括了锁工、绣工等近百种工艺。自民初以来，"满工扣锁"一直是威海绣花的主导产品和主打出口品。

随着海外市场对威海卫绣品需求的不断增长，英租威海卫期间，威海绣花开始进入兴盛时期。除分散乡间的家庭绣花蓬勃发展外，1912年，威海城里先后创办了天主堂、义丰两家专营绣花工厂。至1930年，绣花厂增至13家，雇用绣花女工数百名。庄士敦离开威海时，当地士绅赠送的礼物，就是一套威海绣工加工的刺绣戏服。

中国政府收回威海卫后，威海绣花业空前繁荣。至1935年，城乡绣花厂发展到50多家，绣花女工达4000多人。除专业工厂生产外，各厂还把大量绣工活发放到农村，由家庭妇女加工，完成后由工厂收回，再由经销商销售。

1938年，日军入侵威海卫后，威海绣花业几乎被摧残殆尽。至20世纪70年代，威海绣花业进入鼎盛时期。加工绣品成为农村妇女从事的主要工作。现今，各种现代化的绣品厂遍及威海，主要雕绣产品"满工扣锁"被评为山东省和国家轻工部优质产品，其精美的绣品出口全世界40多个国家，成为威海最畅销的外贸产品之一。

剪纸

威海剪纸久负盛名，可谓最普及的民间艺术之一。威海民间俗称剪纸为"铰样儿""抠样儿""刻勒样儿"等。剪纸作品在威海民间历来应用广泛，不仅是农家、渔家最重要的居家装饰品，而且在许多节日、节令及各种礼俗活动中，剪纸也必不可少。至今，在威海民间仍常见。早期的威海民间刺绣等，也皆以剪纸作为底样。自古来，威海民间视会剪纸为女红的基本技艺，几乎为农家、渔家女子自小必习的技艺。

威海剪纸分单色、彩色剪纸两大类。剪纸技法，则有阳剪、阴剪两种。阳剪即保留形体造型线条，剪去块面部分；阴剪则反之，剪去形体线条，保留块面部分。威海民间以单色剪纸为多，技法上有阳剪，也有阴剪。剪纸风格或粗犷夸张或精巧细致。按剪纸作品的民俗功用，则可分为礼俗剪纸、节日剪纸和日常用剪纸等几大类。

礼俗剪纸以婚礼最常用。新婚房的门、窗、墙壁以及镜子、箱、橱、桌、柜等，皆贴大红纸剪双喜字。有的还在字周围饰以荷花鸳鸯、喜鹊梅花、龙凤呈祥等吉祥图案。

节日剪纸主要集中在春节、二月二、五月端午等节日。过年剪贴窗花、墙花极为普遍，其构图题材主要取自民间故事、历史故事以及门神、财神和象征美好意义的各种花鸟鱼虫、飞禽走兽等。沿海渔家剪纸，则着重表现渔民海上作业的劳动场景、"娘娘送灯"等神话故事及各种海物图案。剪彩纸挂门楣，谓之"飘"，也叫"门笺"，图案以鱼、虾、蚌类等水族为主，并剪刻"一帆风顺""大吉大顺"等字样，以祀全年风调雨顺、渔业丰收。二月二"龙抬头"，剪纸的主题自然是龙。

龙的图案有两种，有四腿和脚的叫"大龙"，无腿无脚的叫"小龙"。小龙又叫"圣虫"，是民间风俗中的财神之一，能保佑丰衣足食、粮谷满仓、六畜兴旺。

威海民间日常用剪纸几乎无处不在，用于装饰家居和一些日用器物。除有大量窗花、门花、墙花外，还有顶棚花、笸箩花等剪纸。

旧时威海民居，其屋内顶棚称"仰棚"。装饰"仰棚"的剪纸有心花、角花、边花等。心花多为凤凰牡丹、喜鹊梅花、蝙蝠、蝴蝶采花等大幅团花。四角和四边，则饰以简洁典雅的角花和边花。

装饰笸箩等器物的剪纸，以荣成、文登流行最广，也最有特色。

用剪纸作绣花图样，叫"绣样儿"，也叫"花样儿"。旧时威海乡间女子人人皆学刺绣。农家、渔家女子定亲后，就开始给未来的丈夫做刺绣鞋垫。结婚时的绣花鞋、门帘花、枕头花、手巾花以及婚后小孩的兜肚花等，大都为当事女子亲手刺绣而成。这类绣品皆以剪纸为底样，旧时乡间女子们都会积攒许多绣样儿。

剪纸作为一种特殊的造型艺术，蕴含着丰富的文化和历史内涵。威海市域流传至今的大量历代剪纸作品，对研究威海民众审美追求、民间信仰和当地风俗民情的变迁，具有重要价值。

望岛刀剪

清代威海的望岛刀剪即远近闻名，至今已有近150年历史，主要指望岛卢家出产的刀剪。

据传，威海望岛卢家为唐朝卢纶之后。同治三年（1864），望岛卢义仁、卢叙福父子，开创制作工艺独特的望岛卢家刀剪红炉坊。卢家打制的剪刀尖细刃锋，刃口流利，剪绸不拉丝，且造型美观，极其耐用。其制作的菜刀则背厚膛薄，刀面光亮，硬度适宜。"刃口锋利，不崩不卷。"

卢家刀剪由自家红炉打造，初时卢家红炉无正式名号，当地称之为"望岛炉"。其产品主要在望岛周围四乡销售。至清末民初，望岛卢家刀剪已声名远播，生意日益兴盛，遂挂出"仁兴"炉招牌。所产刀剪皆有"仁兴"印记，形成了自己的品牌。除本地旺销，还经一些老客户、华侨，捎带销往东北各地、港澳地区以及朝鲜和新加坡、马来西亚等地。技艺精湛、质量上乘的卢家刀剪，随之享誉国内外。民国年间，望岛所产刀剪销量大增，致使当地人也"一剪难求"。

望岛卢家刀剪制作，一直传承着卢家祖传独门绝技，工艺流程精细而复杂，单是打制剪刀，即有70多道工序。其精细微妙之处的把握，全凭多年经验的积累和天赋的悟性。

刀剪的淬火，为卢家刀剪制作独门绝技中的绝技，其精妙堪称巧夺天工。在没有任何检测仪器的时代，要掌握炉内火候，看准铁件火色，确保及时准确淬火，唯凭匠人的经验。卢家刀剪对淬火使用的水也有特别严格的要求，必须使用清净的冷水。

望岛卢家刀剪制作代代相传，一直秉承祖传工艺。20世纪60年代，其刀剪开刃、打光工艺由砂轮、布轮取代了原始的人工手铲。

1946年，望岛村成立"望岛社"，卢家红炉成为村社铁艺组，所生产的刀剪等产品也改用"望岛"印记。1960年，除望岛村红炉继续生产刀剪外，威海城内亦建起威海刃具厂，生产刀剪。该厂聘请卢氏刀剪传人做技术指导，产品商标亦注册"望岛"牌。在山东省组织的多次刀剪质量检验评比中，望岛牌刀剪均名列前茅，成为山东省名牌产品。

豆面酱

威海山清水秀，气候宜人，不仅是人类最宜居住的城市和闻名中外的旅游疗养胜地，而且其冬暖夏凉的独特气候，也为酿造业赋予了得天独厚的条件。故威海民间酿造业自古兴盛，酿制和腌制品中，不仅有美酒佳酿，各种酱、醋，也有种类繁多的鱼虾海鲜、野菜园蔬。其中最负盛名且经久不衰驰名中外的，当属威海豆面酱。

长期以来，威海人在烹饪中便习惯加豆面酱，特别是煎烧鱼类，豆面酱更必不可少。正是因有了威海豆面酱，威海的大小饭店、特别是沿海渔家的煎烧鱼类，才有了与其他地方不同的独特品味。至今，威海的烹饪，特别是鱼类的煎烧，使用豆面酱仍方兴未艾。

豆面酱，威海人俗称"豆酱""面酱""大酱"。威海豆面酱的酿造有着一套独特的传统方法。其生产周期为一年以上，隔年方可出售。其成酱呈鲜艳枣红色，光泽暗亮，质地细腻，味道清香鲜美，咸甜可口，营养丰富，黏稠适度，且烹锅不粘锅。用以烹制海鲜、菜肴、调馅、煲汤、凉拌、蘸食，样样皆宜，是色、香、味俱佳的调味珍品。清末至民国年间，威海所产豆面酱大量销往上海、天津、大连、香港等地。并经香港转销朝鲜、日本以及菲律宾、新加坡等南洋各国，享誉百年，至今不衰。

威海传统的豆面酱酿造源自当地民间。明、清以前，大多为民间家庭自酿自食。至清末英租威海卫之后，豆面酱酿造始由家庭自制发展为由钱庄、渔行、杂货铺等商号兼营的作坊生产形式，形成商品规模。其时，威海卫黄俊之的"源复盛"、黄酌之的"祥和湧"、戚心一的"德昌盛"、刘秀章的"鸿益裕"等10余家商号,都兼营豆面酱生产经营。其中"源复盛"生产规模最大,年产酱100多缸(每缸500斤)。随着英租将威海辟为自由贸易港,威海所产豆面酱得以远销海外。至民国初年,随着外销量大增,这种以商号兼营的豆面酱生产方式,已不能满足国内外市场的大量需求。于是,商人董百阳与孙泾川、孙澄仁等人合资12500元,于1918年建起威海第一家专业制酱企业"源兴东"酱园。其最盛时有职工30多人,年产豆面酱400缸、酱油11万斤、米醋1万斤,同时生产酱菜类产品10余种。继"源兴东"后,又有孙国范的"海香村"、丛树孝的"德兴东"、刘毅清与宋福亭合营的"四海"、苗丰登的"海国春"等10家专业酱园先后创办,一些无字号的家庭制酱小作坊则更是不计其数。众多的豆面酱生产厂家、作坊,将威海打造成了"面酱之乡"。威海城里北街,则成为专业的豆面酱交易市场。每逢集日或有商船进港采购之时,各酱园和兼营面酱的商号以及家庭酱户,便在市场设摊出售。外地客商络绎不绝,大量面酱船载车运而去,转销国内外。

威海豆面酱以优质大豆、面粉、食盐等为原料,经蒸料、制曲、泡酱发酵三大工艺酿造而成。每一生产环节都有其严格的操作规程和一系列精密的工艺要求。早年,所有生产环节全靠人工操作。从制成曲坯到菌曲发酵成熟的一个月中,酿酱师傅会轮班日夜守候,随时观察发酵室温度,始终控制其保持在30℃左右。同时还要勤加翻弄、勤倒架,以保证所有曲坯都均匀发酵成熟。而从泡酱发酵到最后制成面酱,还要经出大力气,下大功夫,极其繁重、繁复的体力操作。威海制酱业自古便流行一句俗语:"要使酱赢人,就得功夫深"。

旧时威海各酱园泡曲成酱,均采用大缸晒酱、天然发酵的方法。把成熟的菌曲放入盛500斤酱的大缸中泡制后,再利用阳光自然发酵、上色,称为"晒酱"。泡曲两个月后,除继续天天晒酱外,每天酱工还要用木制的大"扒子"在缸内"打扒"两次,以排除"杂异之气"。每缸每次打扒200至400扒不等,至缸内"乏气"全消,酱里不见泡沫方可。制好一缸酱,需连续打扒数月,日日不得间断。繁复、繁重之劳动强度可想而知。

威海豆面酱名闻中外,不仅靠的是世代积累传承的独特酿造工艺和制酱人辛勤的付出,也得益于威海优良的自然气候条件。历经传承,威海制酱人对季节和温度、湿度的变化与面酱酿造的各个环节,摸索出了恰到火候的把握和利用。每道制酱工艺,都形成了严格的季节性要求。如蒸料制曲,必须在每年的二月或八月进行;泡曲晒酱,则必在桃花盛开时节。其行业话语谓之"二八月踩曲,桃花水泡酱。"盖因二、八月份气温、湿度最有利于菌曲发酵。而桃花开时,井水最为纯净,泡酱最佳。

至1956年,"四海"等几家酱园合营为"威海酿造厂",简单的机械,也取代了部分原始的人工操作。之后,又逐步对传统的酿造工艺进行了多项改进,发展到机械化生产。

改革开放后,威海豆面酱正式注册"四海"商标,威海酿造厂亦更名为"四海酿造有限公司"。1984年,该公司被认证为"中华老字号"企业。其产品被评为山东省优质产品、省传统名特食品、国家商业部优质产品。"四海"牌商标被评为山东省著名商标。20世纪90年代以来,产品不仅继续畅销韩国、日本、新加坡等国及香港地区,而且开辟了欧美市场。其生产规模不断扩大,豆面酱及酱油年产量高达9000多吨,成为国内最大的酱类生产厂家之一。

The
Biography
of
Weihai

威海传

第十五章

民间游艺

依海而生的威海,其民俗之根自然与海洋息息相关。

《威海卫志》中如是记载:"生息既滋,版章日辟"。威海先民在这东海之滨落地生根,沐浴朝日之辉向海而生,其血脉中被注入了海洋的基因;先民的性格中,亦培养出了无疆的"四海意识";先民与海雨天风的生存搏击中,更酿造、锻铸出了心中气势磅礴、炽烈豪迈的"酒神"。

从某种意义上可以说,是"酒神"给了威海先民在这片海疆落地生根的勇气,或者说生存的精神支柱。鼓舞、激发他们战胜生存的艰辛和险恶的,无疑是内心深处的"酒神"!

在与大自然的抗争与共存中,威海先民创造出了自己的文化娱乐活动。

石岛渔家大鼓

威海境内的石岛,东、南两面濒黄海,与朝鲜半岛、日本列岛隔海相望,为天然良港。它扼东北亚海上交通中枢,为京津的海上咽喉。

孙中山先生在他的《建国方略》中,有两处提到石岛,由此可看出石岛地理位置的特殊和重要。石岛渔家大鼓久负盛名,是荣成南部渔民,在世代战天斗海的渔业生产活动中形成的一种庆典锣鼓。

锣鼓是威海民间最普及的打击乐器。锣鼓的曲谱,俗称"锣鼓点"。每个村都有几套自己的锣鼓点,世代相传。何种场合、何种情况下使用何种"锣鼓点",有着约定俗成的讲究。

石岛渔家大鼓其突出的特色是曲调编排严谨流畅,节奏明快、高亢激越,气势恢宏磅礴。有单鼓,有队鼓,甚至有集群方阵鼓等不同的表演形式。其核心是一个类似船老大的指挥,运用自己丰富的经验和出类拔萃的鼓技,引领整个表演进程。大鼓的基本队形有"一"字长蛇形、三角形、方形、圆形及分组形等各种队形。锣鼓队的组成主要有大堂鼓、七钹、大钹、大锣、小锣、小镲和旋锣等。大型表演活动中,则会配备8堂大鼓、8副锣和钹等庞大的锣鼓队伍。旧时,每年谷雨前后,渔民出海前都要举行祭海神活动,渔家大鼓是主要表演项目。因海上生产充满了风险和巨大的不确定性,早年的渔家大鼓旋律比较深沉舒缓,大量使用休止符,使之充满了悬念之感。随着渔业生产工具的不断进步,渔民战天斗海的能力不断增强,渔家大鼓增强了雄壮豪放的气势,欢快高亢的韵律。

流传至今的石岛渔家大鼓,其套路基本为四大部分:第一部分为序曲长套,鼓点较深沉舒缓,古典韵味浓厚,表现了渔民出海前坚定自信、蓄

大鱼岛鼓队

势待发的心态。第二部分为间曲，鼓点由舒缓渐次变为急促高亢、雄壮豪迈，表现了海上作业的紧张激烈。第三部分为长套的反复，鼓点极为舒缓自然，表现紧张的海上作业后，渔民小憩时的怡然之态。第四部分为华彩乐章，表现渔民战天斗海、搏风击浪的豪迈气概和庆祝鱼虾满舱的狂欢，为演奏的高潮。

石岛大鼓其声雄浑激荡，震天撼地，如惊涛拍岸，气吞海疆。击鼓者脸颜透出神圣的颜色，眼睛里充满陶醉的神采，演绎出了渔民的生命华彩。

乳山大秧歌

乳山大秧歌由号称山东三大著名秧歌之一的海阳大秧歌演变而来。早年称"逗秧歌"，秧歌的演出活动叫"逗会"，乡间百姓则称秧歌表演为"耍逗儿会"。清末，乳山大秧歌开始在现威海境内西部靠近海阳一带村庄流行，后逐渐遍及威海全境。

舞龙是乳山大秧歌的重要组成部分，尤其是龙喷火，为大秧歌表演中的一绝。

乳山大秧歌演出阵容庞大，演员多达百人以上。除几十人的舞龙队伍外，主要人物一般有"大夫"4人、货郎4人、挑灯4人、花鼓8人、彩扇16人、耍花16人、腰鼓12人、耍彩12人、挑担6人。另外还有"姜公背姜婆"、跑旱船、耍驴等各种杂耍，人数不等。

乳山大秧歌以锣鼓伴奏为主，演出程序为进村、串街、耍大场、演场、收场。演场时，随着轮番上阵表演的秧歌舞蹈内容的不同，伴奏的锣鼓或节奏强烈，如急风暴雨；或轻快舒缓，如淙淙泉流之悠然。舞蹈风格，则因不同角色及不同表演内容而异，或粗犷奔放，或温文尔雅，或风趣幽默，或滑稽夸张，姿态横生，引人入胜。演员除按程式表演之外，往往会根据情境即兴发挥，活跃演出气氛。最令观者振奋的当然是威武雄壮、气势磅礴的龙舞。纵横捭阖的"龙穿尾"、悠然自在的"龙盘观景"、九曲回环的"龙摆8字"、涅槃重生的"龙脱皮"、气势如虹的"龙翻身"等各种高难动作和有章有法的阵式变换，将一条竹篾扎制的巨龙舞得虬曲翻腾，活灵活现，恍如真龙下凡。

乳山民间各村大秧歌队，于每年秋冬农闲时排练，新春正月各村庄之间相互交流演出，逐渐演变成当地百姓的一种集体狂欢。

文登"串黄河"

文登为千年古县，其"串黄河"表演源远流长。"串黄河"文登民间又叫"跑黄河"，是产生于黄河流域古老的民间大型游艺活动。明清之际流传于文登，其中坤龙邢家、林村、文登营、葛家集等村庄的"串黄河"表演最负盛名，演出活动有数百年的历史。

所谓"串黄河"，是以所布阵形为载体的游艺活动，源自古代军事训练中的阵法演练，其名取自《封神演义》中三仙姑所摆的九曲黄河阵。这是一种参与人数众多且明显带有各表演队之间争强斗胜的竞技性游艺活动。"串黄河"表演所摆的阵形，名称繁多，各地不一。如"九曲黄河阵""黄河八卦阵"等。文登民间则在借鉴吸收外地黄河阵形基础上推陈出新，逐渐形成了具有当地特色的黄河阵。文登《林村志》中就详细记载了盛行于当地的两种阵形，即"大循环阵"和"小盘旋阵"。

大循环阵又称"112曲循环阵"，布阵占地27124平方尺，设灯桩多达729座，可谓名副其实的大循环阵。小盘旋阵又叫"74曲黄河阵"，布阵占地18496平方尺，设361座灯桩。每座火灯桩相距7尺，桩上安放一盏大碗油灯。灯桩之间用拉绳连接形成串阵通道。阵中央为"紫禁城"，阵门则以松枝搭配、插彩旗。两种阵形虽大小不同，但阵内均按九宫八卦、奇偶相和的数理依据巧妙布局。阵内又分为数个对称的小阵，可谓阵阵连环，阵中有阵。阵内通道曲折萦回，山重水复，遍布岔道和死角。进入阵中，如走迷宫，即使熟知阵形者，要顺利串阵，也需两个小时。

"串黄河"一般在正月十五至十八晚上举行。届时，只要某村设场摆阵，周围十里八乡甚至几十里外村庄的表演队伍即会蜂拥而至。随表演队前来"观战"助威的男女老少，多达数万之众，其场面浑如千军万马的实战。

"串黄河"竞演前，必先燃放鞭炮以助兴，擂鼓震天以助威。然后竞技开始，各表演队的舞龙、秧歌、高跷、跑旱船、耍驴、耍狮子等相继入阵，边串阵边表演。其时，阵内灯火通明，几支扮耍队伍或东或西，忽南忽北，逶迤回环，川流不息。歌舞杂耍，争妍斗奇。场外则人山人海，锣鼓喧天，呐喊助威，撼天动地，场面壮观。经激烈的竞赛，能顺利串遍全

乡村戏台

阵而率先出阵的队伍，即为胜者。在旧时的乡间，一支高水平的竞技"串黄河"队，会被视为该村形象的标志，当然是村民引为自豪的一种荣耀。获胜的队伍不仅能博得现场观众的喝彩，凯旋时，全村人更会倾村而出，热烈迎接这些为本村赢得了风光、荣耀的英雄们。

"串黄河"游艺活动在文登境内流传数百年，这种活动的开展，不仅成为各村民众相互交流，增进友谊，促进和谐，打造区域凝聚力的重要平台，其激烈的竞技特色，也是世世代代文登人民自强不息、敢于拼搏、勇为人先精神的锻造和充分体现。

荣成渔民号子

威海的渔民号子，是伴随着海上渔业生产而产生的一种劳动号子，流行于威海沿海各地。其中尤以荣成渔民号子种类最多，内容最丰富。

在渔业生产工具落后的时代，海上作业靠的是众人齐心协力。而用以指挥和鼓舞渔民合力协调动作，以战胜恶浪险阻、完成各项繁重作业的办法，就是"喊号"，或称"唱号"。渔民号子多是由一人领唱众人和唱。领唱也叫"领号"，领号者称"号头儿"；众人和唱，则称为"接号儿"。在荣成沿海，善领号者亦被视为能人，因此而名闻一方。名声显赫的号头儿，还常被邻村、邻船请去领号。

荣成渔民号子以形式的多样性、内容的丰富性、即兴发挥的灵活性和在生产作业中协调动作、鼓舞情绪的实用性而广泛用于渔业生产的各项作业中。如拉船、抬船、打橛、拉网、装舱、摇橹、掌篷、起锚等凡需众人协力完成的作业，大都以号子来指挥、鼓劲。按劳动强度和紧张程度的不同，渔民号子大体可分为三个类型。

第一类是拼命号子，也称生死号子。这种号子是船在海上突遇风暴、遇险救急或顶风逆流而行等危急险恶情况下使用的摇橹号子。有顶流号子、迎风号子、救险号子等。拼命号子节奏十分激烈紧张、铿锵短促。领号与接号之间不容半点间歇。其气吞山河的呐喊，震天撼地的气势，给人以惊心动魄之感，能焕发渔民们战胜任何狂风恶浪危急险情的豪情壮志，更能凝聚起超凡的回天之力。

荣成渔民号子传承人李永喜，曾谈过早年他在海上打渔的亲身经历。有一次出海遇上大风浪，绝望之际，想到家里还有两个未成年的女儿，强烈的求生责任，让他高喊起了生死号子。众船员遂合着号子合力拼命摇橹，一个多时辰惊天震海的号子呐喊，他们终于摆脱了险境。现今，那些遭遇过海上劫难的老渔人，对生死号子仍心存敬畏和无比的感慨。

第二类是自由号子。主要是拉大船、梭船（用手从水中向岸上抬船）、蹬船（众人用脚蹬船帮底部，把船由沙滩送入海中）以及拉网等需众人合力，但作业过程不太紧张的情况下使用的号子。领号者可以即兴编词，其节奏比较舒缓、自由而不散。自由号子中的拉网号子比较独特。风平浪静时的拉网号子舒缓自然，但若遇风急浪高的恶劣环境，号子则变得紧张激烈，类似拼命号子。

第三类是抒情号子，多于渔船满载收港时使用。这种号子旋律优美、欢快流畅，有明显的歌唱风格和浪漫抒情的色彩，渔民称之为"歌唱号子"和"欢乐号子"，充分展现了渔民丰收的快乐和回家的喜悦。

荣成渔民号子不仅对研究当地民俗风情、渔捕文化有极为重要的价值，也是中国民间音乐的宝贵财富，同时也成为当代艺术家借鉴的音乐创作资源。

威海卫篮子灯

篮子灯是威海传统民间舞蹈之一。自明清之际，威海卫乡间兴起"扮耍"活动以来，篮子灯舞一直为世世代代乡间民众所喜闻乐见，历来是各村"扮耍"不可或缺的传统表演节目，堪称威海卫民间文艺园地中长盛不衰、历久弥新的一枝奇葩。

篮子灯舞产生于威海卫乡间，缘于这片土地传统的深厚民间文化积淀。虽然在长期的文化发展历史上，威海没有形成具有地方特色的大型戏剧种类，但土生土长的各种民间文艺表演形式却多姿多彩、根深叶茂。旧时的年节和庙会、山会期间，农村、渔村都普遍组织开展的"扮耍"活动，就是当时农村大众集体文化娱乐活动的主要形式之一。而土生土长的秧歌、舞蹈及各种杂耍等，则成为大众娱乐活动的主要表演内容。篮子灯舞就是在"扮耍"的娱乐活动中产生、成长，并在不断自我完善中推陈出新而代代传承的。

篮子灯舞也叫花灯舞，因舞者所持道具形似花篮而得名。

早年的耍龙

传说，当年昆嵛山周围闹瘟疫，王母娘娘命众仙女装扮成民女，挑着篮子，来到各个村庄，为百姓治病。威海民间为了纪念王母娘娘与众仙女的功德，便传袭下来用篮子作道具的篮子灯舞。篮子灯是民间艺人用高粱秸或竹子、篾条、苇子等扎制的形似花篮的彩灯。四周裱糊彩纸（讲究的则用丝帛），饰以彩绘或贴上剪纸。花篮上则栽扎四季花卉，花篮底部中央插一支红烛。此舞是一种多人共同表演的歌舞，舞者至少为8名以上少女，多者可达几十人甚至百人，亦可男童扮少女表演。舞蹈表演形式有两种：一种是舞者每人手持一盏花灯起舞，叫作"端篮子灯"；一种是每人用一条长约三四尺、宽约一寸的竹扁担挑两盏花灯表演，叫"挑篮子灯"。无论哪种表演形式，均十分讲究步伐和队形的变化，故人们又称之为"踏篮子灯"。其舞蹈队形的变化叫"走阵"，主要的阵式变换有"长蛇""四转""串黄河""走麦穗""追月""十字梅花"和"剪子股"等。

晚间表演花灯舞更为抢眼：摆动的花篮中央烛光摇曳，与篮花相映生辉、成趣；轻歌曼舞惚兮恍兮，众少女宛如众仙女下凡，观者仿佛置身仙境。

各村的"扮耍"节目表演中,篮子灯舞历来是首先表演的"开场戏"。出村扮耍的秧歌队走街串巷的行进表演中,篮子灯则为扮耍队伍的第一方阵。篮子灯的领舞者,兼整个扮耍秧歌舞蹈类节目的总指挥。一般由一位年龄较大、表演经验丰富、灵活机智风趣幽默的人担任,其扮相跟戏曲中的彩旦类似,俗称为"老卖婆",其实多为男扮女装。

"老卖婆"这一角色虽来自戏曲彩旦,但其装束打扮又极富当地民间滑稽元素,本身就充满了幽默的噱头:身穿大红袄,脚踏绣花鞋,头插一枝花,手持大蒲扇,浓妆艳抹极富夸张,右腮颧骨下还要点一个大黑痣。其表演风格大胆泼辣而又诙谐幽默,粗俗之中又不乏文雅之气,称其为扮耍表演中的"丑角"也许更恰当。

扮耍队每到一地"耍场"演出,"老卖婆"要在指挥篮子灯翩翩起舞的同时,来一段致词类的演出开场白,形式类似京剧中的"数板",间或也有随着舞蹈节奏,即兴用民间小调唱的。致辞多为吉祥祝福之语,且风趣幽默,虽大体也有一定套路,但到了不同村、不同的商家及不同的场所前表演,则视情景临场发挥,即兴编词。

若表演过程中突发意想不到的情况,"老卖婆"则又能随机应变,以诙谐风趣的插科打诨救场、圆场,机智圆满地将各种危机应付过去。这一类似戏剧中丑角的"老卖婆",是扮耍队伍中最引人注目的角色,将其与俏丽纤秀、端庄文雅而又天真活泼、舞姿优美的少女舞蹈队组合,虽反差巨大,却也相得益彰。民间艺人敢于突破常规,善于巧思妙想,出奇制胜的艺术创造能力,由此可见一斑。

篮子灯舞在民间代代传承的过程,也是不断创新的过程。因为威海乡间"扮耍"历来带有各村扮耍队之间相互竞赛的特点,常出现多支扮耍队伍"同场竞逐""唱对台戏"的局面。所以各村扮耍节目都特别重视在传承基础上的创新,以新奇取胜。特别是年年必演的篮子灯舞,不仅表演动作技巧、阵式变换、表演风格要年年出新意、亮绝活,就连作为表演道具篮子灯的扎制，也不断改进，年年推出新花样。这种竞相创新，使篮子灯这一传统舞蹈呈现出村村有特色、年年展新姿、百花齐放、争奇斗艳的生动局面。篮子灯舞之所以常演常新，历久不衰，受到世世代代乡间民众的喜爱，不断创新无疑是其最主要的原因之一。

The Biography of Weihai

威海传

第十六章

千里海岸万卷画

威海——蜿蜒985.9公里黄金海岸线镶嵌的5797.74平方公里的市域；碧海蓝天间得天独厚的旖旎秀美自然风光；千百年积淀的厚重人文风貌；春夏时节花团锦簇打扮的海景花园式城区；冬日里银装素裹（威海市域降雪量特大，素有"雪窝"之称）童话般的城乡；皑皑雪色下形态各异的海岬……特别是近几年，在"绿水青山就是金山银山"理念下，打造的"一村一品、一村一景、一村一韵"美丽乡村，真的让整个威海市域变成了一幅美丽动人的山水画。

现在，来威的观光客出威海市区，沿滨海大道东行，直至东部的滨海新城，映入眼帘的是沿海岸连缀成行成片、永葆朝气的郁郁葱葱的松林，黄绸缎般漫漫铺展的金灿灿海滩。

但这一带新近发生的改变、呈现出的一片新貌，却颠覆了威海当地人过去对这一带海边司空见惯习以为常的杂乱印象：以往漫漫的海滩上杂乱搭挂晾晒的渔网不见了；以往海岸边乱搭乱建的棚房无踪无影了；以往海岸边成片铺晒的海带、鱼虾也消失了——禁不住会深深地嗅嗅飒飒拂面的海风——以往充斥在海风中经久不息、鱼虾腐烂及其他霉变杂物混合蒸腾浓郁呛鼻的异味也荡然飘逝了，浸入肺腑的是大海原生态纯粹清爽、令人心旷神怡的勃勃生气……

——威海市区东部滨海新城总长度约14.2公里的海岸线，正在打造世界级黄金海岸带标准沙滩。至2019年年底，该工程标准沙滩将全面建成，一条世界级画卷般的黄金海岸带将铺展在世人面前。

2017年7月，新开辟的逍遥湾国际海水浴场已正式对外开放，这是东部滨海新城向国际著名旅游度假胜地迈出的重要一步。同时，威海东部滨海新城正在打造的沿海总长为26.5公里的休闲娱乐慢行系统，正进入紧张的施工建造。整个工程的休闲娱乐功能主要体现在慢行系统打造、四大海水浴场的创建、观景平台、亲海区域等项目上。为协和周边景色变换，营造近水临岸不同的滨海休闲空间，慢行系统的设计，从结构、材质、色彩上，便注重营造不同的特色。既有彩色沥青铺就的休闲绿道，也有木质亲水栈道。在满足使用功能的同时，尽量凸显兼具艺术风格与环保精神的新城特色。

沿海慢行系统设有步行道和非机动车道，在现今紧张快节奏工作生活中打拼的人们，只要步入这个"慢行系统"，其疲惫紧张的身心不但会松弛下来，而且就像进入了海天自然的"疗养舱"。款款脉脉的海风，会给人体贴入微的抚慰；触手可掬浩渺而激荡的海水，会给你绵厚的滋润，并为你的生命注入雄浑的生气和能量……整个慢行休闲系统，2019年年底即全线贯通，这将是何等诱人的一片景致呀。

在山东省十七个地级市中，无论从辖域面积还是人口数量，威海市都算是小市。面积只有5797.74平方公里。至2017年年末，常住人口也只有282.56万。按这两项指标排列，在全国的地级市中，威海市恐怕也算是小城市了。就是这样的一个小城市，改革开放的几十年来，焕发出了巨大的创新能量，各方面都创造出了令世人瞩目的辉煌。

当改革开放的大潮在中国的大地涌起，985.9公里海岸线环绕的威海市全境，凭着得天独厚的地理位置优势，更因由有着接受"西风东渐"的历史渊源，自然而然理所当然地变成了引领潮头的弄潮儿。

何为有接受"西风东渐"的历史渊源？——前文已有专门章节较详细地描述——早在一百多年前的1898年，现威海市的中心地带、老威海卫的周围，73815平方公里的区域被划为了英国的租借地，连同这片区域内约12万之众的百姓，都变成了英国治下的子民——这一租借便长达32年（刘公岛又被续租10年）。

英租威海卫时期，威海卫岂止是或被动或主动地承受、接纳了"西风东渐"，在被租借长达32年的历史中，可以说她的每一寸肌肤，她的每一条骨骼，都或间接或直接地被"西风"沐化、浸染。毋庸讳言，西方文明的确给威海卫带来了全方位的影响。

国家推行的改革开放大政方略，其重要、核心部分，不就是打开国门，接纳、引进西方的现代经济文明吗？——威海这片土地沉寂了百年与西方文化碰撞的记忆被唤醒了；那些被岁月的尘土覆盖、被时光包浆的与西方文明融会的基因被激活，从而焕发出了巨大的能量——她坐拥得天独厚的地理优势和特别的历史渊源，以全新的、积极主动开放的姿态，当仁

船与城（摄影：邹希元）

不让地搏击改革开放的潮头，向世界敞开了接纳的胸怀，并开拓性地走向世界，取得了骄人的业绩。

最新的《威海年鉴》（2018）披露的2017年间威海创造的相关数据：2017年，威海全市实现国内生产总值高达3480.1亿元。按可比价格计算，比上年增长8.1%；全市实现一般公共预算收入273.08亿元，比上年增长9.5%。

数据也许是枯燥的，但它可以最直观、最直接地展示改革开放以来取得的成果。这里只截取2017年的一组数据：2017年，威海全市企业与203个国家和地区有贸易往来，全市对外及对港澳台贸易进出口总额1404.91亿元，比上年增长17.8%。其中出口855.71亿元，增长8.9%；进口549.2亿元，增长35.2%；外资及港澳台商投资企业进出口494.98亿元，增长7.1%；新设立外资及港澳台资项目191个，合同资金额74.8亿元，比上年增长11.3%；实际使用资金88亿元，比上年增长10.1%。外商及港澳台商投资企业增资踊跃，增资项目78个；新签对外及港澳台承包合同额79.1亿元；完成营业额66.3亿元；派出各类劳务人员1.27

万人。

得天独厚的海洋资源——985.9公里海岸线环绕威海市5797.74平方公里的市域——产生的海洋经济撑起了威海经济发展的半壁江山！特别是近年来，威海市深入贯彻落实海洋强国战略，强力推进蓝色经济建设，加快打造新动能为主导的现代化海洋产业体系，在海洋经济高质量发展中，走在了山东省乃至全国的前列。2017年，全市实现海洋生产总值高达1307.54亿元，比上年增长13.9%。全市海洋牧场面积达8万公顷，有4处海洋牧场入选首批国家级海洋牧场示范区，入选数占全省1/3。全市水产养殖产量达167.2吨。全市远洋渔船保有量稳定在370艘，约占全省74%。

2017年，威海市一批蓝区重大事项建设取得突破性进展：国家海产品质检中心二期工程通过验收；海洋商品国际交易中心成功开展监管库及融资抵押业务，完成1.5万吨监管库的改造，累计融资额5085万元；山东船舶研究院17个项目获得立项，创立5个研究中心和实验室，签订10个合作意向；威海综合保税区完成卡口；中韩自贸区地方经济合作示范区，双方不断以各种形式加强交流互动，推动双方在多个领域开展合作；积极推进远洋渔业基地建设，印尼马老奇、斯里兰卡、加纳、乌拉圭等远洋渔业基地累计完成投资5430万美元；威海海洋高新技术产业园完成投资6.1亿元；国家浅海综合试验场运行保障机制研究报告，通过国家海洋局专家评审；海洋生物遗传育种中心，正在完成建设方案……

现威海市的海域，为古代海上丝绸之路重要的中转枢纽，为丝绸及其他贸易的海陆线路的运行、开拓，做出了重要贡献。改革开放以来，威海的对外贸易得到了强劲的发展。特别是新时期"一带一路"建设倡议发出后，威海市参与"一带一路"建设工作取得积极进展，并创出了卓越骄人的业绩。这里只展示一下2017年的相关举措和数据：2017年开行威海——德国汉堡铁路集装箱国际货运班列和威海港——德国杜伊斯堡港海铁联运两条中欧班列。不仅成为全省唯一开行两条中欧班列的地市,在全国的地市中也属翘楚;规划建设国际物流多式联运中心及配套产业园。形成一条东连韩国和日本、西出中亚欧洲的海铁联运快速通道。进一步强化威海市打造东北亚交通物流枢纽的流通优势。在着力打造对外贸易通道的同时,威海企业又抢抓机遇对外投资,谋求更大空间的业务拓展。至2017年年底,威海市企业在"一带一路"沿线20个国家和地区投资项目达49个,协议投资额达49.3亿元。更密切的经贸往来,带动进出口额高速增长。2017年,全市对"一带一路"沿线国家和地区出口额达297.4亿元,比上年增长26%。依托与朝鲜半岛海上贸易、人员往来的历史传统,凭借与韩国一衣带水、距韩国最近的地理优势——威海在全国率先开通中韩跨境海运电商出口业务;率先开通中韩海运EMS速递邮路进出口业务;获批建设山东省首批跨境电子商务综合试验区;"荣成农业对外开放合作试验区"和"俚岛海科中国——斐济渔业综合产业园",分别入选10个"农业对外开放合作试验区"和10个"境外农业合作示范区"建设试点;东亚海洋试验场(威海国家浅海综合试验场)功能定位通过国家海洋局审核;举办第十届国际树枝状大分子峰会,全球首家国际树枝状及超支化聚合物应用创新中心在会上揭牌;举办2017年中欧膜技术研究与应用研讨会;组织企业参加2017年哈萨克斯坦阿斯塔纳世博会、中国农业企业走出去培训班暨"一带一路"国家经贸合作洽谈会等活动……威海——蜿蜒985.9公里黄金海岸线镶嵌的5797.74平方公里的市域;碧海蓝天间得天独厚的旖旎秀美自然风光;千百年积淀的厚重人文风貌;英租时期留下的不同风格的欧式建筑、洁净的公共卫生环境、遗留的英伦气息;春夏时节花团锦簇打扮的海景花园式城区;冬日里银装素裹(威海市域降雪量特大,素有"雪窝"之称)童话般的城乡;皑皑雪色下形态各异的海岬……特别是近几年,在"绿水青山就是金山银山"理念下,打造的"一村一品、一村一景、一村一韵"美丽乡村,真的让整个威海市域变成

放飞梦想（摄影：邹希元）

了一幅美丽动人的山水画。

威海人感恩于天地造化对生于斯长于斯的这片水土的厚爱，更骄傲于他们在这片水土之上的丹青描绘，对家乡发出了这样的感叹："千里海岸线，一幅山水画"——这更多的也是外地观光客对威海优美的环境由衷的赞叹！

2018年，习近平总书记视察威海，对威海的城市建设给予充分肯定，并提出"威海要向精致城市发展"的殷切期望！为新时代威海的建设发展指明了目标。

当下，威海市委市政府提出，要全力打造"精致城市·幸福威海"——精致，将成为威海这座城市的新名片。

2019年8月，威海市委书记王鲁明详细考察了当地的寿山石文化博物馆、海魅非遗部落公益文化空间、丝绸文化馆等，希望身怀独特技艺的工匠们继续做好艺术、工艺的传承创新，创作更多艺术作品，开发相关文创产品，加大宣传推广力度，大力展现"精致城市·幸福威海"的文化魅力。

为打造"精致城市·幸福威海",为树立开放发展理念,加快构建开放型经济新体制,推动威海由开放城市向国际城市迈进——更开放的举措、更大格局的规划、更出彩的大手笔,描绘出了威海市近两年内一幅幅已经或即将变为现实更新更美的蓝图!

威海市委、市政府在最新发布的《威海市推进城市国际化战略行动计划(2018—2020年)》中提出了一系列规划:

启动友城拓展提升计划,有针对性地扩大国际"朋友圈"——有针对性地建设友城间优势产业合作机制,在"一带一路"沿线国家筛选对接新的城市,开展友好交往。至2020年,国际友好城市和友好合作关系城市数量达到18个——完成时限:2018—2020年;

建设服务贸易节点城市——对标英国伦敦、印度班加罗尔,进一步深入国家服务贸易创新发展试点。积极吸引国际人才、资本、技术等资源,推动"服务+"整体出口。加快推动服务贸易产业园建设,培育大数据、云服务、软件开发等高端服务贸易项目集聚区。打造国际一流全产业链服装研发设计、智能制造及数字化、云服务出口等产业。推动服务贸易业态和模式创新——完成时限:2018—2020年;

推动中国(威海)跨境电子商务综合试验区建设,打造面向韩国、辐射东北亚的跨境电子商务中心城市——完成时限:2018—2020年;

整合口岸资源及部门职能,打造"关港贸"一体化平台——对标新加坡、厦门口岸管理经验,在大通关公共平台基础上创新管理体制与机制……力争口岸整体通关效率达到国际一流水平——完成时限:2018—2020年;

提升港口综合竞争力,打造国际化精品港——对标宁波、新西兰奥克兰、荷兰鹿特丹等国际性港口城市,出台深化港口发展实施方案……打造中日韩地方合作主体功能港、东北亚海上航运中转枢纽港和"一带一路"互联互通节点港。至2020年,全市港口货物吞吐量达到1亿吨,集装箱吞吐量达到130万标准箱——完成时限：2018—2020年；

落实威海市海洋经济发展资金，促进海洋经济转型升级——采取市场化运作方式，以财政金融政策相融合的模式，重点向海洋生物与健康食品产业、高端船舶与海洋装备产业倾斜，对发展涉海风险投资和创业投资予以支持。引导社会资本与政府合作成立各类基金平台，推动重点海洋产业率先突破——完成时限：2018—2020年；

实施海岸带贯通工程，打造中国最美海岸公路——对标美国1号公路、加拿大太平洋海岸公路、英国NC500公路等世界闻名的滨海旅游公路，统筹打造独具威海特色的精品滨海旅游示范公路，串联千公里海岸带上的生态人文资源，彰显滨海景观特色——完成时限：2018—2020年；

发挥滨海资源优势，加快国际滨海旅游带建设——借鉴美国圣迭戈滨海旅游产品设计经验，对照海南三亚生态疗养旅游发展模式，围绕刘公岛、国际海水浴场、东部滨海新城、好运角旅游度假区、南海新区、乳山滨海新区等主要滨海资源，建设国际滨海旅游带；打造环翠区国际滨海旅游目的地和成山头国际休闲养生区两个国际主题旅游区，推进打造滨海沿线20个旅游特色小镇；设计推出多条滨海特色主题旅游线路——完成时限：2018—2020年；

发掘人文软实力行动计划——推动威海成为国际创新创意节点。本行动计划的典型对标城市是美国西雅图、上海和杭州；制定人文国际化目标和标准体系、强化人文国际化方向指引。对标"东亚文化之都"申报条件和评审标准，制定公共文化服务、非物质文化遗产保护与传承、文物保护与利用等领域的发展目标和标准体系——完成时限：2018—2020年；

加强国际旅游城市形象推介，提升国际旅游城市知名度——扩大在韩、日、俄罗斯等国和东南亚、港澳台等地区媒体、网络平台旅游宣传广告的投放。开展以韩、日、俄罗斯、东南亚等"一带一路"沿线国家为重点的旅游促销推介活动，组织参加国际旅游展会，宣传提升我市国际旅游城市形象……完成时限：2018—2020年；

……

借助儒商大会2018的平台，威海全面加强产业招商工作。威海各区市、开发区与一批世界500强、跨国公司、央企等合作伙伴达成了58个合同、协议，总投资1650亿元，其中过百亿项目2个，50亿元以上项目5个。

威海市长张海波从"读你，千里海岸线，一幅山水画""懂你，千里海岸线，一条创新链""爱你，千里海岸线，一个创业梦"三个主题，向四海宾朋发出共建创新链、共圆创业梦的诚挚邀请：威海的千里海岸线，不仅是一幅山水画，也是一条创新链，更能圆大家一个创业梦。

一幅幅壮美的画卷在海天间铺展，985.9公里海岸线环绕的威海市全境，真可谓千里海岸万卷画！

The
Biography
of
Weihai

威海 传

第十七章

海佑威海

行走在威海漫长的海与岸的衔接线上,海滩上随处可见残破的各种贝壳和附着在海礁上的半片蛎壳底座,甚至一层层贝壳残骸累叠成的堤崖——也许会使人感慨生命的卑微、短暂和无常;一波波汹涌昂扬的激浪撞击着嶙峋的礁石,顷刻便化为粉身碎骨的浪花而消亡——也许会使人哀叹生命的无奈和徒劳。可只要细品味之,这些无声的正消亡的贝壳、这激荡后粉身碎骨的海浪所昭示的,不正是天地万物繁衍生息的基本法则和遵循的天道吗?

——正是由于大海的吐故纳新生生死死,才保有了永恒的生生不息!是大海涵养了威海人世代传袭的昂扬、坚毅的生命精神,也涵养、赋予了威海人不可估测的能量。

无论过去、当下还是将来，一座城市，一方人群居住的水土，上苍都赐予了它较之其他城市、其他水土不同的自然生态风貌，姑且称之为基调吧。不同的人群在不同的城市、不同的水土的自然基调上生存久了，他们的生产生活方式、习俗，他们涵养、沿袭、拓展的生命精神、生命气息，又会在不同的城市、不同的水土的自然基调上，赋予其不同的人文格调。为一座城市、一方水土，烙下有别于其他城市、其他水土鲜明的特色印记。

威海这座城市有别于其他城市的自然基调，当然是三面环绕的大海。

威海这座城市有别于其他城市的人文格调，当然是大海涵养的海洋气质。

沧沧沧海孕育了生命——浩瀚无际沽波波的大洋中，始萌了生命原始的律动——包括人类在内，地球上一切生命、生物无不起源于海洋，无不与海洋息息相关！

外地人只要进入威海的地界，会不由得连连舒张肺腑——这片天太明净、这里的空气太清新，而且还带有腥鲜的海之气息——这是它周遭大海赋予的。多少外来观光客感叹：这里是中国空气最新鲜的地区之一。

走在威海市区的大街小巷，给外来观光客最亮丽的感觉是这里的洁净——洁净得甚至让人不忍落脚。多少外来的观光客感叹：这是中国最洁净的城市之一——百年前英租时期植入的现代公共卫生制度和理念，深深地浸染了这座城市，并养成了这里的民众世代注重环境卫生的习惯。

老威海卫人表示服从、答应、同意时，会用一个俚语"噎吔"。发音的特点是前面的"噎"长而重，后面的"吔"短促而轻。据有人考证，俚语"噎吔"是由英语"yes"演变的。英租威海卫长达32年（刘公岛又被续租了10年），可以说给威海卫的方方面面都注入了西方的基因，由英

海佑威海（早年的威海湾）

语演变一句俚语，实在算不得什么。

要想了解威海这座城市，也许最好的方式是沿着威海985.9公里绵长的海岸线走上几天。如此会真切地触摸、感受到威海这座城市本质的生命、生活律动。

序言中说过，威海市这片区域的整体形态，宛如一条美人鱼，那绵长的海岸线就是它蜿蜒的裙裾。

行走在威海漫长的海与岸的衔接线上，海滩上随处可见残破的各种贝壳和附着在海礁上的半片蛎壳底座，甚至一层层贝壳残骸累叠成的堤崖——也许会使人感慨生命的卑微、短暂和无常；一波波汹涌昂扬的激浪撞击着嶙峋的礁石，顷刻便化为粉身碎骨的浪花而消亡——也许会使人哀叹生命的无奈和徒劳。可只要细品味之，这些无声的正消亡的贝壳、这激荡后粉身碎骨的海浪所昭示的，不正是天地万物繁衍生息的基本法则和遵

海佑威海（早年的威海湾）

循的天道吗？——正是由于大海的吐故纳新生生死死，才保有了永恒的生生不息！是大海涵养了威海人世代传袭的昂扬、坚毅的生命精神。

傍晚，锚泊在海湾的渔船，枕着涌动的微浪，摇曳着一船的霞光，"渔舟唱晚"的怡致会在人心中油然而生。

海风不仅清新，而且弥漫着海的腥鲜之气。无论哪个季节走进威海沿海的渔村，只要是到了饭点，都会有烹饪海鲜的浓郁鲜香之气扑面而来，激得味蕾痉挛抓狂。如有机会进得渔村的渔家喝场酒，那几乎是感受威海生活最佳的方式了。渔家的小炕永远是温暖的，如能盘腿坐在炕上，那再好不过了，那是最接渔家地气的姿态。渔家招待客人菜肴的特色，自然是各类海鲜——那简单的、尽可能保留海鲜品质、原汁原味的烹饪，是对海鲜本质最原始的尊重，也是对大海赐予最朴素的感恩。而渔家酒桌上极具特色的饮食习俗，则是威海风俗、生活的浓缩。某种程度上可以说，了解这些，便基本上了解了威海。让人感受最深的当然还是喝酒，渔家会敞开海一般的胸怀、海一般的酒量，陪客人喝个痛畅，喝个"酒酣胸胆尚开张"，喝个天高地宽，甚而灌个酩酊大醉、烂醉如泥。渔家小炕上的这场

威海湾的帆船

酒,也许会让你明白,为什么人们用"海量"来形容酒量。如能在这小炕上醉一回,那才会醉出物我两忘的境界,醉出久违了的生命最原始、最本真的舒畅。

继续沿着威海的海岸线走,那一片片一望无际的海洋牧场、那一艘艘出发和归来的海上捕捞船只、那正吞吐着货物的现代化码头,都在证明着这里海洋经济的兴旺繁荣。

三面之海拱围着威海——威海是座依海而生、由海而兴的城市——海洋经济更撑起了威海现代化的半壁江山。

大海蓄积着不可估量的能量,也涵养、赋予了威海人不可估量的能量。威海依海而生,由海而兴——海佑威海!

(文中图片除署名外,均由威海市档案馆、史志办等相关单位提供。)

参考书目

《光绪本文登县志（点注）》，文登市地方史志办公室编，天津古籍出版社2010年第1版。

《乾隆本威海卫志》，【清】毕懋第修、郭文大续修、王兆鹏增订．威海市地方史志办公室整理，天津古籍出版社2013年第1版。

《道光本荣成县志》，荣成市地方史志办公室、荣成市档案馆整理，山东电子音像出版2013年第3版。

《文登市志》，文登市地方史志编纂委员会编，中国城市出版社1996年第1版。

《荣成市志》，荣成市地方史志编纂委员会编，齐鲁书社1999年第1版。

《乳山市志》，乳山市地方史志编纂委员会编，齐鲁书社1998年第1版。

《威海市志》，威海市地方史志编纂委员会编，山东人民出版社1986年第1版。

《威海市域文化通览·威海文化通览》，刘玉党主编，山东人民出版社2013年第1版。

《威海市域文化通览·荣成文化通览》，张厚永主编，山东人民出版社2013年第1版。

《威海市域文化通览·文登文化通览》，马瑞兴主编，山东人民出版社2013年第1版。

《威海市域文化通览·乳山文化通览》，兰胜强主编，山东人民出版社2013年第1版。

《岁月威海》，威海市档案局编，山东画报出版社2011年第1版。

《米字旗下的威海卫》，邓向阳主编，山东画报出版社2005年第1版。

《威海年鉴（2016）》，威海市地方史志办公室编，方志出版社2016年第1版。

《威海年鉴（2018）》，威海市地方史志办公室编，方志出版社2018年第1版。

《文登年鉴（2017）》，威海市文登区地方史志办公室编，天津古籍出版社2017年第1版。

《荣成年鉴（2017）》，荣成市年鉴编纂委员会编，方志出版社2017年第1版。

《乳山年鉴（2016）》，乳山市党史市志办公室主编，方志出版社2016年第1版。

《威海建设年鉴（2007－2011）》，《威海建设年鉴》编纂委员会编，方志出版社2012年第1版。

《废铎呓（点校译释）》，【清】林培玠著，威海市文登区地方史志办公室编，天津古籍出版社2014年第1版。

《入唐求法巡礼行记》，【日】圆仁著，广西师范大学出版社编，2007年第1版。

《行走的里口山》，梁月昌著，山东友谊出版社2010年第1版。

《租界！租界！》，徐承伦著，重庆出版社2012年第1版。

《港警威龙——威海卫人香港从警记》，徐承伦等著，《亚洲新闻周刊》2017—2019年连载。

《烛光灯影》，兰鹏燕著，山东友谊出版社2010年第1版。

《齐东云》，荒田著，中国言实出版社，2012年第1版。

《威海市推进城市国际化战略行动计划（2018—2020年)》，中共威海市委办公室、威海市人民政府办公室编，2019年28日。

《威海记忆》杂志，威海市城市历史遗产保护工作委员会办公室主办，张建国主编，2011年第一辑至2018第四辑。

图书在版编目（CIP）数据

威海传：蓝色文明里的美人鱼 / 徐承伦，王成强著 . —— 北京：新星出版社，2019.11
（丝路百城传）

ISBN 978-7-5133-3590-4

Ⅰ.①威… Ⅱ.①徐… ②王… Ⅲ.①文化史-研究-威海 Ⅳ.① K295.23

中国版本图书馆 CIP 数据核字（2019）第 097442 号

出版指导：陆彩荣
出版策划：彭明哲　简以宁

威海传：蓝色文明里的美人鱼

徐承伦　王成强　著

责任编辑：简以宁
责任校对：刘　义
责任印制：李珊珊
装帧设计：冷暖儿
封面摄影：王晓光

出版发行：新星出版社
出　版　人：马汝军
社　　址：北京市西城区车公庄大街丙3号楼　　100044
网　　址：www.newstarpress.com
电　　话：010-88310888
传　　真：010-65270449
法律顾问：北京市岳成律师事务所

读者服务：010-88310811　　service@newstarpress.com
邮购地址：北京市西城区车公庄大街丙3号楼　　100044

印　　刷：天津图文方嘉印刷有限公司
开　　本：660mm×970mm　　1/16
印　　张：20.25
字　　数：260千字
版　　次：2019年11月第一版　　2019年11月第一次印刷
书　　号：ISBN 978-7-5133-3590-4
定　　价：89.00元

版权专有，侵权必究；如有质量问题，请与印刷厂联系调换。